民俗知は可能か

赤坂憲雄
AKASAKA Norio

春秋社

民俗知は可能か◆目次

民俗知は可能か

序章　民俗知を宿した言葉たち

不思議なタイトルかもしれない。民俗知は可能か、という。むろん、民俗学は可能か、ではない。ここでは、あえて民俗知という言葉を選びたい。それでは、民俗学を民俗知と言い換えてやることで、なにが劇的に変わるのか、いかなる可能性の外縁が広げられるのか。

たとえば、柳田国男には『毎日の言葉』と題された小さな本がある。七、八年前であったか、角川ソフィア文庫版のために解説を書いたことがある。その解説のタイトルは、「これは孤立した民俗知の所産である」といくらか思わせぶりなものであり、手に取った読者にたいして過剰な期待を抱かせてしまったかもしれない。なんとも帰属があいまいな、奇妙な本なのである。『毎日の言葉』というタイトルからして、日めくりのように、格言めいた言葉が並んでいる姿を思い浮かべかねないものだ。ページを開くやいなや落胆することだろう。アリガトウ、スミマセン、モッタイナイ、イタダキマス……など、あまりに身近すぎる日常語のかけらの読み解きが淡々となされている。

解説のなかで、わたしはこんな風に書いている。

柳田国男はここでは、わたしたちが日常的に使っている、「毎日の言葉」の由来やルーツを明らかにしようと試行錯誤をくりかえしている。そのアプローチの方法は、しかし、なんとも不思議なものであり、とうてい言語学者のものではありえない。とはいえ、これを民俗学の仕事かと問われれば、いくらか首を捻らざるを得ないにちがいない。なぜなら、こんな奇妙な本は柳田以外のだれにも書けるはずがなく、その意味ではこれは、学問であるよりは、柳田その人の芸の所産であると言うほかないからである。そもそも、柳田国男が民俗学者であるなどと、だれが決めたというのか。すくなくとも、学問を名乗りする以上は、その方法さえきちんと学べば、議論の道筋を辿りなおすことができるはずだが、ほかの民俗学者たちが束になっても、つまり共同研究などしてみたところで、『毎日の言葉』のような研究書を書き上げることはできない。これは民俗学とも、言語学とも無縁な、きっと孤立した書物なのである。

柳田に固有の方法がなかったわけではない。それはとりあえず、ひっそりと地方語のなかに消えずに生きている、中央や都では久しく忘れられた昔の言葉を掘り起こし、文字をまとう以前の耳の言葉へと遡行しながら、その意味を手探りに復元することであったか。ふたつの言葉が存在した。耳の言葉（声、語り部、女、私、地方、方言）と、眼の言葉（文字、文献、男、公、中央、共通語）である。この、ふたつの言葉の対比のもとに、なにげない日常語の源流や由来が辿られてゆく。

たとえば、スミマセンという言葉はどうか。こんな日常語のルーツが、文字の記録や史料のなかに解き明かされているはずはない。このスミ、スムには澄むという漢字が当てられるはずだが、気が澄むというのは、安らかで動揺のないことを意味していた。「あなたにこのようなことをしていただいては、私の心が安らかではありません」というのが、スミマセンの最初の感覚であったか、そう柳田はいう。

あるいは、敬称として付けるサマという言葉について、柳田は以下のように説いている。

ともかくもやたらに人の顔をまじまじと見ようとすることは、日本人としてあまりよい作法でなかったので、昔は一般にこれをしなかったかと思われる。人を呼ぶのに方角の言葉、サマという語を添えたのは、言ってみればこの方角にいる人、自分の今向かっている方角におられるお方ということで、それも以前は尊敬の程度によって、目をやるところの距離が違い、殿下・閣下などの差別もそれにもとづいてできている。サマはそういう中でも、ことに中心から遠ざかろうとした呼び方だったらしく、最初は主として女性の貴人をさしたのではないかと思うが、これもあまり流行が過ぎると、平凡になり粗末になり、しまいにはなぜそういうのか、知らぬ人ばかりが多くなってくるのである。

たしかに、わたしたち日本人は、なるべくならば他人の顔をまっすぐに見ないようにする。失礼のように感じるからだ。そんな「日本人の一つの癖」が、サマという敬称に繋がれる場面は、なかなか驚きに満ちている。それでは、このサマという言葉の以前は、どうであったのか。ここでの柳田が示す応答は、いかにも柳田らしいものであった。「それを尋ねてみる一つの途は、今でもサマという言葉をあまり使わない地方の人々の間に、何か古い形のものが残ってはいないかと、注意していくことであろうと思う」というのである。むろん、そこには「方言周圏論」と呼ばれる方法が影を落としている。

これはなんとも稀有なる書物だったのだ。柳田国男という巨大な民俗知の蔵にして、はじめて成しえた、日常語の研究であった。あえて、民俗知という言葉を使わずにはいられない。それはたぶん、民俗や文化の集合的な無意識とでもいうべきレヴェルに沈められている知や思想のかけらにたいして、とりあえずの名づけを施しているにすぎない。民俗知はなによりも言葉に託され、言葉のなかでひっそりと発酵しているものではなかったか。

＊

だからこそ、柳田がいわゆる民俗語彙のデータベース化にこだわったのは、たんなる偶然ではなかった。ことに耳の言葉の地方ごとのヴァリエーションを知るために、その採集と系統的なデータベース作りが組織的に推し進められた。柳田自身はそこに、方言周圏論の網をかぶせることによって、いかにも柳田風味の技芸としての解釈学の拠りどころとなることを願っていたのかもしれない。それはしかし、柳田の呪縛を脱して、あらたな民俗知のデータベース化へと道を切り拓いてゆくべきだろう。

以前に、『北のはやり歌』(筑摩書房、二〇一三年)のなかで、寺山修司作詞の「浜昼顔」(一九七四年)について論じたときに、柳田が監修した『綜合日本民俗語彙』が思いがけぬ可能性に満たされたデータベースであることに気づかされた。むろん、そのかたわらには分類民俗語彙のシリーズを置いておくべきではあるが。さて、「浜昼顔」の歌詞の一番には、「家のない子の する恋は たとえば背戸《せと》の 赤とんぼ」とあって、わたしはそこに見える「背戸」という言葉にこだわったのである。

この歌はあきらかに、やはり寺山の作詞になる「時には母のない子のように」(一九六九年)に連なりながら、「母のない子」から「家のない子」へと転調を起こしている。黒人霊歌の「時には母のない子のように」には、「時には母のない子のように 故郷から遠く離れて」とあって、母の不在は故郷ももたない、家をもたないことへと真っすぐに繋がっていた。寺山の世界においては、つねに母と家と故郷とは三位一体に結ばれていた、といってもいい。

それでは、なぜ、そうした家のない子のする恋が、たとえば「背戸の赤とんぼ」と歌われるのか。夏のはじめに、つかの間の出会いと別れがあった。逢瀬の相手は「人の妻」であり、この秘められた恋が「背戸の赤とんぼ」という喩《ゆ》を招き寄せていたのである。ところで、背戸はセトかセドか、どちらに読まれるべきであったか。寺山自身はどうやらセトと読ませているが、これはセドと読まれるのがより一般的だ。童謡の「里の秋」(斎藤信夫作詞)には、「静かな静かな里の秋お背戸《せど》に木の実の落ちる夜は　ああ母さんとただ二人　栗の実煮てます　いろりばた」とあった。この背戸《せど》は、家のうしろや裏口あたりを指している。『北のはやり歌』の一節を引いてみる。

民俗語彙としては、背戸は家と家とのあいだの狭いところか、家屋の裏手に広がる空間を指していた。トはところ＝場所の意であるから、セドは背《せ》の空間か、狭い処か、それが重なり合うように見いだされる。『綜合日本民俗語彙』第二巻には、以下のような民俗語彙が拾われている。たとえば、「セド」の項には、伊豆大島では、民家の入口の大戸を入ったところの土間をいい、ここにはたいてい簡素な竈《かまど》が置いてある、とみえる。これは民家のなかの土間のあたりを指す、いくらか特異な用例かもしれない。あるいは、「セドアイ」の項には、大分県玖珠《くす》郡では、家と家とのあいだの地のことであり、「このセドは背戸ではなくて、狭い所の意かと思われる」と注記が施されている。また、「セドヤ」の項には、家のうしろの空き地（宮崎県の南部）、家と家とのあいだの地（熊本県玉名郡）とある。ほかに、大分県速見郡立石町などでは、セドといえば家と家との間のこととされ、愛媛県では、家屋の背後のほうをセダワと呼ぶところがある、という。

いずれにしても、背戸＝セドは表にたいしての裏である。あくまで日蔭の空間である。玄関が「公」性の強い開かれた入口であるのにたいして、背戸はプライベートな閉じられた「私」の空間なのである。『綜合日本民俗語彙』には、「セドノゾキ」という項があって、山形県の飛島《とびしま》では、裏口から人が家に入ることを背戸覗きといって非常に嫌がる、とみえる。説明はいらないだろう。背戸とはまさに、ほかの家に属する他者にたいして閉じられた「私」の空間そのものなのである。もし隣りの婆が背戸から入ってきたら、訪ねたことすら秘しておくべき、内密な相談事が持ちこまれていたはずだ。

セドという民俗語彙をめぐって、家の後背をなすところ／家と家のあいだの狭いところ、が重なり合って見いだされるようだ。ただし、伊豆大島では民家の入口に近い土間で、簡素なカマドが置いてあるというが、例外的なものであったか。『広辞苑』(第四版)では、背戸《せど》は「①裏の入口。うらぐち。うらもん。②家のうしろ」と説明されている。この背戸＝セドにたいして、狭い空間としての狭処＝セドが異なる起源をもって、民俗語彙のなかに見いだされるのだろうか。そこに、幅の狭い海峡を指す瀬戸＝セトが重なることがあるが、これは狭門＝セトが原義であったようだ。ともあれ、どうやら背戸＝セドに絞り込んでよさそうだ。そこに、家という空間をめぐるシンボリックな二元分割が浮かびあがる。前／後、内／外、公／私、われわれ／かれら……といった分割の相である。セドという民俗語彙には、民俗知が重層的にからみついている。ただし、わたし自身には柳田風の方言周圏論への関心は存在しない。

それにしても、『綜合日本民俗語彙』のセドノゾキに関する記述に出会って、なんとも豊かな民俗知の世界へと誘いかけられている気がした。わたし自身が幾度となく訪れたことのある飛島で採集された言葉であることにも、不思議な感慨を覚えずにはいられなかった。背戸覗き、という。島の家々の裏手には、ほんのわずかな空き地しか存在しない。このセドはいかにも閉じられた「私」の空間であり、どんな家にだってあるはずの秘密が堆積している。家のない子と人妻との秘められた恋はたしかに、「背戸の赤とんぼ」という喩に繋がっていたのである。その象徴の回路の一端が浮き彫りになった。それは結婚という制度の外部にこぼれ落ちた、タブーの恋であるがゆえに、家のうす暗い裏手に広がっている、セドという「私」の空間が舞台として指名されたのである。

ここで、野口雨情作詞の「信田の藪」という童謡詩を想い起こすのもいい。その歌詞の一番には、「お背戸の　お背戸の　赤蜻蛉　狐の　お噺《はなし》　聞かせましょう」と見える。寺山が本歌取りをしたはずの詩であった。こちらの背戸はセドと読ませている。「狐のお噺」とは、浄瑠璃や歌舞伎などで知られる葛《くず》の葉伝説を指している。異類の母である信太の狐が森へ帰ってゆく、哀しい子別れの物語であった。いわゆる異類婚姻譚のひとつである。人と異類との、破綻を宿命づけられた忍び恋が、こうして背戸の暗がりを淋しげに飛んでいる赤とんぼに託される背景には、セドをめぐる集合的な記憶の堆積としての民俗知が横たわっていたはずだ。セドを舞台としてはじめて生まれえた詩の一群が存在したことを、記憶に留めておきたい。

＊

民俗知という概念がそもそも曖昧模糊としている。はたして民俗知は可能なのか、という問いにたいしてすら、いまのわたしには真っすぐな答えはない。あくまで手探りの問いでしかない。ただ、わたしは聞き書きの旅のなかで、一期一会のように出会った人たちから、ほとんど無償の贈与のように、たくさんの山野河海で紡がれる言葉たちをいただいてきた。そこにはたぶん、豊饒な民俗知がひっそりと埋もれているはずだ。フィールドの日々からは遠ざかってゆくが、そうした民俗知のかけらのような言葉たちは、いまも鮮やかにわたしの身体のどこかに刻まれている。物事を思い巡らすときに、そうした言葉たちが未来を思い描くための糧になると感じることもあれば、そこにきちんと着地していれば思考の方位をとりあえず信じていいと感じることもある。ともあれ、見えないカンテラによって足元が照らされている感覚といったところか。

それらはただし、ほとんどが淡い記憶のなかに残されているものである。わたしがじかに聞いたのか、だれか近くの人からのまた聞きであったのか、さだかでないことが多い。自身の聞き書きの記録《ノート》に引き合わせてみると、記憶のなかの言葉がだれかの語りではなく、複数の呟きの声が合成されたものであったりして、狼狽させられることがある。わたしはしかし、それにもかかわらず、そうした主語すらあいまいな庶民の言葉は信頼に値しない、とは思わない。耳の言葉は集合的な無意識に抱かれている。眼の言葉のような、固有名に裏打ちされた署名やサインの権威性には、そもそも支えられていない。ライフヒストリーに耳を傾ける山形での聞き書きの旅のなかでは、語り部の数が百人を越えたころから、いつしか語り部たちの顔や姿、人生などの輪郭があいまいに溶け合いはじめた瞬間があった。三百人あまりの語り部たちの姿や言葉は、古い野辺歩きのノートのなかにだけ、そのかすかな痕跡を留めている。

ここでは、わたし自身の記憶のなかに残されている、民俗知を宿した言葉たちを呼び返しながら、しばしその近景・遠景に眼を凝らしつつ戯れ事を書き記してみたい。もとより芸と呼べるほどのものはなく、手探りの雑記メモでしかないことはお断わりしておく。

はじめての聞き書きの晩であった。わたしはそのとき、ひとりの女性が突然のように、こんな河童の話を語る場面に立ち会うことになった。幾度となく、講演で触れたり、エッセイのなかで取りあげてきたものだ。

おれは河童を見たことがある。若いころのことだ。夕方だったよ。裏の畑に、河童が立っていたんだ。河童はキュウリをくわえて、パンツ一丁だったな。うん、あれは、隣りのアンチャだった。

ほんのこれだけの短い語りだった。彼女が〈狐憑きの婆〉と蔭で呼ばれていたことを、のちに知った。言葉を失ったことをよく覚えている。とにかく衝撃的だった。展開がなんとも劇的なもので、疾走する語りに置き去りにされた。まず、河童を見たことがあると、前触れもなしに語りははじまった。その若き日に目撃した河童は、うす暗い裏の畑のどこかに立っていたのだった。しかも、その姿の滑稽にして、なんと愛らしいことか。なにしろ、伝統的な河童のイメージに寄り添うように、キュウリをくわえていたかと思うと、それがなんとパンツ一丁で立っていたのだ。その意表を突いたエロティックな姿が、まさしく河童として像を結んだ瞬間、それはあっさり裏切られた。あれは、隣りのアンチャだった、と。どんでん返しの、みごとな落ちであったのか。わたしは断じて、そうは思わない。話を盛り上げるためにしては、彼女はあまりに生真面目な表情をしており、一瞬たりともそれが崩れることはなかった。

それは河童であると同時に、隣りのアンチャだったのである。それ以外ではありえない。河童であること／隣りのアンチャであることは、ふつうは並び立たないが、〈狐憑きの婆〉の語りにおいては打ち消し合うことなく、並存していた。民俗的な前提条件として、河童がときにエロティックな表象をまといつかせていることを確認しておくべきだろう。それが河童／アンチャを繋いでいる鍵であったことに、ずっと後になって気づいた。

ともあれ、これが、わたしがはじめて触れた民俗知のかけらであった。三十数年が過ぎたいまでも、あの婆の語りは記憶のなかに鮮やかに滞留している。それはなぜ、裏の畑であったのか、黄昏どきであったのか。裏の畑は背戸のさらに奥まった、里山の縁に近いあたりにあるが、たとえばそれがしばしば宮沢賢治の作品の舞台に選ばれていたことは、偶然ではない。不思議な生き物との遭遇は、決まってそこで起こる。黄昏という境界の時間については、あらためて触れるまでもあるまい。それはまさに逢魔が時であった。いずれであれ、これほどに豊かな民俗知を身と心に抱えこんだ作家は、賢治のほかには浮かばない。

わたし自身がじかに聞き書きしたものではないが、わたしが編者になった『会津物語』（朝日新聞出版、二〇一五年）には、忘れがたい言葉がある。すぐれた昔話の語り部である五十嵐七重さんからの聞き書き、「後ろが気味悪ぃとき」と題されている。少年であった父が弟といっしょに、エビ捕りに行った沼でキツネに化かされた話である。その終わりに、父親が娘に語り聞かせた言葉が添えられていたのだ。

いいか、後ろが気味悪《わり》ぃときは動物だ。前が気味悪ぃときは人間だ。おめぇはおなごだから、前が気味悪ぃと思ったときは気ぃつけろ。後ろが気味悪ぃときは、逃げられっとこまで来たら「ワッ！」って、ずない声出せ。昼間だったら、けっして素顔を見せんな。顔覚えで、キツネはかならず仕返しすっかんな。

父が娘に贈った言葉である。「後ろが気味悪ぃときは動物だ。前が気味悪ぃときは人間だ」という言葉など、身体イメージにかかわる民俗知として、とても関心をそそられるものだ。人間の身体には、眼の構造からして避けがたく腹／背、前／うしろが存在する。人はみずからの背後を、鏡などの補助具なしには見ることができない。身体の構造として、つねに背中＝うしろに不可視の世界を背負っている、といってもいい。だから、子どもの遊びのなかの「うしろの正面、だあれ」といった言葉は、そこに潜んでいる妖しきモノを呼びだす呪文となる。

うしろが気味悪い、なにか嫌な気配を感じるときには、それはキツネのような悪戯を仕掛けてくる動物であったり、さらには妖怪のたぐいであったりする。たとえば、うしろの百太郎のような妖怪だ。それはあきらかに、前から感じる気味悪さとは異なっている。前からやって来るのは、娘に悪さをするかもしれぬ若衆のような人間であり、だから油断せずにうまくかわさねばならない。前節で触れたセド（背戸）などは、身体における背のイメージが家という空間に転写されたものかもしれない。背戸はやはり不可視の、忌みやタブーに包まれた場所なのである。怪異をめぐる民俗知は、こんなキツネに化かされた話のなかに、そっとまぎれ込んでいたのではなかったか。

*

あるいは、山野河海を舞台として暮らす人々の語りには心惹かれるものが多かった。たとえば、山形県北部の村で茸採りを生業にしてきた人に出会った。一九九〇年代なかばであった。若いころから、幾度となくカマドを返して、ついに田畑も屋敷も失ったとき、山に入り茸採りになった。ほら話なのか、真実《まこと》の話なのか、わからなかった。常民の語りとは異質な匂いがした。一升瓶に詰めたマムシを見せて、一か月も焼酎に漬けておいたのに、飲もうとして喰いつかれそうになった、と悪戯っぽく笑った。茸の採れる山を案内してもらったが、道を覚えさせないためにさんざん遠回りしていたことを、後になって種明かしされた。さて、その茸採りの言葉である。

山には十人の敵がいる。プロの茸採りのことさ。山の物は先着の人のものだ、ほんの一分でも早く着いた者が勝つ。豊作の年、不作の年がある。博奕みたいな暮らしだな。自由で、気ままな暮らしだけどな。

ここに見える「山の物は先着の人のもの」という言葉には、いたくそそられるものがあった。そのように普遍的な「山の物」の取得にかかわるルールが存在したのか、留保が必要であったかもしれない。春の山菜採りは、秋の茸採りとはあきらかに違う。山菜は持ち山や入会の山で採るのが、基本ではなかったか。それにたいして、茸は先着の人の獲得物となるらしい。その人が「先着」という妙なことばを使ったのは、こういう事情があったからだ。たとえば、あるブナの木の根元でマイタケ(舞茸)を見つけたとする。それはまだ生育の途上で、あと二、三日待てばはるかに大きく、高値で売れるものになる。ここで茸採りは迷う。すでに、このマイタケはだれかほかの茸採りが眼をつけていて、大きくなるのを待っている可能性がある。だとすれば、いま採るしかないが、三日待てば確実に値段が数倍になる。待つべきか、待たざるべきか。なにしろ、このあたり一帯の山には「十人の敵」が高値になる茸を求めて、姿を忍ばせながら徘徊しているのだ。

どうやら、地面や樹に生えている茸類には所有権そのものが認められず、いわば無主物として扱われるようだ。むろん、すべての茸の採取について、この「山の物は先着の人のもの」という暗黙のルールが適用されるわけではない。マツタケなどは赤松林の所有者のものであり、山に入ることを禁止するために縄が張られていたりする。あるいは、小正月のケズリバナ（削り花）を作る材料となるミズキについて、「あれは役立たずの木だから、どこの山で採ってもいい」と秩父の山村で聞いたことがある。ミズキが無主の樹種とされていることに気づいた瞬間であった。そういう眼で眺めてみると、広く山野河海の草木から鳥獣虫魚にいたるまで、あらゆる自然はだれかの所有物なのか、無主物なのか、じつは厳密な線引きと分類がおこなわれていることがわかる。ひとりの茸採りの言葉の背後には、分厚い民俗知が埋もれていたのである。

山形県鶴岡市の加茂漁港での聞き書きも忘れがたいものだ。『山野河海まんだら』（筑摩書房、一九九九年）に聞き書きの一部が収められている。その人は、父親が裸一貫で成りあがった異色の船主《せんしゅ》であったが、その跡を継いで機船底曳き網漁をやっていたことがある。労働組合もなかったから、雇用については船主が強い権限を握っていた。とはいえ、加茂の船乗りの暮らしは惨めなものではなく、みな立派な家に住んでいた、という。

天秤棒と呼ばれる独特な浜の慣習があってね。船乗りが漁獲物の一部、ときには半分くらい天秤棒でかつぎ出し、勝手に分配するが、船主はそれを見て見ぬ振りで容認する、そんな慣習だったよ。市場に卸すまでは、獲れた魚は自分たちの物だという意識が強かった。抵抗の手段でもあったな。

その人はいかにもインテリ風の人で、荒くれの船乗りたちを抑え込むことができなかったらしい。この天秤棒という浜の慣習が、どの程度に普遍的なものであったのか、わたしは知らない。ただ、ここにも山野河海で獲れるモノにたいして、無主物と見なす眼差しがあったのではないか。だから、船乗りたちは漁港に水揚げされた魚であっても、市場に卸すまでは船主の所有とは認めなかった。海という無主・無縁の世界からのいただき物は、命懸けで獲った船乗りたちこそが平等に分配する権利を持つ、といったところか。

それはどこか、東北のマタギたちが山中でクマが捕れたとき、共同狩猟に参加したすべての人たちで平等に獲物の分配をした、そんな習俗を思わせるものだ。こうした海の幸・山の幸の獲得に際して、山野河海のモノを無主物と見なす、まさに民俗知が存在したのではなかったか。たとえばそれこそが、網野善彦のいう「原始のかなたから生きつづけてきた、「無縁」の原理」（『無縁・公界・楽』）であり、それが船乗りたちの抵抗を支える論理となっていたのではないか、そう、わたしは想像している。

あるいは、やはり山形県の八幡町で炭焼きの男から聞き書きをしたことがあった。炭焼き小屋に幾度か通い、脱サラをして炭焼きを専業に暮らすようになってからのことに耳を傾けた。これもまた、記憶に残る愉しい聞き書きであった。その人にはどこか市井の哲学者といった風情があった。ときおり思いだしたように呟くのだが、その言葉は孤独な仕事のなかでくりかえし反芻されてきたらしく、なんともいえぬ輝きがあった。たとえば、こんな言葉を聞いたことがある。

山に入り、雑木を眺めながら、その一本一本の木がどんな炭になるのか、想像を巡らしているときが楽しい。木にはそれぞれに表情があり、個性がある。雑木はかならず根元から伐るんだ。すると、その切り株からは、たいへんな数の芽が出て、若子《わかご》がよく育つからな。ブナの大木からは芽が出ない。若い内に伐って、若い森を育てたほうがいい。それが俺たちの流儀だ。

その人は毎日、雑木林のかたわらの炭焼き小屋に通う。機械で木を伐採し、小屋に運んで、五六の窯で炭を焼く。ずっと一人で、しゃべる相手もなく、ただ黙々と仕事をする。いくら働いても疲れないし、飽きない。会社勤めをしていたころとは大違いだ。

わたしはこのとき、木を伐る人／木を植える人、という対比の浅薄さを教えられた。里山の雑木林はそのように伐られ、利用されて、また雑木林へと戻ってゆく。いわば、循環型のエコ・システムといったところか。そうして「若い内に伐って、若い森を育て」てきた、それが炭焼きの流儀であり、哲学である、とその人は語ったのだ。炭焼きという現場から紡ぎだされた民俗知が、ここにも無造作に転がっていたかと思う。

あらためて、民俗知は可能か、と問いかけてみる。わたしにとって、柳田国男という思想家はやはり、隠れ師匠なのだと思わずにはいられない。もとより薫陶を受けたわけではない。会ったこともない、会いたかったとも思わない。ただ、その残してくれた膨大な眼の言葉を仲立ちとして、柳田という人に学んできた。いや、柳田国男という巨大な民俗知の蔵のなかで遊んできた、とでもいうべきか。ともあれ、それがいま、わたしが立っている場所である。

第1章

石牟礼道子——苦海のほとりから

はじめに

わたしにとって、石牟礼道子という作家はどこか遠い、近づきがたい存在であり続けてきた。『苦海浄土』を前にして、畏怖と尊敬に捉われることはあれ、それを真っすぐに論じることなど思いも寄らぬことだった。いまも、さほど変わるところはなく、わたしは依然として苦海のほとりを徘徊しているだけだ。だから、『苦海浄土』という作品について論じたことなど、一度もない。

そこに、民俗学者ゆえの恥じらいに満ちた記憶がからみついているから、なおさら厄介だ。わたしはきっと、谷川健一の水俣にかかわる沈黙に見えにくいかたちで呪縛されている。若いころには批判していればよかったが、気がついてみれば、わたし自身もまた、けっして水俣や水俣病には近づこうとしない民俗学者の一人にすぎなかったのだ。東日本大震災によって福島が蒙った傷や痛みを問いかけるなかに、わたしははじめて石牟礼道子と『苦海浄土』に導かれて水俣を訪ねることになった。なにかがゆるやかに始まった気配だけはある。あの晩、石牟礼が生死の境をさまよっていたころ、なにも知らず、わたしはたしかに、福島に還れ、というなにものかの声を聴いた。そうして、いまも、これからも福島に繋がってゆく。

とても気になっているのは、宮本常一の『忘れられた日本人』と石牟礼の『西南役伝説』との関わりである。わたしはそこに、見えない糸によって結ばれている気配を感じてきたが、いまはまだ具体的に論じることはできない。一九六〇年代の豊饒な知が戯れる風景について思い巡らすなかに、思いがけずたくさんの知や思想が交わしていた対話の群れが見えてくる瞬間があった。そのひと齣として、『忘れられた日本人』と『西南役伝説』との交歓に眼を凝らしてみたいと思うようになった。

いまひとつ、その『西南役伝説』を仲立ちとして、島原の乱／『春の城』と水俣病／『苦海浄土』とを繋ぐ試みといったものが、わたし自身のテーマとして浮上している。もとより、民俗学者ゆえの偏った関心のなかに生まれてきたものであり、それが石牟礼道子という文学宇宙の読み解きにとっていかなる意味があるのかは、知らない。そこにはきっと、異相の民俗知の豊かな水脈がいく筋も埋もれている。

1　詩藻と思想とが交わる場所へ

石牟礼道子さんの『西南役伝説』をはじめて読んだのは、一九八〇年代の半ばであったかと思う。その「拾遺二　草文《くさぶみ》」という、不思議な文章に衝撃を受けた。若いころのわたしが、その「草文」のどこに惹かれたのか、よく覚えていない。『西南役伝説』そのものも、ゆっくり読み込んで思いを巡らす余裕はなかったかと思う。ようやく、若さからはるかに遠ざかり、この本とじっくり向かい合えるかもしれないという予感が生まれている。

思えば、三十年振りの再読であった。こんな本だったのか、とまるで予期せぬ衝撃に打たれたなどと言えば、笑われるだろうか。一冊の本が時代とともに、また読み手の年齢とともに姿を変えてゆくことは、ありふれた体験でしかないが、驚きは深い。わたしがわざわざ言挙げするまでもなく、これは宮本常一の『忘れられた日本人』と並んで、やがて聞き書きという方法に根差した傑作として確固たる評価を受けることになるだろう。わたし自身、ほんの短い期間ではあれ、聞き書きという方法を携えて村歩きを重ねたことがある。だから、すこしだけ陰影に眼を凝らしながら、この本を読むことができるようになったのかもしれない。ここには、若き日の石牟礼が聞き書きのために村歩きをくりかえす姿が、見え隠れしている。橋の下に暮らす老人を訪ねた宮本常一もまた、いまだ充分に若かった。その人に土佐源氏の名をあたえたのは、それから二十年近くが経ってからのことだ。『西南役伝説』もまた、熟成のための長い時間を抱いているが、そのはじまりが『忘れられた日本人』の刊行に連なることは、おそらく想像して誤りではない。いずれ、『忘れられた日本人』／『西南役伝説』を並べて論じる機会がやって来るはずだ。

あるいは、明治維新から百五十年という節目に、『西南役伝説』を読みなおすことにも、なにやら因縁めいたものを感じないわけにはいかない。西郷さんの戦さを起点とする聞き書きである。それはいわば、戊辰戦争から明治維新へと連なる、日本の近代にとってのはじまりの風景にたいして、勝者の内側から叛旗をひるがえした戦争であった。西郷隆盛はそうして賊軍となった。『西南役伝説』はそれを、百姓たちのまなざしによって捉えられた体験や記憶として掘り起こし、「辺境の維新」（「序章」）を深いところから照射しようと試みている。

たとえば『西南役伝説』は、こんな水俣市深川村の老人の言葉とともにはじまる。

わし共《どま》、西郷戦争ちゅうぞ。十年戦争ともな。一の谷の熊谷さんと敦盛さんの戦《いく》さは昔話にきいとったが、実地に見たのは西郷戦争が初めてじゃったげな。それからちゅうもん、ひっつけひっつけ戦さがあって、日清・日露・満州事変から、今度《こんだ》の戦争――。西郷戦争は、思えば世の中の展《ひら》くる始めになったなあ。わしゃ、西郷戦争の年、親達が逃げとった山の穴で生れたげなばい。（「序章　深川」）

わたしにとって、戦争は戦争というものにすぎなかったのだ、とある疚《やま》しさとともに思う。平家の戦さ語りは昔話だったが、西郷戦争でははじめて戦争を「実地に見た」という。この語り部はこの戦争のさなか、山の穴で産み落とされた。百姓の親たちが山に身を隠していたのは、それが士族たちの、しかも最後の戦さであったからだ。それから、いくつもの戦争を体験することになる。そこでは自身が、また子や孫たちが兵隊として戦場に駆り出され、惨憺たる生き死にを強いられることになった。それが「曳き舟の儀式」の名のもとに語られた一節があった。親舟に曳かれた子舟には、近代の大戦さのために村から引き離されてゆく兵隊たちや、海の外へと流出していったからゆきたち、そして、中学卒業とともに島を出て行く少年少女たちが乗せられていた。いずれであれ、そうして西郷戦争、つまり西南の役は「世の中の展《ひら》くる始め」になったわけだ。

こんな言葉が「第一章　曳き舟」のなかに見える。

ここの村は、耶蘇宗のいくさにも遭わん村じゃったが、村中の働き手を、さらってゆかれてみると、苗字のなか者の世がくるちゅうても、お上というものがあるかぎり、取り立てることばっかり。御一新とはどがな世が来るかと心配しとったら、案のごとく人を奪《と》ってゆかいた。

天草の百姓たちは「耶蘇宗のいくさ」には遭遇することがなかった。それが、西郷戦争では、山の穴に潜んでいることを許されず、親船に曳かれる四十四艘の子船に乗り込んで、「耳なれん天皇さまの方の夫方」に徴発されたのだ。天下さま（将軍）の顔さえ拝んだことがないのに、近頃替わったばかりの天皇さまなど、一段となじみが薄い。だれが、大事な命を進んで差し出すものか。それにしても、「耶蘇宗のいくさ」とは天草島原の乱のことだ。百姓にとっての戦争の記憶やその語りには、いたく関心をそそられる。

さて、先ほどの水俣の百姓はまた、「西郷戦争は嬉しかった」ともいう。なぜか。こんな言葉が拾われている。すなわち、「上が弱うなって貰わにゃ、百姓ん世はあけん。戦争しちゃ上が替り替りして、ほんによかった。今度の戦争じゃあんた、わが田になったで。おもいもせん事じゃった」（同上）と。武士の世の終焉を言寿ぎながら、太平洋戦争の敗戦がもたらした、新しい支配階級たる大地主からの土地解放を思いも寄らぬ僥倖として喜んでいる。日本帝国の敗北など、いわば他人事にすぎないかのように。

あるいは、西郷隆盛が鹿児島の城山では死なずに、逃げ延びて中国に生きてあって、日本軍の危難を救ったという民話語りをする老人は、こんなことを語る。すなわち、「下々が手をすけて、きつか目に遭うて、上ば座らせておく。下が手をおろさんためには、下々の人間ば大事にせんばならん。この頃はあんた、下々が、共同する事ば覚えて、下々の心次第ちゅうふうになりよるばい」（同上）と。

水俣の百姓のまなざしは冷厳であった。国家権力を握った支配層は、戦争をするごとに交替するのだ。下々の者たちを大事にするあいだは、上に座らせておけばいい。共同することを知ってからは、下々の心ひとつで政治はひっくり返る。だから、百姓は勝ちそうな側に味方をして、戦さが終われば、官軍も賊軍もなく、幽霊が出て困るので骨を拾い、寄せ墓をつくり、その地を妄《も》霊《れ》嶽と名づける。戦さの跡地に丈の高い草が生い茂れば、西郷草と呼んでもみる。民話的な想像力は、思いがけず乾いている。諸行無常などという湿った情緒とは、あくまで無縁である。

そこから、石牟礼は百姓の思想を以下のように析出してみせる。

体制の思想を丸ごと抱えこみ、厚く大きな鉄鍋を野天にかけ、ゆっくりとこれを煮溶し続けている文盲の、下層農民達の思想がある。そこに宿って繫り拡がる史劇の原野がある。一たび疎外の極にとじこめられた者が、次々に縄抜けの技を秘得してゆくように、状況に対する何食わぬ身構えと、ひそかな優越が、歴史に対する生得的な体験としての弁証法を創り出す。「想うてさえおれば、孫子の代へ代へきっと成る」とほほ笑む時、彼は、人間の全き存在、全き欲求のためしか発言しないというやさしさに、変化《へんげ》しているようにも見える。だから彼の手の内で物語化される何れ《いい》の権力も、自在に陽を当てられたりかげらせられたりするのだろう。

あらゆる権力の盛衰は、百姓たちの手の内で自在に物語化されるのだ。民話は権力だって喰らう、といってみる。「想うてさえおれば、孫子の代へ代へきっと成る」という。それこそが、社会の下層を生きる文字を知らぬ百姓たちの思想だ、そう、石牟礼こそが頬笑んでいる。体制の思想をゆるやかに鉄鍋で煮て溶かしながら、まさしく「縄抜けの技を秘得」しているかのように、百姓はやさしく頬笑むのだ、と。思えば、『西南役伝説』はその全編において、この百姓の思想を、百姓をして語らしめようとする試みであったか。

百姓なぞに、思想があるものか、という嘲笑にまみれた声が聴こえてくる。「第六章　いくさ道（下）」には、「思想を日々の行ないとして生きた者たちの時代が、かの海浜でも、渚に満ち引きする波と共に消えてゆきました」という言葉が刻まれてあった。ここでの思想が、その前に置かれた、大乱の風土を背景とした「色の深い詩藻」という、もうひとつのシソウと響きあうものであったことを忘れてはならない。詩藻と思想とが相交わる場所にこそ、眼を凝らさねばならない、と言い添えておく。それはしかし、あきらかに過去に属しており、聞き書きによってかろうじて掘り起こすことができる、ということであったかもしれない。

*

それにしても、どこにだって水俣病の影が射している。たとえば、「漁師にとっては水俣の騒動は、十年のいくさの夫方集めより大事《おおごと》じゃったろうで」といい、「そのガス会社が肥料を作るようになって、尻の始末をたれ流し、水俣から薩摩の出水の海、ここの天草の御所の浦までも毒をば垂れ流して、世界のうちにもなかような奇っ怪な病気が出たちゅう話じゃわな。魚も殺す。

人も殺す」という。水俣の「騒動」については、たくさんの船に幟を押し立て、三千人の漁師がチッソの会社を取り囲んで、「ひと軍勢あったちゅうぞ」と、まるで戦さ語りのように語られもする（「第一章　曳き舟」）。

たとえば「第四章　天草島私記」などは、天草から薩摩の出水地方に移住した人々の足跡を聞き書きによって辿りながら、埋もれた近世史料の探索に仲立ちされて、いつしか弘化一揆との邂逅を果たす、ほとんど歴史短編小説の趣きがある。それがじつは、水俣病という問題とのかかわりを底に秘めていたことが明かされる。石牟礼はこう述べている。

> 唐突なようだが、水俣病問題に関わる中で考えざるを得ぬ民衆の思想の出自を探ることと、近代社会におけるいわゆる市民を考え合わせることと、亜知識階級とは異なる存在として見えている辺土の民衆像、たとえば天草移民たちのありかたを探ることとは、わたしのなかでは一本の糸に縒りあわさっていた。……近代がうしなってゆくばかりの民衆の性情の美質と深く関わるからである。

さらに、こんな一節もあった。

> 切支丹の乱と弘化一揆をつなぐ赤い糸が見えてくる気がする。長岡、永田らいやいや夥しい者たちの血の色において。水俣被害民らの魂を通して。このような魂たちの依《よ》り代《しろ》は異教や一握りの土地や海

であった。その寄るべを失う者たちを放棄したまま近代は始まるのである。

念のために、長岡と永田とは、弘化一揆の指導者として犠牲になった庄屋たちである。天草・島原のキリシタンの叛乱と、弘化一揆と、水俣の「騒動」とが、石牟礼のなかで赤い血の糸によって結ばれてゆく現場に立ち会うことができる読者は、いかにも幸福だ。石牟礼の二つの小説、島原の乱を材とした『春の城』と水俣病を描いた『苦海浄土』とはやはり、赤い糸によって繋がれているのである。『西南役伝説』がそのひそかな証言者であったことに、うかつにも、いま気づかされている。

若き石牟礼道子が、古い道のほとりに立っている。一揆の指導者の首がさらされた獄門台のかたわらだ。すぐそこに渚がある。その男が死してなお、凝視していたにちがいないものに、眼を凝らす石牟礼がいる。その呟くような声が聴こえる、人はだれでも、風土の古層と同じような魂の原郷をもっているのではないか、と。こんな場面にこころ惹かれてきたことを、とりたてて隠す必要はあるまい。

やはり、「天草島私記」の一節である。

目に一丁字なき者たちが生得的にそれを規範として生きていた倫理とはどのようにして生まれたものであったのか。その魅力にみちた人柄の中から、この世の綾を紡ぐ糸のように吐き出される語りかけはなにを意味するのか、生得的とはどういうことか。いうまでもなく、どこにでも居るただの一百姓一漁師にすぎない者の一生である。けれどもただの百姓漁師の、ごく普通の人間像が、……なぜに風土の陰影を伴って浮上する劇のように美しいのか、そのような人間たちがこの列島の民族の資質のもっとも深い層をなしていたことは何を意味するのか、そこに出自を持っていたであろう民族の性情は今どこにゆきつつあるのか。その思いは死せる水俣の、ありし徳性への痛恨と重なり続けているのである。そのような者たちが夢見ていたであろう、あってしかるべき未来はどこへ行ったのか。あり得べくもない近代への模索をわたしは続けていた。

その文字なき民が「規範として生きていた倫理」といったものは、けっして抽象的に語られていたわけではない。たとえば、野仏のような老女はつねに、「自分で働いたものは、ひとに返せ、自分で働かずに貰ったものなら、なおさら身にはつけるな、身の腐る」と語りながら、あちこちの奉公人たちに無償の行為を重ねていた。そこに、石牟礼は「妣《はは》たちの魂の、いやされぬ痛苦のようなもの」を感受するのだ（「第二章　有郷きく女」）。たとえそれが、渚に満ち引きする波とともに消えていった、それゆえに近代が置き去りにしてきたものであるとしても、掘り起こしておくことには意味がある。

これはまさしく、「あり得べくもない近代への模索」の書であった。われわれの近代とはなにか。それは痛苦にまみれつつ、いかなる夢を紡いでいたのか、あってしかるべき未来はどこへ行ってしまったのか。それが、それればかりがくりかえし、執拗に問われている。わたしはふと、かぎりない励ましの声が潮騒のように寄せてくるのを感じる。東北へ、福島へ、相馬の海へ還れ。そこから、思想を建てなおせ、と。水俣と福島とは、あらかじめ石牟礼道子その人によって繋がれていたのだ、と思う。

附記として。

深夜の一時過ぎに、この文章を書き終えて、編集者に送ってから眠りについたのでした。翌朝、石牟礼道子さんの訃報に触れました。ただ呆然とするばかりでした。未明に亡くなられた、ということです。わたしはたしかに、福島に還れ、という声を聴いたのです。それが何を意味するのか、どのように還ればいいのか、そもそも還るとは何か、わたしには皆目わかりません。石牟礼さんに向けて綴った文章をそのままに、手を加えずに提示することにします。ご冥福をこころよりお祈り申しあげます。（二〇一八・二・一〇黄昏に）

（二〇一八年）

2　くだもののお礼は、その先へ

石牟礼道子が幽冥の境をさまよっていたころ、わたしは何も知らずに『西南役伝説』の講談社学芸文庫版の解説を書いていた。翌朝、訃報に接して、茫然とするしかなかった。正直に書いておくが、わたしにとって、石牟礼道子という作家とその『苦海浄土』は、どこか近付きがたい聖域のような、あるいは鬼門のようなものである。幾編かの石牟礼道子論らしきものを、求めに応じて書き散らしてはきたが、いつでも、たとえば疚しさや無力感などがない交ぜになった負の情緒から解放されることはなかった。すくなくとも、わたしは書き手として、つねに苛立っていたかと思う。どこかで、自分には書く資格がないとも感じてきたのである。

それは、わたし自身がとりあえず民俗学者として立っているからかもしれない、と思う。だから、ここではまず、民俗学者としての呟きを書きつけることから始めるしかない。わたしは、「水俣」と聞いただけで、条件反射のように身構え、打ちのめされたように萎縮し、奇妙な疚しい気分に襲われてきたのである。隠す必要はあるまい。東日本大震災以後には、それはいっそう捩《よじ》れて、ゆき場を失っている。

なぜ、民俗学者は水俣にかかわろうとしなかったのか。どこかトラウマめいた問いである。たとえば、谷川健一などはほかならぬ水俣の出身である。その谷川に問いかけてみたことがある。不知火海総合調査に参加されなかったのは、なぜですか、と。たしかな応答はなかった。調査に参加された色川大吉に確認したこともあるが、あきらかな確執があったわけではないらしい。むろん、水俣出身であるがゆえに、引くに引けない自負があり、よそから集まってきた研究者たちに向けての留保や屈折があったであろうことは、たやすく想像される。

それはしかし、たんなる谷川の個人的な事情に還元されるべきものではない。それ以前にも、それ以降にも、水俣病の舞台となった地域にかかわる民俗調査は、おそらく行なわれていない。少なくとも、本格的な共同調査・研究といったものが実施されたとは、聞いたことがない。ときに、民俗学は水俣病のような社会的な事件をじかにテーマとすることを避け、あくまで日常の、ケの民俗誌を大切にしてきたのだ、と言われたりする。むろん、体のいい言い訳にすぎない。知的な怠惰を見逃すわけにはいかない。

谷川は石牟礼にたいしても、複雑な思いを抱えこんでいたらしい。どなたから聞いた話であったか、すでに曖昧模糊としているから、詳しくは触れずにおく。谷川も石牟礼も、いやおうなしに水俣という土地のしがらみや共同性の内側に足を取られていたのであり、そこから無傷に言葉を紡ぎだすことはできなかった、それだけを確認しておく。

＊

あえて言い捨てにしておくが、谷川にはあるいは、石牟礼の文学世界にたいする対抗意識、もしくは嫉妬があったかもしれない、と感じることがある。石牟礼のいくつかの作品は、まさに水俣地方の生き生きとした民俗誌の記録になっている。それは、調査のような形でフィールドに入った民俗学者にできる仕事では、到底ない。その土地に生まれ育ち、暮らしやなりわいの情景に濃《こま》やかに触れて、その生きられた記憶をたっぷりと蓄えており、しかも稀有なる文才をもった者にだけ許された、珠玉の民俗誌といっていい。だからこそ、谷川は屈折を強いられたのではなかったか。

たとえば、『春の城』は島原の乱を描いた長編小説であるが、その前半部などは、島原・天草地方の民俗誌の生き生きとした繊細な記録になっている。試みにいま、「第二章　赤い舟」から、こんな数行を引いてみようか。

山里育ちのかよにとって珍らしかったのは、ここでは海と陸の暮らしが離れがたく交りあっていることだった。すずが「寄れ木を拾う」と言ったように、ここ口之津では、薪は山から採るだけでなく、海からも流れ寄って、誰でもそれを拾うことができた。すずに連れられて漂流木を拾いにゆくのは、心の浮き浮きする遊びといってよかった。

海山のあいだに生かされている人々の暮らしの情景のなかに、海辺に漂着する木のフォークロアが織り込まれた一節である。「誰でもそれを拾うことができた」といったさり気ない記述に、寄り物の民俗誌の一端が示されていることに、わたしなどは関心を惹かれる。あるいは、こんな数行に眼を留めてみようか。

あくる朝、総がかりで水に漬けた葛の根をたたき出すと、なんとも美しい澱粉質の汁が割れ目から流れ出た。しばらく置いてうわ水を流し去ると、立派な白い「せん」が残った。干せばさらさらの粉になるが、おふじの指示で「せん」を丸めてふかすと、美しくすき透った葛餅《くずもち》が出来上った。

葛の根から葛餅をつくる一家総出の仕事のプロセスが、まるで聞き書きの記録のように綴られている。水俣病であれ、島原の乱であれ、石牟礼はくりかえし、日常の裂け目に噴出する不幸な出来事を描くと同時に、その出来事が起こる以前の地域共同体の日常のありようを、その幸福を、同じ質量をもって描こうとしてきたのではなかったか。それがたまたま、みごとな民俗誌の断片のように見えるだけのことなのだと思う。

あるいは、『西南役伝説』は、西南の役という近代のはじまりに近く起こった戦争を聞き書きによって掘り起こした著作である。その「第四章　天草島私記」などには、埋もれた近世史料に仲立ちされて、弘化年間の一揆の記憶が呼びかえされ、水俣病へと繋がってゆく精神史的なプロセスが辿られていた。わたしの眼に、それはありがたい奇想に満ちたものに映る。こんな一節があった。

切支丹の乱と弘化一揆をつなぐ赤い糸が見えてくる気がする。長岡、永田らいやいや夥しい者たちの血の色において。水俣被害民らの魂を通して。このような魂たちの依り代は異教や一握りの土地や海であった。その寄るべを失う者たちを放棄したまま近代は始まるのである。

いわば、天草・島原の乱と弘化一揆、さらに水俣病の患者たちの叛乱とが、流された赤い血の糸によって結ばれてゆく現場が、ここには見え隠れしているのだ。石牟礼のなかでは、島原の乱を描いた『春の城』と水俣病を描いた『苦海浄土』とは、きっと赤い糸によって繋がれている。『西南役伝説』を通して、それを確認することができるにちがいない。いま、石牟礼道子という文学世界をめぐる大きな見取り図を描くとしたら、『春の城』／『西南役伝説』／『苦海浄土』という三つの作品の連環が重要な鍵になるはずだ。

あらためて、石牟礼文学においては、日常と非日常とが、民俗誌と事件の記録とが分かちがたく結ばれていることに、眼を凝らす必要がある。日常の暮らしやなりわいに関心を集約することを、あえてみずからのアイデンティティの核とする民俗学の、ある歪みを思わずにはいられない。

世界はそもそも、日常／非日常にくっきり分かれているわけではない。たとえば、民衆の叛乱といったものを領分《テリトリー》の外に括りだすことは、やはり知的な怠惰の言い訳にすぎないのではないか。そうした留保を突きつけることなしには、わたし自身の東日本大震災以後の東北への道行きはありえない。

＊

東日本大震災のあとに、ただ巡礼でもするように被災地を歩き続けながら、すべてが根こそぎに津波や原発事故によって奪われた場所に立って、幾度となく失われた風景を空しく追い求めずにはいられなかった。震災以前の世界への想像力をいかにして鍛えあげてゆくのか、と問いかけずにいられなかった。みずからがためらいがちにではあれ、とりあえず民俗学者であるかぎり、わたし自身がなすべき仕事は、失われた世界の幻想の民俗誌を織りあげることなのかもしれない、と思う。

震災以前を、たとえ擬似的にであっても復元することなしには、そこで起こったこと、起こりつつあること、これから起こるであろうことが、わからない。なぜ、東京電力福島第一原発は、震災とともに巨大な爆発事故を起こしたのか。それをじかに問いかけることは、わたし自身の仕事ではない。ただ、そこに生まれてきた汚れた野生の王国について、手探りに問いかけることはできる。それは負のコモンズとして異形の姿をさらしつつある。あるいは、ゴルフ場に降りそそいだ放射性物質について、それは「無主物」ゆえに東電のかかわるところではない、責任はない、といった判断が下された裁判記事を前にして、海辺の寄り物のフォークロアを連想することはできる。そもそも、原発が建てられたエリアはかつての入会地であり、それが塩田となり、無用の土地として買い占められ、挙げ句に原発立地となったらしい。そこでもコモンズという視点が役立つだろう。それはやがて、無主・無縁という、網野善彦の提示された根源的なテーマへと繋がってゆく予感がある。

ところで、わたしは東北の被災地を歩きながら、水俣が近くて遠く、遠くて近いことにあらためて気づいたのである。谷川健一はなぜ、水俣について、とりわけ水俣病について語らなかったのか。民俗学者たちはなぜ、水俣をフィールドにして調査や研究をしてこなかったのか。そんな問いかけをしてきたわたし自身が、じつは、一度として水俣を訪ねたことがなかったのだ。いつしか、それがなぜであったのか、自問をくりかえしていたのだった。理由の一端はよく自覚していた。こんな疚しさを抱えて、水俣を訪ね、いわんや石牟礼道子にお会いする気にはなれない、ということだ。

偶然の促しがあって、昨年の二月に、はじめて水俣を訪ねることになった。福島でやって来たアート・プロジェクトの展開のひと齣であった。心はあられもなく乱れていた。後悔は先に立たない。来るべきではなかった、と何度も思わずにいられなかった。それでも、いくつかのことを贈り物のように知らされることになった。

川の源流と、河口に案内してもらった。水俣と福島とのあいだに横たわるものに、眼を凝らさずにはいられなかった。いや、それしか、わたしにできることはなかった。水俣の源流の湧水はどこまでも清らかであり、手に汲んで飲むことができた。福島の源流の森は立ち入ることすら忌避される、汚れた野生の王国である。水俣では、河口から海辺に堆積する水銀の汚泥をなんとかコンクリートで封じこめて、そのうえに鎮魂と祈りの場が創られていた。福島では、山野河海のすべてが、少なくとも森や川は長い歳月にわたって、汚れた入らずの森や川となってしまった。それをコンクリートで覆い尽くすことなど、だれにもできない。

そして、福島では何もかもが、まだ始まったばかりであることに気づかされた。これから水俣よりもはるかに長い時間をかけて、次々に起こるはずの残酷な、しかし残酷であることすら自覚しにくい形で起こるはずの現実に向かい合わなければならない。あまりに稀釈された見えない残酷の連なりが、いったい人の心にどんな傷をもたらすのか、予測すらできない。いまだ、ほんのはじまりの風景のなかに、わたしたちは生かされているのだと知らされた。

なかったことになど、できるはずがない。時間は巻き戻せず、未来に現われる世界は懐かしい故郷とはかけ離れたものだ。残酷なるものの底に足が着くまでに、どれだけの時が流れるのか、モヤイ直しはずっと先だ。宙吊りにされた、果てのない苦しみがいつまでも続く。ならば、ここにも悶え神は顕われるのか。なんであれ、「のたうち這いずり回る夜が幾万夜」（石牟礼道子『苦海浄土』）と必要なのだ、と思う。

眼には見えない災厄は、その残酷は、いったいどのように描くことができるのか。水俣は石牟礼道子と、『苦海浄土』を産み落とした。福島ははたして、もうひとつの『苦海浄土』を、もうひとつの『チェルノブイリの祈り』を産み落とすことができるのか。自問自答をくりかえしている。

ついに、石牟礼道子という人にお会いすることはなかった。そうして、わたしにとって、石牟礼はだれよりも畏怖すべき存在であり続けることになった。石牟礼道子を問うことは、無主・無縁の世界のありようを、その可能性を問いかけることなのだ、とわたしはいま考えている。

くだもののお礼は、その先へ。呟きを書き留めておく。

（二〇一八年）

3　聞き書きと私小説のあいだ

たとえば、『苦海浄土』という作品は聞き書きの所産ではない、という。石牟礼道子自身がそう語っているらしい。渡辺京二がこんなふうに述べていた。

この言葉に『苦海浄土』の方法的秘密のすべてが語られている。それにしても何という強烈な自信であろう。誤解のないように願いたいが、私は何も『苦海浄土』が事実にもとづかず、頭のなかででっちあげられた空想的な作品だなどといっているのではない。それがどのように膨大な事実のデテイルをふまえて書かれた作品であるかは、一読してみれば明らかである。ただ私は、それが一般に考えられているように、患者たちが実際に語ったことをもとにして、それに文飾なりアクセントなりをほどこして文章化するという、いわゆる聞き書の手法で書かれた作品ではないということを、はっきりさせておきたいのにすぎない。本書発刊の直後、彼女は「みんな私の本のことを聞き書だと思ってるのね」と笑っていたが、その時私は彼女の言葉の意味がよくわかっていなかったわけである。（『苦海浄土』講談社文庫版・解説）

『苦海浄土』の方法的な秘密が凝縮された言葉とは、石牟礼があるとき、渡辺に洩らした、「だって、あの人が心の中で言っていることを文字にすると、ああなるんだもの」という、畏怖すべき言葉であった。『苦海浄土』のそこかしこに投げ出されてあった、それらはけっして、水俣の語り部たちが現実に語った言葉の群れではない、かれらが「心の中で言っていることを文字にする」と、あのような独白になった、というのである。それゆえに、『苦海浄土』は聞き書きの手法によって書かれた作品ではありえない、そう、渡辺は断定してみせたのであった。それでは、『苦海浄土』とはなにものか。

実をいえば『苦海浄土』は聞き書きなぞではないし、ルポルタージュですらない。ジャンルのことをいっているのではない。作品成立の本質的な内因をいっているのであって、それでは何かといえば、石牟礼道子の私小説である。

とても強い言葉である。それは聞き書きやルポルタージュではなく、私小説である、という。石牟礼自身が笑いとともに語った、「みんな私の本のことを聞き書だと思ってるのね」という言葉を思えば、なおさら反論はむずかしくなる。語り部たちが実際に語ったことをもとにして、文飾やアクセントをほどこして文章化するのが、いわゆる聞き書きの手法であるならば、疑いもなく、『苦海浄土』は聞き書きとは似て非なるものである。しかし、それを私小説と名づけることはできるか。たとえ、「作品成立の本質的な内因」にもとづいて、という限定があるにせよ、ただちに従うことはできない。いわゆる私小説の閉じられたイメージから、『苦海浄土』は隔絶といえるほどに遠く感じられるからだ。

わたしはこの十数年のあいだ、折りに触れて、聞き書きという方法の可能性を追い求めてきた。たしかに、聞き書きにはいくつもの誤解が絡みついている。なかでも、即物的なリアリズムに縛られた聞き書きの前に這いつくばる風潮は、広範に、しかも、なかなか窮屈なものとして存在する。そこでは、何十回も話者のもとに通った、録音テープを何百時間も回した、聞きたるままに忠実に再現したといったことが、それだけで価値あるものと認められ、滑稽なほどにもてはやされる。そうした即物的リアリズムの信奉者からすれば、石牟礼の『苦海浄土』など、事実に根ざすことの稀薄な、まさに小説の類として退けられるのかもしれない。わたしはむしろ、聞き書き／私小説を分かつ距離は、それと信じられているほどに大きいのか、という問いかけから始めなければならない、と思う。

あらためて、聞き書きとは何か。とりあえず、それは〈聞く〉と〈書く〉から成るが、ことに〈聞く〉という側面に眼を凝らす必要がある。ここでの〈聞く〉には、たんに語り部の言葉を聞くこと以上の、はるかに深い魂の営みが籠められている。そもそも文字によって書き留めることが可能な言葉など、〈ことば〉という全体的なるもののほんの一部でしかない。〈ことば〉はそのまとう表情や声色や匂い、抱かれてある場のかたちや気配といったものから切断され、それとして書き留められることで、瘦せこけ凝固した言葉に成り果てる。〈ことば〉の全体性に身を寄せることが〈聞く〉ことであるとすれば、聞き書きは即物的リアリズムとは似て非なるものとならざるをえない。あるいは、聞き書きがときに、深々とした精神のカタルシスやささやかな癒しをもたらすことがあるのは、いったいなぜか。それはやはり、〈聞く〉ことがときに、相手の魂にじかに触れるような行為となりうるからではないか。

石牟礼道子はとても耳のいい人であるにちがいない。聴力の問題ではない。五感がやわらかく他者に向けて、外界に向けて開かれた人といっても同じことだ。盲目のイタコもまた、視覚以外の感覚が研ぎ澄まされた、とりわけ耳の人である。かの女たちは依頼者のわずかな〈ことば〉から、じつに鋭敏にたくさんの事柄を察知し、あの世からの言伝てを紡ぎ出すよすがとする。そうして耳の人が声の人になる。

語り部たちとの出会い、そのいくつかの光景がよみがえる。

下北半島の恐山の境内で、ホトケの口寄せをしていたイタコたち。このイタコを仲立ちとして、あの世の死者たちが、一人称でみずからの死の情景やそれからのことどもを物語りする。物語の原風景を、モノ（霊）の語りに見定めた折口信夫を呼び起こすのもいい。盲目の巫女が、神やホトケの〈ことば〉を〈聞く〉、それからミコトモチとして人間たちに伝える、つまり〈語る〉のだ。それは土地の言葉＝方言に縛られた語りであり、共同体の内なる幻想の敷居をまたぎ越えることはありえない。かの女たちが管掌するのは、小さな共同体の、小さな歴史＝物語の群れである。そして、熊本で出会った盲僧、かれは数百段の説経節めいた語り物をたくわえた、盲目の語り部だった。異なる共同体を横断してゆく遍歴の盲僧は、気が付いてみれば、ほとんど共通語に近い語りの人であった。そこには、共同体を越えた、国家や戦乱や英雄たちをめぐる大きな物語の群れが、多くは死せる者たちに向けての供養と鎮魂のテーマを抱いて蠢いていた。そんな大きな歴史＝物語を携えた語り部たちがいた。

そこには、〈聞く〉と対をなす〈語る〉があった。巫女や盲僧はあの世からの声を〈聞く〉、そして、それをこの世にある者たちに〈語る〉ことを職掌とする。しばしば巫女と名指される石牟礼自身が、こんなふうに書いていたことを想起するのもいい。すなわち、「白状すればこの作品は、誰よりも自分自身に語り聞かせる、浄瑠璃のごときもの、である」（『苦海浄土』「改稿に当って」）と。〈聞く〉と〈語る〉、そして〈書く〉へと転がってゆくとき、不意に姿を現わしたのが浄瑠璃であったのは、むろん偶然ではあるまい。すくなくとも、それは私小説ではなかった。

ところで、ここにいたって、柳田国男の『遠野物語』序文を思い出すのもいい。そこには、「一字一句をも加減せず感じたるままを書きたり」とあり、ときにはそれを、「聞きたるままを書きたり」ではないことをもって、柳田の不誠実さの証しとして非難する者もあった。しかし、そもそも録音機材の登場以前に、「聞きたるままを書きたり」は不可能であったし、柳田はたぶん、はじめから語り部の言葉を再現することには関心がなかったはずだ。語りの〈ことば〉をいかに筆記するか、という問題をめぐって、試行錯誤を重ねたすえに、柳田は「感じたるままを書きたり」を、いわば語りの真実を浮き彫りにするための方法として選んだのである。『遠野物語』はそうして、聞き書きという方法を底に沈めながら、かぎりなく文学の領域を侵犯する宿命を負ったのである。

あるいは、石牟礼に影響を与えたかとも想像される、宮本常一の『忘れられた日本人』はどうだろうか。むろん、柳田以後の民俗学が産んだ、聞き書きの最高傑作という評価が高い作品である。しかし、そのなかの一編、橋の下で暮らす盲目の乞食の老人の色懺悔の物語である「土佐源氏」について、近年、フィクションとしての側面が明らかにされつつある。そこは橋の下ではあったが、乞食小屋ではなく製粉場であった、乞食ではなく隠居の老人であった、といった事実のかけらが、ほかならぬ聞き書きによって浮き彫りにされようとしている。老人のホラ話に騙されたのか、宮本自身の創作だったのか。聞き書きノートは戦災で焼失し、十年後の記憶に頼りながらの復原・執筆であったから、忠実な語りの再現ではありえない。「日本人のおおらかな性の世界」を語ることへの欲望が見え隠れしている。身分の壁を越えた恋と性という主題にたいする、あきらかな執着も感じられる。とはいえ、依然として、「土佐源氏」は傑作でありつづけているが、これもまた、かぎりなく文学的な作品に近づいたといっていい。

聞き書きにまつわる即物的なリアリズム、「聞きたるままを書きたり」への信仰、その凡庸なる反復の所産として、わたしたちの眼前には無残な聞き書きの記録や、民俗誌の群れがいたずらに堆積されている。むしろ、ここには「感じたるままを書きたり」の暴力的な優位が、むきだしに露出しているのかもしれない。それでは、それは文学作品にすぎないのか、という問いこそが切実なものとなる。聞き書きの現場はつねに、文学としての面白さ／資料としての正確さのどちらに比重を傾けるか、という問いによって宙吊りにされている。文学／民俗学のあいだの二律背反にも思われる距離を、どのように埋めることができるのか。まさに、聞き書きという方法はそのはじまりから引き裂かれ、ある揺らぎのなかに置かれているのである。

『苦海浄土』はいったい、聞き書きの書か、私小説か。おそらく、〈聞く〉〈語る〉〈書く〉をめぐる原風景のなかに踏み入れば、その問いそのものが無効を宣告される地点に到り着くことになる。たしかに、私小説とは、他者の気配に向けて身を開くこと、つまり〈聞く〉ことからかぎりなく遠い文学の手法であり、なんであれ〈聞く〉ことから始まる聞き書きとは、水と油のように隔絶したものではある。にもかかわらず、逆説的に聞こえることは承知のうえだが、「土佐源氏」と『苦海浄土』はどちらも、どこか私小説な匂いを漂わせているのである。断言してもいい、宮本常一もまた、「みんな僕の本のことを聞き書だと思っているんだね」と悪戯っぽく笑ったはずだ。ほんとうにすぐれた聞き書きは、ときにすぐれた私小説でもありうることを忘れてはならない。

これはあるいは、たんに『苦海浄土』には留まらず、ほかの『西南役伝説』『常世の樹』から『あやとりの記』『おえん遊行』などにいたるまで、石牟礼道子の作品世界を読み解くための大切な鍵ともなるのかもしれない。どれもこれも、広やかな意味合いにおいて、聞き書きの書でありながら私小説でもある、といった妖しげな気配を漂わせている。こう言い換えてもいい、そこに数も知れぬ不知火の民の声が、その記憶が重層的に見いだされるかぎり、それは他者の魂に触れるための技法としての聞き書きの所産なのではないか、と。

さて、『おえん遊行』について語らねばならない。

ときは近世のようである。不知火の海に浮かぶ竜王の島を舞台として、物語は展開される。大風と洪水、飢饉、疱瘡《ほうそう》、旱《ひでり》、蝗《いなご》と、次々に災厄に見舞われ、疲弊してゆく。島は孤立を深めながら、はるかに遠い中世あたりまで、いつしか退行してゆく。そんな印象が拭えない。深い、深い島の記憶が、次から次へと湧きだしてくる。石牟礼はそれを、「失われた世界の詩を抱えたものたちを、どうしてもわたしは出現させたいらしい」（あとがき）と表現している。

それにしても、この作品のなかには、なんと、さまざまな声がこだましていることだろうか。口説きかけるような声、忍び泣きする声、人形たちの声、それから、深くくぐもった声、身悶えする声、ひっそりと笑う声、低く呟きかわす声……と、さまざまな声が交錯する。これはまさしく声の小説である。しかも、その声はどれをとっても、いわゆる個がかかえこんだ内面の湿った声ではない。ここには、近代小説がもてあそんできた内面なるものが、かけらも見いだされないことを記憶に留めておきたい。やはり、いわゆる私小説からは隔絶しているのである。

> 人間たちの言葉は、言霊というものをもっているというが、それは反対で、言霊とか魂とかが自分の宿るところを人間に借りているのかもしれなかった。……まだ形を持たぬ前の、ものたちの気配が、そこらじゅうにひしめきさざめきあっている闇が、島を包んでいた。（「第一章　渚」）

人間たちの言葉が言霊を持っているのではなく、言霊がみずからの宿るところを人間に借りているのだ、という。言霊がさざめく島ゆえに、さまざまな声が湧いて起こるのかもしれない。いや、その声はたいてい、島のかなたの、どことも知れぬあたりから運ばれてくるようだ。声はかなたから訪れる、音ずれという。

　乞食女のおえんから、漂着した娘の阿茶、お千狐や片目の鳶、流人のゴリガンの虎、その母親ともいう年寄りの牛、あでやかな旅芸人の女と男にいたるまで、渚にさし出たアコウの大樹に寄り来る客人《まれ》たちこそが、声を運んでくる。流人舟、絵踏み舟、生き精霊を乗せた舟、くぐつ芝居の舟、大嵐で失われて舟のない島には、そんな舟がときおり寄せてくる。異人たちがあの世からの消息を声に託して運んでくる。

　祭りの日には、「八大飛竜権現さま、八大竜王さま、えびすさま、風の神、雨の神、大日如来さま、月の神さま、闇夜の神さま、五穀の神さま、末《すえ》神々さまをことほぎ申す」（「第八章　蝶の舟」）と唱えられるが、たしかに島にはたくさんの神々が満ちている。風の神、川の神から、睡り神、鳴響《とごえ》神まで。悶え神とは巫女役の老婆の呼び名か。おえんもまた唄神の名をいただく。阿茶は舞の神か。この島では、人がいともたやすく神になる。「神さまというものは、千年狐のお千女はもとより、鳶の次郎や草の実や、魚や蟹や海鼠の子にいたるまで、宿っていらっしゃるのだと、悶え神の老婆たちは考えていた」(「第七章　綾星丸」)とあるが、神々は森羅万象に宿りするということか。いかにもアニミズム的な神ではある。この小さな神々の、囁き交わすかのような声に耳を澄まさねばならない。

それにしても、『おえん遊行』という作品のクライマックスは、どこか浄瑠璃やら説経節やらに似ている気がする。場所はむろん、アコウの樹の下である。——鼓の男が樹と海を背にして立ちあがり、鈴を振ると、あたりは静かになる。男はまず、この島の苦難について、丁重きわまる見舞いの言葉を述べた。いつの間に聞き取ったものか、じつに精《くわ》しく災難のさまを知っていて、人びとを愕《おどろ》かせた、という。それから、男は「この島のさきざきまでの幸いと、旅をゆくわれらがために、これよりつたない舞をご披露に及びまする」と口上を述べる。ついに、水菜のがらさの前の舞がはじまる。

そのように情愛をこめて言われてみると、自分らのことであっても、も一つ別の物語のようにも思われて、ひときわ哀れぶかく胸にこたえ、自分たちのことながら一同は泪を催した。ことに盆前の疱瘡の災難で、生き精霊になって流された赤んぼたちや老婆たちや、ゴリガンの母の牛のことが語られる段になると、いちいち、思い起せば切ないかぎりであった。じっさい、自分たちから生まれたいま一人の自分らが、口説《くど》きの中の人物に生き返って語られるのを、現《うつつ》に聞いたのである。

一の谷の戦の話とか、葛の葉物語とか、くぐつ芝居で聴き知って、それを再現できる者も島にはいるのだが、自分らのことを、見知らぬ他人が口説きもどきに語ってくれたのは、はじめてである。他者がさし出した鏡にうつる自分たちを、まじまじと観るような気持でみんなは自分らの物語を深く聴いたのである。(「第六章　しるしの樹」)

むしろ、この口説きもどきの語りは、イタコか盲僧がなすホトケ降ろしにこそ似通うものではなかったか。数も知れぬ死せるモノたち、その記憶を呼び覚まし、その声を〈聞く〉こと、さらには〈語る〉こと。魂鎮めの物語=モノ語りそのものではなかったか。劇中の劇のごとく、浄瑠璃のなかに埋め込まれたもうひとつの浄瑠璃語りか。ともあれ、ここでは、〈聞く〉〈語る〉そして〈書く〉が、とても幸福な交歓を果たしているように感じられる。これに続く、水菜のがらさの前と阿茶の舞の情景などは、まさに絶品というほかない。それは、遠い昔、はるかなところへ往ってしまった自分らの魂が、夢のような夕暮れに帰ってきて、舞っているのではないかと感じられた、そうでなければ、こんなにも切なく、懐かしいような気持ちになるはずはなかった、と。

多くを語ることはできない。聞き書きという方法への見果てぬ夢ゆえに、思い入れの熱さのゆえに、なにかとんでもない踏み外しをしたのかもしれない、と思う。それにしても、わたしはいまだ、石牟礼道子とのほんとうの出会いを果たしていない。故郷とアニミズムと巫女がいる祭りの風景を、いつか存分に描くことができたら、とひそかに願う。

（二〇〇五年）

4　水俣から、福島の渚へ

あらためて、『苦海浄土』がほかならぬ渚の物語であったことに気付かされる。

三・一一以後、みちのくの渚をひたすら歩きながら、そこに生成と消滅をくりかえす、小さな、大きな物語に眼を凝らしてきた。東日本大震災においては、マグニチュード9を越える地震以上に、その後に押し寄せた大津波によって甚大な被害がもたらされた。それを思えば、人と自然とが交わり隔てられる渚こそが、残酷にして豊饒なる物語の舞台となったことは、あまりに当然であったかもしれない。

たとえば、福島県南相馬市の小高《おだか》。島尾敏雄の故郷である。小高をはじめて訪ねたのは、震災の三年前のことだ。三・一一から四十日ほどが過ぎて、この地区が警戒区域に組み込まれる前の日に、再訪した。海岸から数百メートル、寸断されたアスファルトの路上に立った。福島第一原発から十五キロ。〇・三九マイクロシーベルト。ここにも薄く放射性物質が降り積もった。そして、海辺のムラは津波に舐め尽くされていた。家々は破壊され、人の姿はまったくない。黄昏のなか、海に向けて一面に泥の海が広がっていた。かすかな潮騒が聴こえてきた。それからちょうど一年が過ぎて、警戒区域の規制が解かれて数日後、また小高に入った。河口に近づくことができた。橋は流され、わずかに橋げたを残して跡形もなかった。浜辺は瓦礫の集積場になっていた。そのどこかに、古風な両墓制の名残りをとどめる海辺の墓地があったはずだが、すべては流されていた。蛇行する川のうえを、白い水鳥がゆったりと渡ってゆく。息を呑んだ。断ち切られた過去の風景、いや、たぐり寄せられた未来の風景が横たわっているのだ、と思った。

渚や浜辺を仲立ちとして、三・一一以後の福島が水俣に繋がれてゆく。

チッソ水俣工場は海辺にあって、有機水銀を含んだ排水を垂れ流しつづけることで、海を汚し、水俣病を産み落とした。福島第一原発もまた、海辺にあった。地震と津波によって制御不能におちいり、ついには爆発事故を惹き起こして、膨大な量の放射性物質を海や山に、川や里にまき散らすことになった。この「神の火」を燃やす原子炉は、たえまない冷却のために大量の海水の供給を必要とするから、海辺に建てられねばならない。海には「神の火」をなだめ、その吐きだす穢れを浄化する役割が託されていたのである。

われわれの近代は渚に凝縮されているのかもしれない。近代は、人と自然との境界に広がっている渚や浜辺、潟などの犠牲のうえに、その経済的な発展を手に入れてきたのではなかったか。加藤真の『日本の渚』（岩波新書、一九九九年）によれば、「江戸は江戸湾の豊饒さとともに栄え、東京は干潟環境の犠牲の上に近代化を遂げていった。膨張しつづける東京は、干潟を埋立地に変え、海を汚染し、東京湾の内湾漁業を追いつめていった」という。東京湾の漁業が幕を閉じたのが、高度経済成長期がすでに始まっていた一九六二年であることに、わたしはよじれた衝撃を受ける。

水俣病は一九五六年、長い潜伏期間を経て、急性激症患者の多発、とりわけ小児患者の多発によって発見されるにいたった、という（原田正純「水俣病の五十年」、『苦海浄土』講談社文庫版解説）。有機水銀が垂れ流された水俣の海は、漁業の禁じられた海と化していった。『苦海浄土』には、人と海とがある親和的な関係を結ぶことができた水俣病以前をそこかしこに配しながら、水俣病の発生とともに暗転し、海とそこにかかわる暮らしが荒廃してゆく姿が描かれている。いまにして、不知火海と東京湾とが遠く繋がれていたことに気付かされる。

そして、さらにいま、不知火海と福島の海とが繋がれようとしている。有機水銀から放射性物質へ。海辺の壊れた原子炉は、海を殺したばかりでなく、内陸深くへと、途方もない量の放射性物質をまき散らし、たくさんの人々を異郷へと追いやり、広大なノーマンズランドをつくりだした。「お前どこから来たんかて、もうどこに行ってもきかれるんで。うちは水俣のもんじゃがとはよういいきらん」、あるいは「水俣いえばクズみたいな、何か特別きたない者らの寄ってるところみたいに思われてるんや。よそに出たら水俣は有名やで」といったミナマタの声は、すでにそのままにフクシマの声である。

だからいま、『苦海浄土』が福島へと引き移される。「水俣病の死者たちとの対話を試みるための儀式」という。死のかたちはまた、かぎりなく重層的だ。原発事故では一人の死者も出ていない、などとは言わせない。避難のなかの死、自死、緩慢な死から、社会的な死、象徴的な死にいたるまで、すでに無数の死が生まれている。あるいは、「水俣病は文明と、人間の原存在の意味への問いである」という。福島においても、原発とその事故がもたらした現実は、文明や人間の「原存在の意味への問い」として問われつづけるにちがいない。

われわれの、うすい日常の足元にある亀裂が、もっとぱっくり口をひらく。そこに降りてゆかねばならない。われわれの中のすでに不毛な諸関係の諸様相が根こそぎにあばき出される。われわれ自身の、裸になった、千切れた中枢神経が、そのようなクレバスの中でヒリヒリとして泳ぎ出す。社会的な自他の存在の〝脱落〟、自分の倫理の〝消失〟、加速度的年月の〝荒廃〟の中に晒される。それらを、つないでみねばならない――。（『苦海浄土』）

そうして、この福島の渚からも、やがて、もう一人の石牟礼道子が、それゆえ「近代への呪術師」が土偶の創り手として誕生してくるにちがいない。

（二〇一三年）

第2章

岡本太郎——泥にまみれた旅へ

はじめに

岡本太郎はたしかに不思議な存在である。お会いしたことはない。太郎のパートナーである岡本敏子との出会いを通じて、わたしは太郎との出会いを間接的に果たしている。むろん、太郎亡きあとの、ほんの偶然である。敏子の側には必然の仕掛けであったかもしれないが、確認したことはない。わたしは間もなく、太郎その人にというよりも、太郎と敏子という同行二人のカップルがもたらす突風に煽られ、気がつけば恋に落ちていた。とはいえ、わたしがやっとのことで『岡本太郎の見た日本』（岩波書店、二〇〇七年）を上梓したとき、敏子もまた、この世の人ではなかった。幾重にも残念なことではあった。

そもそも、わたしの岡本太郎への関心はまったく偏ったものである。前衛芸術家としての太郎にたいする関心は、いたって小さなものにすぎない。わたしがもっぱら惹かれてきたのは、文筆家としての太郎であり、とりわけ、かれの残した日本紀行三部作――『日本再発見』『沖縄文化論――忘れられた日本』『神秘日本』――である。むろん、その余波のように芸術家としての側面にも関心を広げてはきたが、わたしはいまだに、「太陽の塔」や「明日の神話」についてさえ語るべき言葉をほんの少ししか持たないのだから、なんとも心もとない。

　太郎という人はたぶん、芸術の人としては、きわめて例外的な言葉の達人でもあった。母親が小説家の岡本かの子、父親が漫画家の岡本一平であってみれば、そのひき裂かれようは偶然ではなかったはずだ。そこに岡本敏子というすぐれた編集者が寄り添っていたことは、断じて偶然ではありえない。ある時期からの書き物は、敏子との共著のような意味合いを帯びていった、とわたし自身は想像している。

　岡本太郎は身をやつした民族学者である。それゆえ、日本的な湿りの強い牧歌性とは無縁であり、民俗学からは大きく切断されている。引用も典拠も示されず、ただ民族学からの知見が沈められている。それでも、太郎がみずからのキーワードとした生活や生命といった言葉は、おのずと民俗知にたいして繋がり、開かれている。日本文化という泥にまみれることを辞さなかった太郎には、太郎に固有な民俗知の輝きが宿されていると感じてきた。おそらく、そこには宮本常一との隠れた交流が影を落としているにちがいない。

1　もうひとつの旅学、日本へ、神秘へ

わたしは以前、『日本再発見』『沖縄文化論——忘れられた日本』『神秘日本』を指して、岡本太郎の日本紀行三部作と呼んでみたことがある。この『岡本太郎の宇宙』（筑摩書房、二〇一一年）第四巻には、その内の『沖縄文化論』と『神秘日本』が収録されている。『日本再発見』は第三巻に収められている。『日本再発見』と『神秘日本』については、文庫化がなされておらず、太郎の著書としては手に取りにくいものになっていた。とりわけ『日本再発見』の場合には、みすず書房刊の『岡本太郎の本』にも「出雲」「岩手」の二編が再録されているだけであるから、『岡本太郎の宇宙』において、初版以来、はじめての全文収録がなされたことになる。ここでは、この日本紀行三部作のなかに語られていた、太郎の旅学にもとづく日本文化論に光を射しかけてみたい。

太郎による縄文の発見については、さまざまに語られてきた。それは何より、弥生以降の静謐で予定調和をたっとぶ日本人の美意識や文化論にたいして、縄文土器に象徴されるような荒々しくダイナミックな破調の美学を対置することによって、日本文化論にあらたな地平を切り拓く

ものだった。そうした発見の歓びに満ちている「縄文土器論」（一九五二年）を収めた『日本の伝統』は、一九五六年に刊行になった。それから間もなく、日本紀行三部作へと結実してゆく旅が始まっている。いわば、『日本の伝統』を起点として、太郎はみずからの日本文化論を旅のなかで手探りしつつ、それをより大きな視野のもとに展開しようとしたのではなかったか。民俗学者の宮本常一は〈歩く・見る・聞く〉を方法とする旅学の提唱者であったが、太郎もまた、もうひとつの旅学のすぐれた実践者であったにちがいない。

『日本の伝統』の刊行の半年後には、厳冬の秋田を出発点として、長崎・京都・出雲・岩手・大阪、そして真夏の四国へと取材の旅を精力的に重ねている。その紀行が、『日本再発見』と題して一冊に編まれるのが一九五八年のことだ。その翌年、太郎は米軍の占領下にあった沖縄に渡って、沖縄本島から宮古・八重山へと急ぎ足の旅をおこない、その紀行を『忘れられた日本――沖縄文化論』と題して、一九六一年に刊行している。これは十年あまり後に、太郎自身の意志によって『沖縄文化論――忘れられた日本』とタイトルを改め、再刊されている。さらに、一九六二年からは、『神秘日本』の旅が始まった。下北・津軽から、山形、広島、島根、紀州熊野、高野山、高雄山へと駈け足に辿っている。二年後の一九六四年に、『神秘日本』は刊行された。

太郎の日本紀行三部作は、もっぱら一九五七年からの七、八年足らずのあいだに集中的におこなわれた旅の所産であった。たくさんの写真が撮られたが、そこには太郎が見た人間・モノ・風景が拾われている。そうした写真に触れるためには、初版本を古書店で買い求めるか、岡本敏子が編んだ何冊かの写真集を手に取らなければならない。たとえば、『岡本太郎の沖縄』の前書きのなかに、敏子はこんな言葉を残している。すなわち、「岡本太郎の見たものがここにある。「写真」ではない。彼は「写真」を撮ろうなんて、みじんも思っていなかった。ただ見た。見たものをとどめた」と。だからこそ、太郎の旅は紀行エッセイと写真を重ね合わせることによって、より深く感じ取ることができるのだ。

そして、それがまた、身をやつした民族学者としての旅であったことにも注意を促しておきたい。太郎は若き日に、パリ大学でマルセル・モースから民族学＝社会学を学んでおり、それはその後の太郎のうえに圧倒的に濃い影を落としている。ただし、太郎はフィールドワークの技法を学んだわけではない。世界中の未開民族から収集されたモノ、つまり仮面や呪術・祭祀の道具などを前にして、そこに秘め隠された意味やシンボリズムを読み解くための知の方法を伝授されたのである。それゆえ、その日本文化論は民俗学が掘り起こしてきたものとは、微妙に肌触りを異にしている。太郎はときに、過剰なほどに「日本」を前面に押し立てたが、それはまるでナショナリズムに根ざした日本回帰などとは無縁だった。あくまで、身をやつした民族学者だったのである。

＊

『日本再発見』は「芸術風土記」と題して、『芸術新潮』に連載された。「最も散文的であり、非芸術的であるときめられ、さげすまれ、ほとんどまともに顧みられていない、現代日本のありのままの姿から芸術の問題を掘りおこすこと」(「あとがき」)をめざして、日本の各地を廻った。そこには、高度経済成長期にさしかかる以前の、いまだ敗戦後の混乱のなかにあって、古い日本文化があたりまえに転がっていた。太郎は地方文化の豊かさや独自の様式などといったものには、まるで期待も幻想ももたなかった。逆に、東京へのコンプレックスと背中合わせの地方文化意識を、痛烈に批判したのである。それでも、太郎は「美しい素材の国」を旅しながら、分厚い生活文化の層の下に、ひそかに探し求めていた「民族独自の明朗で逞しい美観、民衆のエネルギー」を発見することができた。まさに、日本そのものを再発見したのである。それがどこまでも、民族学的な日本であったことを忘れてはならない。そこにはつねに、列島の外部から日本文化を眺める、かぎりなく開かれた眼差しがあった。

とはいえ、その旅学の作法は粗削りで行き当たりばったりに近く、それゆえにまた、当たり外れが大きかった。はじまりの章である「秋田」には、はじまりの旅の歓びがあふれている。太郎の関心は、古い、失われた日本文化の根源にまっすぐに差し向けられた。とりわけ、テーマに選ばれたナマハゲという来訪神行事が、かつてパリ大学で民族学の専門フィールドとしたオセアニア地域に見いだされる秘密結社の祭祀に繋がってゆく予感があって、それはおそらく、秋田紀行にたいして深い陰影をあたえたにちがいない。ミルチャ・エリアーデのシャーマニズム論の影響も見え隠れしていた。いずれであれ、民俗学が語るナマハゲのイメージからは、大きく逸脱する、あきらかに民族学的なナマハゲ論が提示されていたのである。

『日本再発見』のなかでもっとも精彩を放っているのは、「出雲」と「岩手」の二章ではなかったか。わたしはこの「出雲」に心惹かれてきた。それは幼年期の記憶が重ね合わせにされた、思いがけず幻想的な一篇である。太郎は子どもの頃に、出雲で夏を過ごしたことがあった。小学校の三年のときに、はじめて出雲を訪ねた。生まれてはじめての大きな旅の記憶は鮮やかだった。夏休みのあいだ暮らした。そこには「中央から遠く離れた農村、漁村の原始的な生活」のすべてがあった。出雲を歩くと、はるかな神話の記憶が風景のなかに溶け込んでいる。太郎はとりわけ出雲大社のもつ、「野蛮な凄み、迫力。――恐らく日本建築美の最高の表現」に魅せられた。旅の終わりに、幼年期の夢に導かれるように、かつて過ごした村々を訪ねる。昔とまったく変わらぬ風景があった。現実と夢とが混ざり合う。異様な感動に打たれる。家々の門口には、探していた便所があたりまえに、ただ、あった。どうして、これほどに変わらないのか。中世そのもの、神話時代へと連なる村を、太郎はそこに見た。太郎の紀行エッセイのなかで、出雲紀行ほどに幸福感に満ちたものはない、と思う。

それにたいして、「岩手」には異文化を抱いた東北との遭遇の痕がはっきりと刻印されている。その舞台は平泉の中尊寺であった。いかにも京都風の、平安の貴族文化を思わせる中尊寺の宝物のなかに、ひとつの異物が発見される。護《まも》り刀の柄の飾り、鹿の角に施された細工であるが、そこにエゾ紋様、アイヌ的な、また縄文的な気配を感じ取ったのである。まさしく、それは縄文の発見が東北の地において変奏されてゆくきっかけとなった。太郎は嬉しそうに書きつけた、「アカデミックな中央の権力、その官僚性によって、不当に押しつぶされ、過去に埋れてしまった。この日本人の魂。それをえぐり出し、解き放ち、われわれの芸術にとって最も緊急であり、由々しき問題としてぶつけて行く。それは他ならぬ私自身の使命ではないか」と。この岩手紀行にはまた、すでに「縄文土器論」のなかで語られていた鹿《しし》踊りについての仮説――縄文人が鹿の肉を常食にしていた時代の呪術的な儀礼から展開してきた伝統だ、という――について、実際に見て再認する場面がある。その鹿踊りの写真はよく知られている。岩手紀行を通じて、太郎は縄文とエゾ・アイヌへとまっすぐに繋がる東北との邂逅を果たしたのである。

＊

『沖縄文化論――忘れられた日本』は傑作である。沖縄紀行としても、沖縄文化論としても、これはきわめて繊細にして、オリジナリティにあふれる著作といっていい。叢書や文庫としてくりかえし再刊され、多くの読者を獲得してきた。おそらく、太郎の著作のなかでは、古典として長く読み継がれてゆくもののひとつになるはずだ。

単行本化に際して、タイトルは『忘れられた日本』とされた。太郎の意に反して、この書名が選ばれたのは、その頃の日本人にとって沖縄が「あまりに遠く、意識の外に」あり、『沖縄文化論』では誰も手に取ってくれないと、編集者が危惧したためであったらしい。敏子が中公文庫版の解説「「一つの恋」の証言者として」のなかで明らかにしている。その当時、いまだ沖縄は米軍による占領・統治下に置かれていた。沖縄に関心をもつ者は少なかったし、パスポートに代わる身分証明書を発行してもらわなければ、沖縄に渡航することすらできなかった。一九五九年の沖縄の旅から、一九六一年の『忘れられた日本』の刊行にいたる時期には、沖縄はたしかに遠く隔てられた場所にあり、「忘れられた沖縄」こそが目前の出来事だったのである。ほとんど同じ時期に、宮本常一の『忘れられた日本人』が刊行になっていることにも、わたしは関心をそそられている。二人の関係については、あらためて触れる。

敏子が「「一つの恋」の証言者として」のなかで書いているように、「縄文と沖縄は岡本太郎の根源的な自己発見だった。いや、自己確認だった」にちがいない。太郎の日本文化論が描きだす楕円のふたつの焦点は、まちがいなく縄文と沖縄である。いまひとつ、東北をそこに付け加えておくのもいい。知のヴェクトルはあきらかに共振する。縄文と沖縄は、日本文化のもっとも深みに横たえられた、いわば、それを「支点として現代日本をながめかえす貴重な鏡」(「沖縄の肌ざわり」)のような特権的な場所なのである。

あえて注意を促しておきたい。たとえば、柳田国男とその民俗学が、日本＝ヤマトの古代を映しだす鏡として沖縄を発見したことを想起してみればいい。この、古代／現代のはざまに横たわる隔絶は、けっして見過ごされていいものではない。『沖縄文化論』が第一章の「沖縄の肌ざわり」のなかで、米軍基地や本島南部の戦跡、そして、旧日本軍の愚劣さに触れて、まさに目前の出来事としての沖縄から出立する覚悟を表明していたのは、むろん偶然ではない。沖縄の島々を歩いていると、たしかに「日本文化の過去、そのノスタルジア」が甦ってくる、と感じる瞬間が誰にもあるにちがいない。太郎はそれを、「感傷ではない」と言い切ったうえで、それゆえに、この沖縄を支点として「現代日本をながめかえす」知の方法を探り求めようとしたのである。その実践的な果実のひとつが、『沖縄文化論』として提示されたのではなかったか。

沖縄の第一夜も更けて、ようやく歓迎の宴が果てると、太郎を乗せた車は小高い丘にのぼった。戦火に焼き尽くされて跡形もない、首里城の跡である。沖縄の歴史、その悲劇が凝縮された、ひとつの頂点のような丘に立って、那覇の街を見下ろしながら、太郎は「この島と、遠く離れた日本との距離」を想った。

日本人は日本を本土の内側に、一定の限界としてしか捉えていない。われわれのまわりには、幅ひろくひろがる碧色に輝いた海があり、そこには充実した島々が無数につらなって、とり囲んでいる。それを肉体として摑みとっていない。日本という抽象的な観念、固まった意識からぬけ出し、かつて祖先が全身に受けとめていた太陽の輝きと、南から北からの風の匂い、その充実した気配を血の中にとりもどさなければならない。

岡本太郎の文体である。抽象度が高いにもかかわらず、身体にきちんと着地している言葉である。まわりに海が広がり、島々が無数に連なることを、われわれは肉体において感受していない、太陽の輝きと、南から／北からの風の匂いや気配を、血のなかに回復しなければならない、という。誤解されるにちがいない。太郎の言葉がどこまでも肉体言語であることを知らずに読み流す者は、空疎な物言いだと感じて、苛立つかもしれない。たとえばそれは、以下のように異なった角度から翻訳されるはずだ。きわめて明晰な思考が貫かれており、揺らぎはまったく見られない。

私はますます日本、それもその風土と運命が純粋に生きつづけている辺境に強くひかれる。そこには貧しいながら驚くほどふてぶてしい生活力がある。その厚みは無邪気で明朗だ。近代化されるとともに奇妙にゆがみ、稀薄になってしまった日本人像とは違う。そういう隠れた生命力を掘りおこし、そのポイントからもう一度、日本人として、芸術家として、この現実に対決する生き方を究めたい。

つまり外部に位置する切実なポイントから、逆に日本文化を浮び上らせて行くのだ。朝鮮、北海道、五島列島、大島、いろいろある。が、そういう意味で重要な塊は、やはり沖縄だ。したがって、私がここで展開したいのは沖縄論であると同時に、日本文化論である。

そこに立つことによって、吹き抜けてゆく南から／北からの風をもっともよく感じ取ることができる、特権的な場所がある。列島のまわりには海があり、島々がある。そこに裂け目のように覗けている外なる場所から、日本文化を浮かびあがらせる。むろん、沖縄はそのもっとも特権的な場所のひとつだった。太郎はその沖縄で、何を見たのか、感じたのか。たくさんの発見があった。たとえば、「何もないこと」のもつ凄みや清らかさについての考察などは、やわらかな衝撃を孕《はら》んで、深い思索へとわたしたちを誘うだろう。わたし自身、『岡本太郎の見た日本』（岩波書店、二〇〇七年）の第四章「沖縄、ひとつの恋のように」のなかで、いくつかの切り口から『沖縄文化論』を論じている。この豊饒なるテクストが、これからどのように解読されるのか、優れた読み手の登場が待たれる。

＊

さて、日本紀行三部作の終章をなす『神秘日本』であるが、これもまた隠れた傑作といっていい。ここに収められた二つの論考、「オシラの魂――東北文化論」と「修験の夜――出羽三山」については、やはり『岡本太郎の見た日本』の第三章「獣の匂い、または東北的な」のなかで論じたことがある。詳しくはそちらに譲らざるをえないが、旅学にもとづく深い思索に貫かれた論考であり、『神秘日本』の楕円的な構造を支える焦点のひとつとなっている。その焦点は東北文化と名づけられるだろう。

「オシラの魂」には、副題として「東北文化論」とあるように、太郎が『日本再発見』の「秋田」「岩手」に続いて、本格的に東北文化について語った比較的に長編の論考である。太郎は青森県の下北半島、恐山という霊場でくり広げられる祭りの庭で、ホトケ降ろしの口寄せをおこなう盲目の巫女・イタコを見た。その、なんとも形容しがたい、古い民衆信仰の名残りにちがいないミスティシズムの伝統。じかに引用されることはなかったが、太郎はそこで、エリアーデのシャーマニズム論とデュルケムの聖俗理論を援用しながら、イタコという不思議な存在の深みに錘鉛を降ろそうとしている。その試みはかなりの程度に成功を納めたのではなかったか。ここには、東北の婆との遭遇がくりかえし語られており、魅力的だ。沖縄の婆とも呼応しあうものだ。

いまひとつの東北文化論である「修験の夜」は、山形県の出羽三山を訪ねた紀行である。わたしはそこに示された修験道についての独特の解釈にそそられ、心を揺さぶられてきた。それはまさに、わたしの若い頃からのテーマである異人論と共鳴しあうような内容を含んでいるのである。定住的な共同体と、そこから排除されるはぐれ者の異人たち。かれらは共同体を追放されて、曠野や山嶽といった「人間関係を断った非情な場所」へと逃れてゆく。かれら秩序の外にある除外者=異人たちは、無視され、危険視され、同時に畏怖されもする。山野の霊威を身にまとうことによって、山のシャーマンとなり、そうした「山の人」の伝統が修験道へとかたちを整えてゆく。これもまた、随所に、こうした興味深い思索をちりばめた紀行エッセイなのである。

もうひとつの楕円の焦点は、「火・水・海賊――熊野文化論」における熊野の発見である。その続編ともいうべき密教思想論が、最後の二章に見えている。そこにはまた、出羽三山紀行に示された修験道の水脈も流れ込んでおり、『神秘日本』は重層的に、日本のミスティシズムの伝統の解読に挑んでいたのである。とはいえ、太郎がいわゆる神秘主義/神秘的なものを峻別していたらしいことは、やはり無視するわけにはいかない。

「火・水・海賊――熊野文化論」は、太郎の対極主義的な思考が生きている論考のひとつかもしれない。伊勢に象徴される祖霊崇拝にたいして、熊野に受け継がれてきた自然崇拝のアニミズムは、民衆のなかに、「自然の神秘に直接であり、広く遊動的な、生活派のストイックな精神」として根強く生きている、という。この対峙の構図は、正の世界（耕された沃野、農耕文化、官僚支配）／反の世界（山襞の暗み、山嶽に拠る修験道）として、さらに反復される。修験者たちは秘密の筋＝ネットワークをめぐらし、山から山へと駈け、異なった国々を廻る。太郎はいう、それは農耕社会の土地に繋がり、ナショナリズムを基盤とした組織ではなく、精神の連合体を土台にした、ストイックな、インターナショナルな組織であり、「正なる、平明な権威に対する、反の、暗い、秘密の権威」として、熊野の神秘は浮かびあがってくる、と。

すでにいくらか触れたように、一九六〇年に前後する時期に、太郎は宮本常一と出会い、ふくらみのある関心を抱いたらしい形跡がある。「残酷ということ」と題された座談会で、太郎は宮本・深沢七郎と言葉を交わしている。『神秘日本』に収められた「花田植――農事のエロティスム」は、宮本に紹介されて訪ねた、中国地方の花田植の神事の見聞紀行である、という。「お百姓さんの方には私は弱い」と呟きながら、どこか律儀に、窮屈そうに稲作儀礼を眺めている姿が、ユーモラスにも感じられる。太郎と宮本常一の交流について探ることは、戦後思想史の隠された側面を浮き彫りにすることに繋がっている。あらたなテーマの所在だけを示唆しておきたい。

＊

太郎の日本紀行三部作――『日本再発見』『沖縄文化論――忘れられた日本』『神秘日本』――が、日本文化論にとって、たいへん豊饒なる達成であることはしかし、それほど広く認められているわけではない。『岡本太郎の宇宙』に三冊の著作が収録されたことによって、再評価のための読み直しが始まるのかもしれない。それにしても、太郎による旅学的な日本文化論は、四十代半ばからの十年足らずのあいだに、かなり駈け足に書き継がれたものであった。その後、太郎の旅学的な関心は日本から、北ユーラシアや中南米へと拡がっていった。二度と、まとまったかたちで日本文化論が編まれることはなかった。

実は、一九七〇年代以降にも、いくつかの旅学的なエッセイが書かれているが、雑誌の片隅に埋もれて、いまでは読むことがむずかしい状況だ。その意味では、『岡本太郎の宇宙』第四巻に「諏訪「御柱祭」」を収めることができたのは幸いであった。『芸術新潮』一九八〇年七月号に掲載されたものだ。やがて七十歳になろうとしていた太郎が、七年ごとにおこなわれる諏訪の御柱祭りに参加したのちに執筆したエッセイである。日本紀行三部作の時代に戻ったかのような、充実した内容に驚かされる。あらたに学んだ考古学の知見と、民族学の方法を援用して、岡本太郎らしい日本文化論の一端が示されている。ここでも、太郎は身をやつした民族学者であったかと想う。

ここに収められた論考や座談会の記録などが、導きとなって、民族学者としての岡本太郎が再発見されることを願う。とびっきり多面体の人であった。その、どこにも金太郎飴のように、岡本太郎が見え隠れしている。太郎はこれからの人なのである。さらに、たくさんの岡本太郎との出会いが生まれてほしい。わたしもまた、太郎を探す旅をゆったりと続けることにしよう。

（二〇一一年）

2　太郎と旅、東北をめぐって

岡本太郎が残した東北文化論のいくつかは、確実に、いまに繋がる、豊かな暗示に満たされたものである。それはしかも、旅を仲立ちとして書き継がれていった紀行エッセイのなかに見いだされる。太郎にとって、旅とは何か。太郎は旅のなかで何を見たのか、感じたのか、考えたのか。じつは、思いがけず、太郎の旅はあらかじめ存在する仮説を検証する旅であり、直観ばかりに身を委ねて流されてゆく旅ではなかった。

たとえば、『日本再発見——芸術風土記』の旅にかかわり、太郎はこんなふうに書き留めていた。すなわち、「風土記全般にわたることなのだが、あらかじめ直観し、設定した問題をぶつけて行く。——さて、相手がどんな風にそれを受け、応《こた》えてくるか、その本質は？　——いざ目の前に展開するまでが、私にとっては大へんなスリルなのである」（『日本再発見』「岩手」）と。旅の以前にすでに、あらかじめ直観のもとに設定された問題、つまり仮説を抱いた問いがある。たとえば、太郎は岩手の鹿踊りについて、「はじめから、かつての縄文文化人が鹿の肉を常食にしていた時代の呪術的儀礼からの伝統だとにらんでいた」という。そうした仮説が、実際に岩手を訪ね、鹿踊りを見聞することによって裏打ちされ、または否定されるのである。太郎の旅が、すくなくともその一部が、仮説の検証のための道行きであったことを、とりあえず確認しておきたいと思う。

ここでは、東北の旅のいくつかと、そこに刻まれた思索の跡に眼を凝らすことにする。

＊

一九六二年の夏、太郎は恐山をめざして、下北半島を列車で北上していた。「いよいよ本土の北の涯《はて》、神秘の世界に近づいて行く。身がしまる」と見える。

神秘の世界が近づいて来る、ではない。神秘の世界に近づいて行く、のである。この差異はしたたかに大きい。太郎の旅にかかわる本質的な構えがよく表われている。仮りに自分であれば確実に、神秘の世界が近づいて来る、と書くだろうと予感されるだけに、わたしはこの隔絶にたじろぐ。太郎はそれを確信している、そこに神秘の世界が広がっていることにたいして、揺るぎのない信をもっている。だから、その神秘の磁場のなかへと、みずからの意志で身を躍らせようとしている。いかにも潔い、それが心地いい。

その名も『神秘日本』である。妖しげな書名だ。その「後記」には、こんなふうに書かれてある、――「今日のように世界が生活的に極大概念であるかぎりは、「民族」は一種神秘的な生気を保ちつづけるに違いない。マクロコスモスに対する、ミクロコスモスの必然である。ナショナリズムだとか、民族主義などという観点からでなく、もっと肉体的に自分の神秘、その実体を見つめなければならないと私は考える。世界における同質化、ジェネラリゼーションが拡大すればするほど、逆にパティキュラリティーも、異様な底光りをおびながら、生きてくるような気がしてならない」と。ここにも小賢しい言い訳が、かけらも見られない。逃げがない。誤解されたにちがいない。いまも誤解を蒙るはずだ。ここでは、その誤解をあえてほどくことなく、むき出しに捨てておくほうがいい。たとえば、いかに世界のグローバル化に抗うか、と言い換えてやればいい。『神秘日本』の太郎が立っていた場所が、どれほど独特であり、現在的であったか、時代を先取りするものであったか、それが深く納得されることだろう。

神秘なる言葉が当たり前に転がっている。その開け放しの異形がまたいい。太郎は恐山でイタコの口寄せを見た。そこに、一種のシャーマン的な存在であった時代の面影を認めて、こう書いている。

このような神秘はかつて日本全土をおおっていたと考えられている。歴史の奥深くかくされた原始日本。縄文文化の土器、土偶の、奇怪な、呪術的美学がこの気配に対応していないだろうか。また大湯で発掘されたストーンサークル。地の底の呪文のように謎を秘めている。すべてが、民族の暗い情熱をわれわれに呼びさますのだ。東北地方は久しい間、「化外の地」として中央文化からとざされていただけに、この彩りはより濃くここに永らえたのではないか。

今日のイタコの姿は、そのようなミスティシズムの伝統を、明らかに受けついでいる。（『神秘日本』「オシラの魂」）

ここにも誤解の種はばらまかれている。歴史の奥深くに隠された「原始日本」、「民族」の暗い情熱、神秘に覆われた「日本」とその伝統……、ここでも太郎を擁護するために言い訳を始めれば、まったくきりがない、やめておく。むしろ、わたしが追撃して、誤解に上塗りをしたほうが、太郎の場所が鮮明になるかもしれない。それもまた、機会を改めることにしたい。

私の心の中に、日本の形がうかんでくる。

幼いころ、はじめて地図でそれを知ったときの異様なセンセーション。

――孤独な、生物の姿。大陸からはじき出された爬虫類《はちゅうるい》のような。そんな原始的な生きものが、傷つき、耐え、身構えている。ことに強烈なのは、その頭部のイメージだ。牙《きば》をむきだしながら、淋《さび》しげに、しかし力強くそそりたつ。下北と津軽の二つの半島。この北の地、かつての蝦夷の悲劇的な運命の起伏と思いあわせ、いっそうロマンティックだ。（同上）

当然とはいえ、ここでの鍵となるのは、「化外の地」としての東北であり、「かつての蝦夷の悲劇的な運命の起伏」である。『日本再発見』には、「古くは蝦夷地《えぞち》。冷害と貧困に悩まされ、ながい間、いわば日本史の裏側に生きつづけた東北地方」と見える。まさに、それを起点として、縄文の土器や土偶、ストーンサークル、そして、爬虫類のような原始的な生き物が、傷つき、耐え、身構え、牙をむき出しながら、淋しげに、しかし力強くそそりたつかのごとき、二つの半島のイメージは、あらためて見返されなければならない。そうしてはじめて、太郎の東北文化論の先駆的な意味合いが、あきらかに浮かびあがってくるはずだ。

一九五七年、岩手の旅のなかで、太郎は平泉の中尊寺を訪ねている。そこで、太郎は寺内の宝物を収めたケースのひとつにひき寄せられた。暗い黄灰色の小さな破片が、三つ四つ並べてあった。眼を寄せてみると、無気味なギザギザが重なりあい、びっしりと刻み込まれていた。基衡の棺から出た、鹿の角に加工を施した護り刀の柄の飾りだった。激しいエゾ紋様だ、アイヌ的であり、また縄文文化の気配でもある、そう、太郎は思った。そして、「この、幾つかの小さいかけら、他とまったくかけ離れた異様な美観が、しかし平泉文化のすべてを貫き支えているような感じが私にはした」と書いた。太郎の直観はやはり、人並みはずれて鋭い。刀の柄の飾りに、エゾやアイヌの紋様を見いだし、縄文文化の気配を認めている。それが具体的に事実であるか否かは措くとしても、その嗅覚の鋭さと、眼差しの向かう方位の正しさとは、否定しようもない。

一口に京都文化の移植というが、その華やかさと高度な技術を全面的にとり入れ、また末世思想の浄土信仰をひきうつししながら、それにしても、ここでは何と逞しく、彼ら独特の執拗な生命力を表現してしまったことだろうか。

今日一日ふれて来たこの地の文化をじっくりと噛みしめながら、だが心の中に奇妙にズレた二つの異質の舌ざわりを感じてならない。あの仏教文化の多彩な彩りの底に、繊細にリファインされた外面とはおよそ別ものの、暗く、重々しい、呪術のようにひそみ、わだかまっている気配がある。その異様なひびき。それは私のうちに、何か義憤のようなものをよびさますのだ。(『日本再発見』「岩手」)

平泉文化の評価をめぐって、ここでの太郎はじつに根源的なことを語ろうとしている。この道の奥に花開いた文化は「京都文化の移植」という顔をもちながら、それとはまったくかけ離れた異様なひびき、「暗く、重々しい、呪術のようにひそみ、わだかまっている気配」を帯びており、それこそが「平泉文化のすべてを貫き支えている」のではないか、という。いわば、太郎は鹿角の装飾のかけらを通して、平泉文化のなかに、より広くは東北文化のなかに、「奇妙にズレた二つの異質の舌ざわり」が隠されてあることをあきらかに認めた、ということだ。しかも、太郎はそこから、「何か義憤のようなもの」を呼び覚まされるのである。それはいったい何か。

金色堂。そしてあの鹿の角の破片から、古い時代のウメキのように、私に向って訴えかけてくるものがある。

かつては辺地の蛮人としてさげすまれ、否定された。今日の日本の歴史、その伝統の中においても、エゾといえばまるで縁のない人種の如くである。だが、そうじゃないのだ。彼らこそ本来の日本人であり、また人間としての生命を最も純粋に、逞しくうち出しているわれわれの血統正しい祖先なのだ。アカデミックな中央の権力、その官僚性によって、不当に押しつぶされ、過去に埋れてしまった。この日本人の魂。それをえぐり出し、解き放ち、われわれの芸術にとって最も緊急であり、由々しき問題としてぶつけて行く。それは他ならぬ私自身の使命ではないか。（同上）

太郎の芸術的使命には、いまは触れずにおく。わたしが関心をそそられるのは、縄文の血脈を引いたエゾやアイヌこそが、「本来の日本人」であり、「人間としての生命を最も純粋に、逞しくうち出しているわれわれの血統正しい祖先」である、そう、太郎が言いきっていることだ。ここでも誤解は解かずに、捨てておく。いずれ、太郎自身が「本来の日本人」といったヤワな物言いに訣別する姿を見届けねばならない、と思うが、それもまた先送りせざるをえない。

いずれであれ、ここに示唆された太郎の東北文化論が、その骨格において、わたし自身の東北学の基本的な枠組みと重なっていることを、あきらかに確認しておきたい。わたしは東北の野辺歩きの旅のなかで、太郎が語った「奇妙にズレた二つの異質の舌ざわり」をつねに感じてきた。太郎はそこで、まさに「ボカシの地帯」としての東北文化の根底に触れていたのではなかったか。縄文やエゾ・アイヌや狩猟・採集といった「北の文化」と、弥生やヤマトや稲作農耕などの「西の文化」とのあいだにひき裂かれた東北こそが、あの「奇妙にズレた二つの異質の舌ざわり」の源泉であったはずだ。

太郎はのちに、泉靖一との対談のなかで、こう述べている――、「たとえば、東北地方なんか、今でも原日本みたいな感じがしますが、エゾ文化が生きていますよ。エゾにしても、アイヌにしても、これはやはり狩猟文化であるわけで、だから、日本は農業国であるというものの、それ以前のものがかなり残っているような気がするんです」（『日本人は爆発しなければならない』）と。『神秘日本』の旅が、ここにいう稲作以前、それゆえ弥生以前に横たわる「生命力、もっと根源的な、不安なもの」に突き動かされながらの道行きであったことは、やはり太郎自身が語っていたところだ。

太郎の東北文化論はしかも、縄文やエゾ・アイヌに情緒的に淫して、東北のいまに向けての眼差しを曇らせているわけではない。『沖縄文化論』における、意外なほどに醒めた現実認識にも繋がっている。

たとえば、太郎は『日本再発見』の一節で、石川啄木や宮沢賢治を痛烈に批判している。

東北現代文化の代表みたいに押し出されるのは、いつでも啄木だったり、賢治だ。ああいうひ弱なものが、いつの頃からこの地方の伝統になってしまったのだろうか。……近代の歩みにスポイルされた、地方意識のコンプレックスか。いずれにしても大へん女性的である。第一、文学としても程度が低い。

啄木なんて、発想は単純だし、詩とはいえない。通俗的な感傷を区切りをつけて説明しているにすぎない。だから従って出来のわるい中学生あたりにもわかりやすく、奇妙に感激したりするけれども、あのいやったらしさ。まさに現代歌謡曲調の草わけだ。

賢治はまだマサ目のとおった素材そのもののよさにふれる感じだが、それだけだ。そういう素朴さを一ぺん通り越し、否定した上で、再び堂々と表現の問題にたち帰ってくるのでなければ、芸術とはいえない。

異論がないわけではないが、太郎の批判はここでもまっすぐで、媚びがない。啄木や賢治の文学のある側面は、確実に抉り取られているはずだ。いわば、太郎が東北文化の根底に見ていたものは、近代によって害された「地方意識のコンプレックス」の象徴のごとき啄木的なるもの、また賢治的なるもの、ではない。賢治と縄文文化などと聞いたら、太郎はどんな顔をしたことだろうか。太郎はやはり『日本再発見』の、秋田の旅のなかで、こう書いている、――「中央にこびた「地方文化」意識で、それをまた逆輸入して土地の人自体が奇妙な意識にしばられるとしたらグロテスクの極みだ。ここに大きな問題がある」と。じつにすっきりと一貫しているではないか。

紙数が尽きたようだ。ともあれ、太郎の語った東北や日本は、したたかに面白い。やがて、本格的に論じるべきときが訪れることを、ひそかに願っている。

（二〇一一年）

3　前衛と生活のはざまに、旅があった

思い返してみれば、わたしは岡本太郎という人にまるで関心がなかったのだ。わたしをやわらかく挑発し、甘やかに誘いかけ、いつしか太郎狂いのひとりに仕立てあげてしまったのは、ほかでもない、太郎の生涯にわたる同伴者であった岡本敏子である。わたしがはじめて岡本太郎について論じた『岡本太郎の見た日本』は、太郎と敏子に向けての恋文のようなものであったが、刊行されたときには、太郎は当然ながら敏子もまた、この世の人ではなかった。

あるとき、どこか都内で行なわれた講演のあとの、ちょっとした懇親会の場であった。ひとりの女性がワイングラスを片手に、ふわりふわり身を揺らし、笑みをこぼしながら近付いてきて、いきなり、こんな言葉を浴びせかけてきたのだった。あなたの東北論ね、いいんだけど、何だかまどろこしくて、もっとはっきり言いなさいよ……。眼は少しも笑っていない、むしろ鋭く刺さってくる。誰だろう、知らない、初対面であった。あとで、近くにいた知り合いにそっと尋ねると、岡本敏子さんよ、ほら、岡本太郎の……、という答えが返ってきた。

わたしはそのとき、太郎の東北文化論（『神秘日本』）を読んでいなかった。舞踏家の友人である

森繁哉さんから聞いて、その存在は知っていた。しかし、読む気が起こらず放っておいた。たぶん、それから間を置かずに読んだのだと思う。むろん、衝撃を受けた。からだがザワザワするような、奇妙な、鈍重といっていい衝撃だった。あなたが東北学の名前で書いていることは、すでに四十数年も前に、太郎さんがはっきりと書いているわ、そう、あの人はわたしに伝えたかったのだと気付いた。ともあれ、そうして、わたしは岡本太郎に出会ったのである。

青山の、岡本太郎記念館を訪ねたときであったか、『日本再発見』の初版本を敏子からいただいた。わたしはそれまで、みすず書房版の著作集で読んでいたから、太郎自身の写真がふんだんに挿し込まれた原本を手にして、印象の違いに驚かされた。それから、わたしは『神秘日本』をはじめとして、大方の太郎の著書は、古書店を通して原本で手に入れることになった。

敏子さんはきっと、わたしに、東北文化論を仲立ちとして、太郎の日本紀行が秘めている先駆的な意味合いを掘り起こすことを望んだのだと、いまにして思う。わたしはとりわけ、四編の東北文化論と、一冊の『沖縄文化論』にみごとにやられた。わたしが勝手に岡本太郎の日本紀行三部作と呼んでいる、『日本再発見』『沖縄文化論』『神秘日本』は、どれも戦後の紀行文学の傑作に数えられるはずだ。角川ソフィア文庫版では、『日本再発見』と『神秘日本』は原本に近いかたちでの編集が行なわれるらしい。

いずれであれ、読者はみな、太郎の撮った写真と、太郎と敏子がともに紡いだ文章によって、半世紀をさかのぼる日本の生々しい姿に触れて、驚きを新たにすることだろう。それは疑いもなく、太郎その人にしかなしえなかったにちがいない、鮮やかなドキュメンタリーであると同時に、すぐれた日本文化論の結晶でもあった。

太郎の日本紀行は、なぜ、かくも個性的な傑作でありえたのか。

おそらく、それは第一に、太郎の旅が漫然とした息抜きの仕事ではなく、避けがたい必然に促されての思索の道行きであったことによる。太郎は十代の終わりからの十年あまりを、フランスのパリで暮らしている。一九三〇年代のパリに集まっていた、まさに世界の最先端の知や思想や芸術の担い手たちと稀有なる交わりを果たしながら、多感な青春を過ごしたのである。第二次世界大戦の勃発とともに、太郎は心ならずも、日本に帰国せざるをえなかった。太郎はそれ以降、日本という文化風土にたいしてきわめて先鋭な批判意識をもちながら、また同時に、それを逃れがたい宿命として、たとえば引き受けるべき泥のようなものと感じ続けた。一九五〇年代後半から六〇年代にかけて行なわれた日本紀行は、この宿命としての泥の意味と可能性を探ることを目指すものであった。

第二に、太郎の旅が芸術家という立場を手放すことなく、風土とのぶつかり合いを真っすぐに試行錯誤のなかに演じていることによる。とりわけ、この『日本再発見』は「芸術風土記」という副題からも明らかなように、まさに芸術と風土の接点に身をさらしながらの手探りの紀行であった。それゆえ、『神秘日本』ほどには思索が熟していないし、焦点が絞り込まれているわけでもない。見る前に跳べとばかりにフィールドに降り立っている、そんな気配が濃厚なのだ。だから、この『日本再発見』は『神秘日本』と対をなすものとして読まれることによって、より鮮やかに、太郎の日本文化論への扉が開かれることだろう。

そして、第三に、その旅が戦後に属しながら、高度経済成長期にさしかかる直前の日本を歩行のフィールドにしていたことによる。だから、たとえば同時代の旅人であった民俗学者の宮本常一の紀行などと、よく似た肌触りを感じさせるところがある。むろん、二人の紀行はまるで異質な方位に向けて開かれていたが、けっして隔絶したものではない。太郎は宮本や、柳田国男や折口信夫など、民俗学者の著作をそれなりに読んでいたが、同時に、パリ時代にマルセル・モースから学んだ社会学＝民族学の素養も豊かに持っていたのである。太郎の紀行には、注はひとつもなく、参照した文献が明示されることもなかった。それはまるで学術論文とは異なる、あくまで紀行エッセイだった。むろん、太郎自身がそれを望んだのである。しかし、『日本再発見』の秋田紀行など、あきらかに欧文原書で読んだはずのミルチャ・エリアーデの『シャーマニズム』の影が、いたるところに射している。少なくとも、同時代に、太郎のように、秘密結社やシャーマニズムの問題としてナマハゲについて論じた者はいない。太郎の日本紀行には、まさしく民族学者の眼差しが息づいていたのである。

さて、太郎は思いがけず、すぐれた文筆の人であった。たんなる絵描きの余技といったものではない。むしろ、太郎には言葉に秀でていることの不幸すら、ときには感じられてならない。『日本再発見』の最終章は、「日本文化の風土」と題されている。太郎は書いている、「芸術風土記を思い立ち、日本の各地を廻った。私はこの国に生き、何とも形容できない複雑にからみあった現実に抵抗しながら生活し、戦って行くよろこばしさに戦慄《せんりつ》する。それはまた当然、憤りとの裏表だ」と。あまりに明晰なのである。太郎はみずからの旅とその紀行の意味を、誰よりもよく知っていた。

ただし、これについてはいくらかの留保が必要かもしれない。太郎の多くの文章が、どうやら太郎と敏子との共同執筆であったと想像されるからだ。むろん、ゴーストライターというわけではない。敏子は現場で太郎の呟きや叫びを丁寧に書き留め、それを元にして、おそらくラフスケッチのような下書きを作り、太郎がそこに手を入れて文章化し、さらに敏子が手直ししたうえで清書した、といった共同執筆のかたちが思い浮かぶ。当たらずとも遠からずではなかったか。敏子は明らかに、太郎専属の、とびっきり凄腕の編集者であったが、その域を超えて、やがて共同執筆者として認知されることになるはずだ。太郎その人は、きっとそれを喜ぶだろうと、わたしは思う。ごく若い頃の、つまり敏子と出会う以前の太郎の文体はじつは、いくらか粘着質で、長く途切れずにあとに続いてゆく。おそらくは敏子によって、太郎の文体そのものが変わったのである。

あるいは、はじめて原本に忠実に編集された、この文庫版の『日本再発見』によって、新たな太郎の紀行の魅力が見いだされることだろう。読者はきっと、この本に挿入されたモノクロ写真の群れに圧倒されるにちがいない。白と黒のコントラストのきつい写真が多い。わたしには忘れがたい写真がたくさんある。ナマハゲを演じる若者の精悍な表情。ダイナミックに踊り狂う鹿踊《しし》りの群れ。雨に打たれながら、四国の札所・竹林寺《ちくりんじ》の石段を降りてくる遍路の姿。路傍で見かけたモノたち、小さな民具や玩具たちなど。それぞれに記憶に深く刻まれている。太郎の写真は強い、見る者の眼を射抜いてくる。一瞬にして切り取られた情景が、ときには詩的に、ときには真っすぐに物語を呼び覚ます。隙だらけでいて、隙がない。

かつて、写真家の内藤正敏を指名して、太郎のネガフィルムを現像する試みが、敏子の許可の元に行なわれたことがある。沖縄の島で撮られた一枚の写真を思いだす。それまでの当たり前の焼き方では、窓のなかは真っ暗であり、それゆえにか写真そのものが妙に落ち着かない印象を漂わせていた。内藤が苦心の末に現像した写真を見て、からだが震えた。窓の奥には、たしか二人の人が映っていて、太郎の方を真っすぐに凝視していたのだった。ネガフィルムから現像によって写真を作り込むことには、あまり関心がなかったようだ。太郎はいわゆるプロの写真家ではなかったのである。

さて、やはり最終章の末尾に近く、太郎は書いていた。

そんなんでない、はるかに重厚で、泥くさく、生活的なもの。ここには伝説的な日本的器用さはない。武骨である。叩きつぶされ、押しつぶされ、それはまるで全然ないかのように、光の外に置かれながらも、なお厳然と、民族のレジスタンスとして叫びつづけている。たとえそれと、はっきり自覚されていなくても。暗く深い、もう一つの美の伝統であり、生命力である。

太郎の日本紀行の核心が語られていた。太郎に固有のキーワードが、ここにも登場している。「生活的なもの」とある、この生活なる言葉だ。芸術の前衛を自称していたはずの太郎の著作のなかに、呆れるほどにくりかえし見いだされる呪文のような言葉である。庶民の生活などからははるかに遠い存在であった太郎にとって、生活とはいったい何を意味していたのか。『日本再発見』を読むとき、この生活という言葉に眼を凝らしてみるのもいい。岡本太郎という謎が、そこから少しだけ解かれてゆくかもしれない。

（二〇一八年）

4 婆たちの発見の書

どこか不思議な肌触りのある著作だと感じてきた。そもそも書名からして怪しげではないか。『神秘日本』という。こんなタイトルは、国学系の知識やら伝統やらにかぶれた神道家か、日本への片思いにすっかりやられた欧米からの異邦人か、どちらかしか選ばないような代物である。岡本太郎はしかし、洋行帰りの前衛芸術家であって、国学などとは無縁の、パリ大学でマルセル・モースの教えを受けた民族学者の端くれであった。たしかに、この著書のなかには、「神秘」という言葉が頻出するけれども、そこに提示された「神秘」はどれもこれも、神秘主義などとはむしろ対極とも言えそうな「生活」という太郎語彙にまみれて転がっており、ありがたみがどこまでも稀薄なのである。

わたしはその「後記」に関心をそそられて来た。とても明晰な思考がつらぬかれている。太郎はパリに十年あまり暮らし、パリという「世界のあらゆる文化圏に通ずる場所」で、「世界人」になるために努力し、実践を重ねた。そして、みずからが「日本人」であるという現実を突きつけられ、「日本人としての存在を徹底してつかまないかぎり、世界を正しく見わたすことはできない」と考えるようになった。第二次世界大戦が終わって十年ほどが過ぎてから、太郎は「日本民族の中に秘められた文化の独自性」を探究するために、日本列島の北へ、南へと旅をくり返したのである。それは『日本再発見』『沖縄文化論』『神秘日本』という日本紀行三部作に結実している。『神秘日本』は太郎の日本紀行の掉尾《とうび》を飾る著作となった。

その「後記」には、総決算の意味合いがこめられていたかもしれない。太郎はいう、今日のように「世界」が「生活的に極大概念である」かぎりは、「民族」というものはある種「神秘的な生気を保ちつづける」にちがいない、と。そして、ナショナリズムや民族主義ではなく、もっと肉体的に「自分の神秘、その実体」を見つめねばならない、という。それに続く言葉に、わたしは少なからぬ共感を覚えてきた、すなわち、「世界における同質化、ジェネラリゼーションが拡大すればするほど、逆にパティキュラリティーも、異様な底光りをおびながら、生きてくるような気がしてならない」と。現代の言葉に置き換えてやれば、世界のグローバル化にたいして、ローカルなものたちの復権が求められている、ということか。

太郎はそれから、民族は見えない「固有の暗号」をもっているといい、それを島国ゆえの「同質の生活的感動、いわば秘密のようなもの」と言い換え、さらに、その繊細にして「根深い神秘」へと読者を誘《いざな》いかける。若き日の太郎は、パリという異邦の地で芸術家／民族学者というハイブリッド的な生き方を選び取った。心ならずも、戦争の勃発によって帰国を強いられ、間もなく訪れた京都や奈良である種の絶望に見舞われたとき、民族の見えない暗号から隔てられていると感じたはずだ。異邦人はそれを、自分には理解しがたい暗号のように感じて、魅惑／嫌悪にひき裂かれる。太郎はなかば異邦人のように、疎外感とともに、それを「固有の暗号」やら「根深い神秘」と呼んだのではなかったか。それは解き明かされるべき謎として、そこにあった。

＊

太郎は日本紀行のなかで、しだいに「仏教以前の心性にひそむエネルギー」を追究してゆくことになる。『神秘日本』はまさに、そうした方位に向けての歩行と思索の道行きであった。ここには六編の紀行が収められている。最初の「オシラの魂」がもっとも「神秘」をめぐって高揚の絶頂にあり、そのあとに出羽三山の修験の祭り、広島の花田植の行事、熊野の水と火の祭りを経て、最後に京都周辺の密教文化へとたどり着くが、熱気はしだいに冷めていった。たとえば、高野山を一日かけて巡りながら、太郎語彙としての「生活」が観念の岩盤に跳ね返される現場に立ち会っている、そんな気がした。

はじまりの恐山紀行に、すべてが凝縮されていたのだと思う。「東北文化論」という副題をもつ「オシラの魂」は、幼いころに、太郎が用箪笥のなかに偶然見つけた、ホウコと呼ばれる魔よけの人形の「秘密」とともに幕を開ける。そこに書きつけられた、こんな言葉がある。

生れそこなった子供みたいな、ひらくべくして、ひらかなかった魂。――だからこそ生命の渾沌《こんとん》に耐え、その力にみちて、不気味である。ちゃっかり形になってしまった人間の、間のびしただらしなさ。その無気力な表情にくらべ、この目、口、耳をつぶされて、ひたすら内に生命力を充実させている人型の方が、どれほど人間か……と思う。

わたしはこうした太郎の文体が好きだ。ホウコ人形を起点にして、人間とはなにか、という問いに向けての深いところからの応答がなされている。ふと、東日本大震災のあとに、津波に洗われて崩れ落ちた、ある神社の鉄製階段に結びつけられた赤いホウコ人形を見つけたときの、心の粟立ちを思いだす。博物館の展示物としてしか見たことがなかった。幼い日の太郎の衝撃を思った。たしかに、眼も鼻も口もない四つん這いの人形《ひとかた》には、不具や異形の哀しみとともに、生命の渾沌に耐えているものの強靭さが宿されている。「ちゃっかり形になってしまった人間」の漂わせる、傲慢なだらしなさはかけらもない。こちらこそ、どれほど人間か、と思わずにはいられない。これがじつは、イタコ論へと真っすぐに繋がってゆく伏線となる。

太郎はこのとき、七月下旬の恐山大祭を訪ねて、イタコの口寄せを見た。みちのくの婆たちに触れた。北の涯の「神秘の世界」の核心が、さらには『神秘日本』の旅の核心が、そこにあった。

かん高いつぶやきのような、だが単調な抑揚。入神したイタコの、仏おろしの祭文が、傘の下からはい流れてくる。節のあい間に、黒々と長い数珠《じゅず》を激しくかき鳴らす。それはたんたんと続く節の、息つぎのアクセントだ。見えない世界に身も魂も坐りこませてしまった中年女、婆さんたち。なかには顔じゅう泣きはらしてる人もある。死んだ子の声でも聞いているのだろうか。しかしまた茶の間で世間話でもしているような平気な顔もあり、特殊な、神秘の世界のようでいて、ただ生活の続きというような自然さもある。

イタコとその信仰、そして口寄せについて、太郎はいわば、神秘／生活のはざまに生起している現象として眺めている。恐山という霊場には、数も知れぬ死者たちの魂が満ちている。不当に死んでいった魂と、この世で現《うつ》し身の重荷に耐えている生き霊とが「親身にふれあう、魂の広場」である。とはいえ、太郎自身には、それは「見えない、聞えない」ことこそがさりげなく語られている。

太郎はただ、ある神秘が「現象として、また情熱としてそこにある」こと、そして、それがこの国の生活と文化を深いところで支えていることを、「生きた事実」として認めるのだ。そこから始めるしかない、というフィールドワーカーとしての覚悟ではなかったか。太郎は口寄せの風景に眼を凝らした。聞き書き調査もしたが、記録を取ったのは同行者の敏子である。そうして、この「信仰のような呪術のような、また単なる行事」でもあり、「深刻でいて、ひどくあっけらかんとして、無邪気でありながら、暗い神秘をのぞかせた、この異様なもの」の正体は、いったいなにか、と呟くのだ。すべてがかぎりなく微妙であることに、太郎はきっと歓びを見いだしていたにちがいない。

この紀行には、ミルチャ・エリアーデの『シャーマニズム』を、その名前はあげずに援用した一節があった。もっとも民族学者らしい岡本太郎は、以下の一節に見いだされる。

口寄せの場にやって来る婆たちはみな、生活のなかに「悲しみ、鬱屈《うつくつ》したもの」を抱えこんでいる。だから、婆たちにとって、そこは「魂の救済」の現場となる。イタコははるかに深刻な運命を背負っている。生まれながらに盲目か、幼いときに失明しており、当然ながら生活は厳しい。「そのむごく押しつぶされた眼」にたいして、われわれは憐れみをもつよりも、「一種の怖れをまじえた神秘感」を覚えずにはいられない。その憂鬱、激しさ、ゆがみ。それは世の不幸の象徴だが、そうした異常な人間像だけがもつ神聖感がある。常人を超えた力。見えないからこそ見抜いている、われわれの見ないものを見ている。眼も耳も口もない、あのホウコ人形といっしょだ。そこには、「人間になりそこなった悲しみ」や、「常の世と断ち切られているために、内へ内へと凝視するあの不気味さ」が共有されている。

ここまでは、いささか文学的な観察といっていい。民族学者としての躍動が見られるのは、この先である。

ふだん、その不吉なゆがみ、貧しさから人々にさげすまれ、ふみつけられ、世の不幸をになっているものは、逆に神聖化される。特に原始社会ではそれが一定の時期に、超人間的な呪力をもつと信じられているところが多い。シャーマニズムは明らかにその例である。

浄は神聖であるが、不浄は不吉な神聖なのである。浄が神的であるならば、不浄はあまりにも人間、その暗いヴァイタリティーにかかわっている。

あきらかに、社会学者のデュルケムの聖俗理論が参照枠とされている。不浄なるものは負の神聖であり、ときに逆転して神聖へと成りあがるのだ。イタコはつねの日には、「コジキとおんなじ」と無視され、忌み嫌われているにもかかわらず、ハレの場では神や死霊の声をとりつぐ存在となる。「こういう弁証法的な人間存在の秘密が、現代社会のコンプレキシティーを解く鍵である」と、太郎は託宣のように言ってのける。

恐山の夜、婆たちが盆踊りに興じる姿を、太郎はみごとな筆で描いている。「そうだ。お婆さんだ」と呟く。このあとに訪ねる修験道や密教、その祭りや呪術といったものは、みちのくの婆たちの「生活」に根ざした凄みにはかなわなかったのだ。それに気づいた太郎は、あくまで民族学者であった、と思う。

（二〇一八年）

5　太陽の塔――神秘と生活のあわいに

つい最近のことだが、パリに三週間ほど滞在していた。ただミュージアム巡りだけを目的とする、いくらか悠長な旅であった。わたしはそもそも、ほとんど海外に出ることがない。勤める大学からサバティカル休暇をもらったことを幸いとして、海の向こうに足を伸ばしているが、その唯一のテーマがとりあえず「都市とミュージアムの関係」なのである。

パリには岡本太郎を抱えていった。岡本太郎という思想の形成にとって、博覧会／ミュージアム／都市といった問題系は、きわめて本質的な避けがたいものである。そこで、ミュゼ・ド・ロンム（人類博物館）とミュゼ・ド・ケブランリーを再訪し、太郎語彙といっていい「生活」について思索を深めてみたいと考えていた。

わたしは最近、太郎の日本紀行の終章である『神秘日本』について、「婆たちの発見の書」（『季刊民族学』一六五号）というエッセイを書いている（本書に収録）。太郎がパリ大学でマルセル・モースの教えを受けた民族学者の端くれであったことは、いまでは広く知られるようになった。『神秘日本』のなかには、「神秘」という言葉が頻出するが、それは神秘主義などとは対極であるはずの「生活」という太郎語彙にまみれている。そのひき裂かれ方に関心をそそられて来た。太郎にとっての民族学という知のもつ意味合いが、その裂け目から浮かびあがる。

「後記」には、今日のように世界が「生活的に極大概念である」かぎりは、民族はある種「神秘的な生気を保ちつづける」にちがいない、と見える。世界／民族の二元図式が、生活／神秘という、遠くかけ離れた対比のヴェクトルによって串刺しにされている。太郎はまた、民族は見えない「固有の暗号」を、すなわち、島国の「同質の生活的感動、いわば秘密のようなもの」をもっており、その「根深い神秘」が読み解かれねばならない、という。たとえば、イタコの習俗について、生活／神秘のはざまに生起している現象として語られていた。イタコの口寄せがむき出しにさらすのは、みちのくの婆たちの、まさしく生活に根ざした酷たらしい神秘だと、太郎はいう。

＊

こうした奇妙な座標軸に沿って、ミュゼ・ド・ロンムとミュゼ・ド・ケブランリーの展示について考えてみる。もとより厳密な議論ではない。一九三七年、パリの万国博覧会の跡地に、ミュゼ・ド・ロンムが開設された。前身であるトロカデロの博物館のコレクションのほかに、パリ万博を通じて、世界中の植民地を中心とする民族や地域から収集されたコレクションが加えられて、壮大な民族学博物館が誕生した。太郎はそこに、「なまなましい現実の彩り」や、「むっとするほど強烈な生活感」を感じたらしい（「自伝抄」）。

このパリ万博には、ピカソの「ゲルニカ」が展示されている。パリ万博／ゲルニカ／ミュゼ・ド・ロンムという三位一体。これが原風景となって、大阪万博／太陽の塔／民族学博物館というもうひとつの三位一体が、太郎の秘められた構想のもとに繰り広げられたのである。二十一世紀になって、ミュゼ・ド・ロンムから株分けされるように、コレクションの一部が移されてミュゼ・ド・ケブランリーが誕生した、という。残念ながら、その経緯を深くは知らない。

さて、二〇一八年のミュゼ・ド・ロンム／ミュゼ・ド・ケブランリーに眼を凝らさねばならない。ミュゼ・ド・ケブランリーは三度目の訪問になるが、やはり、その完璧なまでの生活感の欠如に感嘆を覚えずにはいられなかった。未開社会の仮面や神像や装飾品の群れが、それゆえ、呪術や宗教にかかわるモノばかりが、圧倒的な審美的フィルターをくぐり抜けて展示されている。それはまさに、未開の呪術と神秘の壮麗なる展示場である。

だから、改装後にはじめて訪れるミュゼ・ド・ロンムのなかに、この生活／神秘のせめぎ合いがどのように見いだされるのかを、わたしは突き止めたかった。そこには、時空を超えた人間存在の「なまなましい現実の彩り」はあるが、いまひとつの「むっとするほど強烈な生活感」はなかった。むろん、生活にかかわる展示がないわけではない。しかし、わたしが痛いほどに感じたのは、このミュージアムを創った人たちは、ホモ・サピエンスの顔、頭、頭蓋骨になにより関心と執着があるのだ、ということであった。展示の終わりに、世界中のさまざまな民族や地域の人々の肖像写真が、切り取られた顔だけで構成されているのに遭遇して、わたしはあわてて、確認するために展示を逆コースにたどり直したほどだ。

たとえば、大阪万博では、太陽の塔のしたの広場に、「世界を支える無名の人々」と題された地上展示があった。そこには、世界から集めた「無名の人々」の写真が六百十九枚、むき出しに展示されていたのである。まさに、名もなき民衆の生活と人生が、多様なままに投げだされてあった。「ここに世界を背負って　ひたすら生きぬいている　名もない人々の生活がある　無言だ　だからこそ　誇らしい」と、太郎は書いた。『太陽の塔』(平野暁臣編著、小学館、二〇一八年)には、そうした生活と人生にどっぷり浸かった写真のほんの一部が拾われている。太郎はそれらの写真にたいして責任がある、むろん、選考委員の一人である。

*

ところで、リニューアル・オープンした太陽の塔の内部に足を踏み入れたのは、四月の末であった。その日、わたしは隣接する国立民族学博物館を訪ねている。「太陽の塔からみんぱくへ——70年万博収集資料」という特別展が開催されていたのだ。太陽の塔の内部展示のために、若い研究者たちが世界各地に送り込まれているが、かれらが持ち来たらしたモノは仮面や神像ばかりではなかった。生活や生業にかかわる資料が思いがけず、数多く含まれていたのである。そこに、どこまで太郎の意志が影を落としていたのかは知らない。ただ、大阪の民族学博物館はあきらかに、パリのミュゼ・ド・ロンム/ミュゼ・ド・ケブランリーとはいくらか異なった、民族学の思想や理念に支えられているらしいことを、とりあえず確認しておけばいい。

すでに引いた『太陽の塔』から、太郎の万博や太陽の塔にかかわる言葉をいくつか拾ってみる。たとえば、いま・ここで必要としているのは、「建築物とか広場とか生活に密着したもの」であり、「生活に密着し、密着というより対決して存在を主張するような形の表現」である、という。また、地下展示に触れて、「民衆の生活そのものの中から自然に凝縮し、あふれてきた姿。そのデリケートで気品にみちた凄み」という。空中展示は未来の世界であるが、その起承転結の締めくくりのテーマが「生活」であったのは、むろん偶然ではありえない。それらはみな、あきらかに太郎その人の意志において選ばれ、語り残された太陽の塔にまつわるメッセージなのである。

わたしはあえて、神秘や呪術からは対蹠的な生活という場所に視座をすえて、万博や太陽の塔にかかわる岡本太郎を照射しようと試みてきた。くりかえすが、生活とはたいせつな太郎語彙のひとつなのである。太郎にとって、万博は祭りでなければならず、その広場には、太陽の塔が「ベラボーなもの」として神々しく鎮座しなければならなかった。生活や日常の澱みの極限においてこそ、自己や世界を根源からうち開くために行なわれる、神聖にして厳粛なる祭りが必要だ。

時代はいま、ようやくにして岡本太郎と太陽の塔に気づきかけている。ならば、時代が太郎に追いついたのか。いや、ちがう。さらに祭りが不可能な時代へと、われわれが定めなく漂流していることが、太郎の不在によって、あらためて突きつけられている。それにしても、もはや、太陽の塔を壊すことのできる、無垢にして、荒ぶる王が出現することはないだろう。わたしはただ、そのことに愉悦の笑みを洩らすばかりだ。

（二〇一八年）

第3章

網野善彦——無主・無縁とはなにか

はじめに

それにしても、あまりに予想通りの展開ではなかったか。網野善彦という歴史家は、その死後、しばらくは歴史学の世界では忌みモノとして忘却されることになるかもしれない。そうした予感のなかで、わたしは幾編かの論考を書き継いだのであった。

網野の死は、ひとつの時代の終わりであったかと思う。そのとき、歴史学と民俗学とのつかの間の蜜月がひっそり幕を閉じた、といってもいい。そこでの主役はあきらかに、日本中世史の網野と民俗学の宮田登であった。二人が共同編集者に名を連ねた、『日本民俗文化大系』や『列島の文化史』などが、主要な舞台となった。宮田は二〇〇〇年に、網野はその四年後に亡くなっている。わたし自身が主宰した『東北学』（作品社）の創刊号（一九九九年）では、網野・宮田・山折哲雄の三氏を迎えて記念シンポジウムをおこなった。忘れがたい思い出である。

わたしにとっての網野善彦もまた、かぎりなく偏った愛の所産である。わたしは疑いもなく、その初期の仕事に属する『蒙古襲来』と『無縁・公界・楽』という二つの著作と、鮮烈にすぎる邂逅をしている。その出会いの呪縛のなかに閉じこめられてきたし、それを起点としてしか網野史学について語ることができない。だから、わたしはくりかえし、無主・無縁というテーマに触れざるをえなかったのだ。この偏愛に忠実でありたい、と頑なに思う。そして、いうまでもなく、『無縁・公界・楽』という著作こそが、歴史学の世界がけっして受け容れることができない網野史学の核心なのである。

無主・無縁とはなにか。これはそもそも、中世史という史料のフィールドから汲み出されながら、ただちに逸脱してゆかざるをえなかった過剰な問いである。はじめての網野善彦論である「無縁という背理の時間」という論考は、若き日の直観において、それを〈背理の時間〉と名づけて探究しようとした、ささやかな試行錯誤の所産であった。あえて再録することで、このテーマにたいする関心が持続的であったことを、確認しておく。

ともあれ、無主・無縁をめぐる民俗知を思想史的に掘り起こすことが、わたしの網野善彦論の最終章となるはずだ。

1

無縁という背理の時間

『無縁・公界・楽』（一九七八年）は不思議な著作である。あきらかに、その論理と叙述のなかに、幾重にも鏡のかけらのような微細な屈折と破綻が織りこまれている。ことに、終章にちかい、叙述が実証をはなれて理論構築に向かうあたりでは、ほころびが目立つ。その粗削りな部分をとらえて、批判を加えるのはたいへん容易だ。にもかかわらず、この著作のおびる稀有といっていい、根源的《ラディカル》な魅力は抗しがたくわたしたちを捉えてはなさない。

最近刊行になったばかりの増補版『無縁・公界・楽』（一九八七年）を読み返しながら、この著作のおかれている場所が微妙に揺れ動いていることが気にかかった。今回の増補版には、補論が四篇と、六十数ページにもおよぶ詳細な補注が付されている。その補注のほとんどが、歴史学（日本中世史）の内部からのさまざまな批判にたいする応答に費やされていることに、関心を惹かれる。中世史家・網野善彦にとって、『無縁・公界・楽』はもっとも愛着の深い、だが異貌の鬼っ子のような著書であるのかもしれない、という気がする。

さまざまな徴証からみて、「無縁」の原理は、未開、文明を問わず、世界の諸民族のすべてに共通して存在し、作用しつづけてきた、と私は考える。その意味で、これは人間の本質に深く関連しており、この原理そのものの現象形態、作用の仕方の変遷を辿ることによって、これまでいわれてきた「世界史の基本法則」とは、異なる次元で、人類史・世界史の基本法則をとらえることが可能となる。

（第二三章）

こうした壮大なモチーフを孕み込んだ著作が、破調や転調もなしに書かれようはずはない。あたらしい理論や法則といったものは、実証的研究の地道な積みかさねのなかから自然に誕生するのだろうか。そうはおもえない。つねに野心と冒険にみちた跳躍のなかに、忽然とあらたな理論は生まれ、実証はその後追いをするものだろう。

疑いもなく、網野善彦は歴史をめぐる哲学や理論の専門家ではない。実証主義を重んじる正統的な歴史家である。多くの読者たちが、網野の著作の実証的な部分につきあう労力をはぶいて、一見派手な結論だけを読んでいるのだとしても、それはむろん読者の側の問題であって、網野の責任ではない。網野は実証史家としての手続きを周到に踏み、その臨界点にいたり着いたとき、はじめてはるか未踏の昏がりにむけて跳躍を試みている。実証研究が理論構築に、また日本中世史が人類史に架橋されるためには避けがたい跳躍がそこにはある、そして、それだけのことだ。跳躍を忌み怖れる者は、あたらしい理論や法則などというイカガワシイものには色気を見せずに、実証主義の砦に閉じ籠もっていればよい。それを非難しているのではない。読む者の魂を揺さぶるような凄味のある実証的研究といったものも、稀にではあれ、存在することはたしかなのだから。

＊

『無縁・公界・楽』が形を成すまでには二十五年の歳月がかかり、そのきっかけとなったのが、古代の公民が原始共同体以来の「自由民」の伝統につながるという、川崎庸之の発言と、原始共同体のおどろくべき長い生命という、「ヴェラ・ザスリッチへの手紙」のなかのマルクスの指摘の二つであることを、網野はみずから「あとがき」の冒頭に書いている。それがともに、原始共同体にかかわる言及であることを記憶にとどめておきたい。

川崎の論考「日本古代史の問題」（一九四八年）は、『無縁・公界・楽』の本文第二一章でもとりあげられている。川崎によれば、原始における「自由民」の伝統は、村落や家族などの共同体の生活規範のなかになお脈々として流れ、個々の族長の権勢などをもってしてはいかんともしがたい根強さをもっていた。族長らによる強引な奴隷化への動きにもかかわらず、共同体民衆が積極的にみずからを「賤民」から区別しえた所以の一端は、ここにある。古代の部民＝公民が「自由民」であったことを示す根拠のひとつは、かれらが武器食糧自弁の「自由な兵士」であった点に求められる、という。

網野は川崎の残した古代政治史の成果を、こう総括している――「まさしく「自由」なるが故に「公民」が負わなくてはならなかった重圧と「桎梏」の故に、彼等が否応なしに「富豪の輩」と「貧窮の輩」とに分解していく過程――「自由民」の分解過程を軸として構築され」た、と。自由なるがゆえの重圧と桎梏、という逆説的な構図がここで指摘されていることは、たいへん暗示的である。のちに触れる、網野に固有の〈背理の時間〉が透けてみえるからだ。

律令制下の公民＝班田農民を「自由民」とみなす川崎の理解は、隷属民とみる通説と真っ向から対立する。網野がこの川崎説から受けた衝撃の質は、たとえば、「原始的な「原無縁」「原自由」を「公」「国家」として組織化した一面をもつ律令制」（第二二章）、また「有主」の世界から、「原無縁」を最初に組織し、その後も「無縁」の世界の期待を体現しつづけてきた王権――天皇」（第二三章）といった、網野自身の記述の断片を重ねてみることで、了解がしやすくなるかもしれない。

わたしたちの側にひき寄せていえば、こういうことだ。古代の共同体民衆は、支配や隷属とは無縁であった原始における「自由民」としての伝統、つまり「原無縁」や「原自由」を依然として潜在させており、それに拠ることで、族長らによる奴隷化的な動きに抵抗していた。古代律令制はそうした「原無縁」「原自由」を「公」「国家」として組織しなおし、すくなくとも擬制的には、共同体民衆を「自由民」と位置づけていた。かれらは「自由民」なるがゆえに、餓死や行き倒れをも辞さず、食糧自弁ではるばる「公」の唯一の体現者＝天皇の都へと調庸をはこび、また、誇りある権利とすら意識しつつ苛酷な軍役にしたがったのである。

いわば、律令国家（天皇）と民衆の関係は、たんなる支配―隷属の位相にあったわけではない。「公」の体現者としての律令国家ないし天皇にたいする、民衆の側からの共同化された期待と幻想が存在し、それが国家による支配と収奪を許容し正当化させていたのである。権力や支配はたんに外部からやって来て、共同体民衆のうえに覆いかぶさるわけではない。それを受容する、民衆の側からの内在的な契機があってはじめて可能となるものだ。

通説には反する、このような律令国家観はおそらく、「人間が人間に隷属し、支配されるということが、いかなる状況の下でおこりうるのか」（『無縁・公界・楽』補注27）といった網野自身の問いにむけた、ありうべき答えのひとつであったはずだ。『無縁・公界・楽』が構想される、その起点に、国家と支配の発生をめぐる素朴ではあるが根源的な問いがあったことは、疑いあるまい。網野善彦という歴史家に固有の、すぐれた資質は、あるいは好奇にあふれる少年の眼差しにも似た旺盛な懐疑の精神《こころ》に発しているのかもしれない。

唐突ではあるが、ここで、国家は「幻想的な共同性」として存在する、という『ドイツ・イデオロギー』の一節を想起してもよい。「幻想的な共同性」すなわち「公」という衣裳《イデオロギー》をまとうことなしには、国家の支配はけっして正当性を獲得しえない、とその一節を読み換えることは可能だろうか。共同利害を一身にになう全社会の代表者として登場してくる、あたらしい支配階級（市民革命におけるブルジョアジー）について語ったかたわらに、マルクスが書きつけた次の言葉は示唆的である、――「共同利害の幻想に対応する。[illegible]

さて、網野は以下のように語っている。

歴史における「公」は、決してすべてが事実として「幻想」であり、「欺瞞」であるとはいえない。たとえそれが支配者の狡知――「イデオロギー操作」――によって、自らをしばる軛になったとしても、支配者をして否応なしに「公」の形をとらざるをえなくさせた力は、やはり、社会の深部、人民生活そのものの中に生き、そこからわきでてきた力といわなくてはならない。そしてそれは、原始・太古の人民の本源的な「自由」に深い根をもっている、と私は考える。それだけではない。同じ「公」でも、「公界」が決して「公権力」にならなかったことを考えてみなくてはならない。さきに「無縁」「公界」「楽」が、この「自由」の、人民による自覚的・意識的表現といったのは、その意味からで、そこには、天皇の影もないのである。（第十九章）

天皇の影もない、と網野はいう。しかし、それは『無縁・公界・楽』の叙述に沿うかぎり、正確とはいえない。あきらかに破調を来たしている。むしろ、〈無縁〉〈公界〉〈楽〉といった、網野の掘り起こしてみせた日本的な「自由」や「公」のうえに、幾重にも屈折しつつ天皇の影が射しているところにこそ、問題の陰影の根はひそんでいたはずだ。〈無縁〉〈公界〉〈楽〉として包括されるような場に拠って生きた人々は、多くが非農業民ないし職人である。定住と農耕を基調とする共同体にとっては、外部性を刻印された、それゆえ「遊手浮食の輩」とか「異形異類の徒」と畏怖されもした人々であることはいうまでもない。それら〈無縁〉や〈公界〉に生きた人々は、天皇と密接な関わりをもっていた。そこには、中世前期の供御人の流れをくむ者たちが数多くふくまれ、かれらは諸国往反自由の特権を有するのが通例であった。〈無縁〉の者たちは朝廷に公事を納めるのとひきかえに、その特権を、山野河海をはじめ〈無縁〉の場にたいする究極的な支配権を掌握していた天皇によってあたえられ、保証されたのである。

〈無縁〉や〈公界〉の場と天皇との密着した関係が、たいへん微妙な問題を孕むものであることはたしかだが、やはり「天皇の影もない」という網野の言葉は、『無縁・公界・楽』全体のなかでも不整合さにおいて際立っている。あたかも、みずからの手で掘り起こしてきた日本的な「自由」と「平和」の場としての〈無縁〉〈公界〉〈楽〉、そこに射しかかる天皇の影に苛立ち、祓い棄てるために書きつけられたかのような異形の一節……。非農業民と天皇の円環をなして閉じる関係（補注16）は、いずれ破られねばならぬ。この、網野の秘められた意志が不意にほとばしったとき、「天皇の影もない」という言葉は発せられた。いわば、それは影の埋葬宣言でもあったはずだ。みずからが明るみに出してしまった、日本の中世社会を色濃く覆う天皇の影にむけて放たれた、埋葬の宣言——。

＊

〈無縁〉の場とそこを舞台に生きる非農業民は、農耕共同体にとっては外部の位相にある。その外部がしかも、ある不可視の闇に沈められた回路をつうじて、直接《じか》に天皇という中心に繋がれている。そうした日本的なよじれた外部の発見こそが、『無縁・公界・楽』や『日本中世の非農業民と天皇』（一九八四年）といった一連の網野の著作の、主要なテーマのひとつであったことは、あらためて指摘するまでもあるまい。網野が『東と西の語る日本の歴史』（一九八二年）などで、東国と西国の歴史文化的な差異を強調し、東国国家の可能性について語ったのは、天皇という中心に収斂されることのない外部の掘り起こしにむけた、模索の第一歩であったともかんがえられる。

ここで、やや視線を転じて、〈無縁〉の場と非農業民という空間的な外部が、網野によってある種の時間的な外部として発見されていることに注目してみたい。

たとえば、自治都市や一揆に共通してみられる「老若」という組織について。「老若」は石母田正によれば、年齢階梯的な秩序原理のうえにたつ、階級社会以前または未開における「身分的分化様式」であり、性別とならぶ自然発生的な分業の秩序である、という。

網野は「老若」について次のようにのべている。

これこそ「公界」「無縁」の場における秩序であり、「公界者」たちに特徴的な組織形態と、私は考える。下人・所従に対する私的な所有、従者・被官に対する主の私的な支配を軸とする秩序・組織と、それは本質的に異質な秩序原理であったといわなくてはならない。なぜなら、それは私有を知らず、私的隷属によって侵犯されることのない、未開の社会にまで遡りうるからであり、「無縁」「公界」の原理とともに、日本の人民生活の中に、おどろくべき深い根をはったものだったからである。（第九章）

ここには、網野の独特な歴史意識が覗けているようにおもわれる。「私有を知らず、私的隷属によって侵犯されることのない、未開の社会」という表現は、それを象徴的に示している。あるいは、別の箇所では、やはり「老若」の組織にかんして、その深い源流が「未開の平等な秩序原理」に求められ、「その根強い力は、より自覚的な形態に高められつつ、なおここまで生命を保ちつづけている」（第一一章）と語られる。

農耕共同体の外部である〈無縁〉の世界の底に、網野が見いだしているのは、時間的な外部としての「未開」というべきだろう。共同体の周縁ないし外部に堆積している古代につらなる時間が、「未開」とよばれているといってもよい。網野の「未開」は、〈無縁〉〈公界〉〈楽〉がある種のユートピアとして造型されていることと並行的に、私有や隷属なき平等社会として把握されている。

諸民族の農民反乱・一揆等の、人民的な反乱が、例外なしに「原始」へのさまざまな形での復帰を原動力とする、「宗教的」な外被をもっておこってくることも、潜在していた「無縁」のエネルギーの爆発、それに対応して多様な形で自覚された「無縁」の原理の指導を考えれば、おのずと解けるよ

うにも思われる。（第二三章）

始源の場所に、私有も隷属もない平等の原理に浸された至福の時間《とき》が想定される。そうした「原始」や「未開」の時代を覆っていたのは、網野の言葉にしたがえば「原無縁」や「原自由」である。網野に独特なのはたぶん、その「原無縁」「原自由」が「幻想的な共同体」＝「公」として組織されるところに、国家や王権の発生ないし起源を認めている点にある。すでに触れたが、それはたしかに、網野自身の「人間が人間に隷属し、支配されるということが、いかなる状況の下でおこりうるのか」という問いにむけた、ひとつの答えであるにちがいない。

原始共同体へのノスタルジックな思い入れを、おそらく網野は否定しない。実際、民衆の反乱が例外なしに、至福の時間としての「原始」への回帰をめざす「宗教的」運動の貌をもつことはたしかである。とはいえ、始源の闇のかなたに実体的なユートピアを想定することは、たいへん危うげに映る。その危うさをかろうじて救っているのは、網野における、仮に〈背理の時間〉とでも名付けてみたい固有の歴史哲学であるといってよい。

＊

〈背理の時間〉とは、たとえば罪人を収容する牢獄に「逆転し、裏返された「自由」」の場を見いだそうとする、網野の方法的眼差しをさしている。それ自体は、牢は社会に害をなした人間を閉じこめるというより、本来は犯人を追跡者の復讐から守るという面をもっていた——という阿部謹也の指摘を承《う》けているのだが、網野の場合はより積極的に、「逆転し、裏返された「自由」」の掘り起こしを志向する。

網野は書いている、——「幕藩体制下、陰惨な抑圧とそれ故の頽廃の淵に身を沈めた……人々が、あるいはそうした場が、全く異なる相貌をもって生き生きと活動し、機能していた時期があったと想定し、それを追究してみることは、十分に見通しのあること、と私は思う」（第二章）。『無縁・公界・楽』全篇は、こうした〈背理の時間〉とでもよぶほかない方法につらぬかれている。近世に残された二つの縁切寺を起点として、戦国時代から南北朝期・中世前期へ、さらに古代・原始へと、〈無縁〉の原理を追究していった『無縁・公界・楽』が、叙述のスタイルとして倒叙法をとっていたことは、おそらく偶然ではない、ある方法的な必然にもとづく選択であったにちがいない。時間を遡行したはてに、マイナス・カードがプラス・カードに反転する至福の瞬間《とき》がある。網野の思索はいわば、そうした反転にこそ賭けられた〈背理の時間〉を掘る旅といえるかもしれない。

増補版に付けられた補論のなかに、中世前期における〈無縁〉の用法をめぐって、「貧しくよるべのないことそれ自体に、積極的な意義——自由を求める意識的な思想が、少なくともその萌芽を現わしている」といった記述がみえる。〈無縁〉にまつわる〈背理の時間〉がより鮮明に語られた場面を、阿部謹也との対談の以下の箇所にみることができる。

無縁という言葉は、もともと貧しいという意味で、『日葡辞書』なんかはそれだけしかありません。しかし、貧しいということが、中世の社会の中で一時期にせよ積極的価値を持ったとすれば、つまり、極端にいえば「貧しいことはいいことだ」という思想が日本の庶民のなかにはっきりあったとすれば、これはもっとつきつめて考えてもいいことだと思うんですよ。……それがさっき阿部さんがおだしになった無権利であるがゆえに、貧しいがゆえに、自由であるという思想に関係してくるかもしれません。（『対談　中世の再発見』）

網野の描きだす、貧しいがゆえに自由であった〈無縁〉〈公界〉の者らのいる中世の風景は、かぎりなく魅力的である。おそらく、そうした中世像がもっとも生き生きと躍動的に浮き彫りにされたのは、『蒙古襲来』においてであろう。この一九七四年の著作には、叙述や形式の自由さもあってか、多岐にわたるその後の網野の仕事のすべてが萌芽のかたちで盛りこまれている。騒ぎたつ異形異類や悪党らのエネルギーを想わせる、一種暴力的な筆致で描写される中世前期の風景にしばしば浸されていると、貧しいがゆえに自由という逆説が、もはや逆説ではなくなっていることに気付かされる。

網野における〈背理の時間〉、いわばマイナス・カードがプラス・カードに反転を遂げる瞬間に、さらに眼を凝らす必要がある。貧しく寄るべなき〈無縁〉が、「逆転し、裏返された「自由」」へと転倒される、その根柢には、網野の特異な歴史哲学がひそんでいるようにみえる。それがもっとも凝縮されたかたちで露出しているのは、所有（私的所有）をめぐる議論の周辺であろうか。

「人類と「無縁」の原理」と題された最終章において、網野は〈無縁〉の原理にかんする人類史の法則を抽出しようと試みる。それは「「無所有」の深化・発展にかかわる「法則」」であり、同時に「「共同体」の歴史に係わる「法則」」である、とされる。

原始のかなたから生きつづけてきた、「無縁」の原理、その世界の生命力は、まさしく「雑草」のように強靱であり、また「幼な子の魂」の如く、永遠である。「有主」の激しい大波に洗われ、頻死の状況にたちいたったと思われても、それはまた青々とした芽ぶきをみせるのである。日本の人民生活に真に根ざした「無縁」の思想、「有主」の世界を克服し、吸収しつくしてやまぬ「無所有」の思想は、失うべきものは「有主」の鉄鎖しかもたない、現代の「無縁」の人々によって、そこから必ず創造されるであろう。（第二三章）

共同体の内なる秩序原理としての〈有主・有縁・所有〉にたいして、共同体の外部を生きる者らをささえる〈無主・無縁・無所有〉の原理が析出され、対置される。網野はむろん、後者の側にたって前者に批判の矢を放つ。あまりにパセティックな語り口に眩惑されてはいけない。網野の歴史哲学の根柢に横たわっているのが、「完全に自覚された「無縁」の思想によって、「有主」「有縁」の原理を克服・吸収し去る」（同上）という志向性であることだけは、そこにあきらかに窺えるはずだ。

網野はまた、「有主・有縁――私的所有が、無主・無縁の原理――無所有に支えられ、それを媒介としてはじめて可能になる」（第一九章）という、入れ子細工にも似た〈無主・無縁〉／〈有主・有縁〉の関係を語っている。そのあたりの議論は錯綜しているが、網野が所有を「自然に対する支配」と等価に結んでいるらしいことが注目される。

自然を人間と対立するものと見て、それを「所有」し、支配・管理することのみに人間の本質を見出し、人間が自然の一部であることを見失ったときに、人間は破滅の道に進まざるをえない、と私は考える。……自然に対する人間の畏敬をこめた謙虚、敬虔な姿勢、自らがその一部であることを否応なしに知らされている時期の人間のあり方が、土地の共有をふくむ共同体的な所有、共同体的な社会関係の根底にあり、「原始の自由」もまた、まさしくそれによって支えられてきた、と私は考える。それ故に私は、共同体の歴史に関わる「法則」を「無所有」の深化、発展にかかわるといってみたのである。（補注29）

所有＝自然にたいする支配が極限にまで達している現代にむけた、ある批判の眼差しが、その対蹠点としての原始・未開の「原無縁」「原自由」をたぐり寄せているのだろうか。こうした文脈のなかにおいてみると、網野の「完全に自覚された「無縁」の思想によって、「有主」「有縁」の原理を克服・吸収し去るために」といった志向が、よく納得される気がする。

それにしても、〈無縁〉の原理を倒錯的に体現しつづけてきた天皇（制）との対決のなかに、西欧的な自由・平等思想とは異質な、〈無縁〉〈公界〉〈楽〉といった太古の「原無縁」「原自由」に繋がる原理を、歴史の地層深くに埋もれた鉱脈として発掘することが、網野善彦という中世史家の野心であり、壮大にして稀有なる知の冒険であった。〈背理の時間〉を背負いつつ、網野は実証の砦から跳躍した。その果敢な試みははたして成功したのだろうか。いまだ、その結末を見届けてはいない。

(16) 非農業民と天皇の円環をなして閉じる関係

この主題については、網野氏自身によって『異形の王権』（一九八六年）のなかで、やや異なる角度から光が当てられている。この『異形の王権』にたいするわたしの書評（『文藝』一九八六年冬季号）を、ここに補論に代えて再録しておきたい。

＊

その、ある種異形の響きのこめられた書名を耳にして、わたしは思わず、それがほんとうに網野善彦氏の近著のタイトルなのか、二度三度と聴き返してしまった。驚きであった。八月初めのことである。そして実際、わたしが数週間後に手にした本は、その異形の書名を冠されていた、——『異形の王権』。

かつて、歴史学者とよばれる人々のだれが、みずからの著書にあえてこのような異形の名をほどこしただろうか。歴史学という由緒ありげに囲われた土地の周縁《はずれ》、その未踏の昏がりを掘りつづけたすえに、一人の過剰にして異形なる想像力をかかえこんだ歴史学者が辿りついた場所、しかも、この周縁的《マージナル》な異形の地点こそがもっともよく中心の風景を透視しうるのだ、という揺るぎない自信なしには、このような異形の書名があえて択ばれようはずもない。

書名だけではない。この二百十数ページほどの本に登場するのは、ひたすら異類異形とよばれた者らであり、かれらをめぐる異形というほかない風景の連なりである。異形を刻印された人々が次から次へと姿をあらわし、歴史の昏がりから表舞台を縦横無尽に闊歩してゆきすぎる。たとえば、わたしたちが出会うのは、異臭を漂わせ土埃にまみれてはいるが、かぎりなく野生的なエネルギーを発散させる、こんな男たち女たちである。木に蔓を巻きつけたような長大な棒をかつぐ放免、薦を負い覆面をした非人、寺社の門前にいならぶ乞食、柿帷に六方笠をかぶり蓬髪に覆面をした悪党、鹿杖《かせづえ》をかつぎ鹿皮の衣を着た鉦叩き、簓《ささら》をする放下僧、舟底頭巾に似た覆面をつける癩病者、赤い直垂《ひたたれ》を着て京中を徘徊する禿髪《かむろ》の童、縞模様の直垂に不思議な髪形をして尿筒《しとづつ》をもった樋洗童《ひすましわらわ》、棒の衆といわれた祇園会の棒をたずさえた犬神人、鳥居のしたで莚にすわって琵琶を弾ずる琵琶法師、笠をかぶり高下駄をはいて杖をつく盲女、柿色の僧衣に六尺棒をもつ宿の長吏……。

かつて祭礼の庭には、いずこからとも知れず異類異形の者たちが集いきたり、かれらの異形の輝きこそがもっとも鮮やかに祭りにはなやぎを添えたものであった、という。わたしたちの時代の祭りからは、とうに喪われてしまった光景である。『異形の王権』はそんな祭の光景に似ている。『異形の王権』という、ひとつの過剰にして異形なる想像力が紡ぎだした祭礼の庭、そこを埋めた異類異形の者たちの妖しげな祭りの風景に、わたしたちはいま好運にも立ち会っているのかもしれない。

ところで、異形とはなにか。

鎌倉末期の悪党について、『峯相記』という書物が〝異類異形ナルアリサマ人倫ニ異ナリ〟と形容していたことが、思いだされる。そこにいう〝人倫〟がなにを意味するのかは定かでないが、この、社会の昏がりから湧出する混沌とした異形の力の体現者たち＝悪党が、その筆者にとって畏怖の対象であったことはまちがいない。

わたしたちの時代にあっては、人間の姿・形と身分・階層・職能などとの規定的な関係はほとんど喪われている。そうした関係が一貫した厳密な社会秩序として存在するのをやめたのはしかし、近代市民社会の成立以後のことである。それ以前の、ことに中世などには、人間の姿・形はその社会的存在のありようを直接的に標示していた。形こそが存在を規定したのである。

そうした文脈からかんがえるとき、異形のはなつ暗い輝きに浸された風景がはじめて陰影をおびて了解される。網野氏によれば、中世に異類異形とよばれた人々は、妖怪や鬼のたぐいと見られがちであったが、その実態に即してみれば、南北朝期以前には、いまだ社会的に差別された人々であったとはいいがたい。異類異形の者らが畏敬をもって眺められる、ある位相ではたしかに聖なる存在であったことが、くりかえし語られる。それがやがて、聖から穢・賤へと大きく位相転換をとげてゆく結節点に出現したのが、ほかならぬ異形の王権としての後醍醐であった。

後醍醐が天皇制の歴史のなかに特異な位置を占める天皇であったことは、よく知られているが、その実相はかならずしも鮮明ではない。網野氏のこの著の第三部「異形の王権——後醍醐・文観・兼光」が、歴史学の領域でいかなる評価を下されるのかは知らないが、たいへん魅力的でダイナミックな後醍醐像を提出しえていることだけは確実である。

後醍醐の宮廷に出入りする、数も知れぬ異類異形の輩たち。それら悪党・非人らを軍事力として動員し、また、みずから密教の法服をまとい護摩を焚き、象頭人身の男女抱合の像をまえに幕府調伏のための祈祷をする天皇。こうした網野氏の描く後醍醐像は、まさに異類異形の中心たるにふさわしい、異形の王権そのものといえる。

後醍醐は古代以来「直系継承」の原理にささえられてきた天皇制が直面する、崩壊すら見通される深刻な危機を、あらたな「直系」を創出し、天皇専制体制を樹立することで乗り越えようとした。そこに異形の王権は誕生した、と網野氏は語っている。この異形の王権は数年を経ずして倒されるが、室町幕府が南朝を打倒しきれず、北朝との合一というかたちで内乱そのものを収結せざるをえなかったところに、室町期以降、近世から現代にいたるまで天皇制が生きのびてきた淵源はある、という網野氏の指摘は、生々しい後醍醐像に触れたあとには、奇妙にスリリングな説得力を有するといわねばなるまい。

いずれにせよ、異形の王権と結びつき、異類異形の者らがはなやかにくりひろげた祭りの時代は、後醍醐とともに遠ざかる。異類異形の孕む両義性はもはや喪われ、混沌としたカオス（外部）との通底口も閉ざされてしまう。聖性をひき剝がされた異類異形の者たちは、こうして賤なる場所へと堕ちていったのである。

西欧の、たとえばフランスの王権の周辺には身体フリークスらが蝟集し、「奇蹟の宮廷」をかたちづくっていたという。異形の道化を傍にはべらせることをつねとした西欧の王権にとっては、異形の王権であることこそむしろ常態であった。王権が外部の力の管掌者であるかぎり、かれは異形と無縁であるわけにはいかない。王権とは近親相姦その他のタブーに違犯することを宿命づけられた異形の存在なのである。これにたいし、いわば世界の中心からズレた、やや奥まった場所に象徴的に座を占めてきた古代以来の天皇は、その異形の身体を巧妙に秘め隠してきたようにみえる。だから、後醍醐の特異な位相はまさに、俗なる世界の中心にあたかも専制君主（宋代の君主独裁制に倣ったものといわれる）のごとく、むきだしの異形の身体をさらしたことに、集約的にあらわれているのかもしれない。それにしても、いま、この過剰にして異形なる書物の著者は、どこへ向かおうとしているのだろうか。

（一九八九年）

2　重戦車の孤独

奇妙な言い方に思われるかもしれないが、これほどに、その名を広く知られ、その著書はときには数十万部も売れたし、たくさんの熱狂的な読者がいた、それにもかかわらず、網野善彦という歴史家には孤独の匂いがする。群れや徒党がどこまでも似合わない人だった。ほんとうに、最期の瞬間まで孤高に戦い抜いた歴史家だった、と思う。だからこそ、わたしはいま、ある痛みをともなった予感に囚われている。網野善彦という歴史家は、思いも寄らぬかたちで裏切られ、とんでもない速度で忘れられてゆくのかもしれない、と。孤高であったがゆえに、反動は大きく、しかも党派的な反動の嵐が吹き荒れることを、ひそかにわたしは危惧している。

ここでは、あえて、一冊の著書にこだわりたいと思う。

たとえば処女作には、その書き手の可能性のいっさいが、凝縮されたかたちで詰まっている、あるいは、その後のすべてがあらかじめ、黙したままに告知されている、そんなことがしばしば語られる。それはたんに、文学作品にかぎった話ではない。網野にとって、実質的な処女作といっていい『蒙古襲来』には、まさに、その後の網野史学のすべてが生き生きと躍動しながら、種子として、萌芽として見いだされる。『蒙古襲来』は小学館のシリーズ「日本の歴史」の第十巻として刊行されたが、その初版第一刷発行の日付けは、一九七四年九月二十日である。網野はそのとき四十六歳、それから、三十年ほどの歳月を、重戦車そのままに走り抜けた。その軌跡のいっさいが、そこに予告されていることには、まったく驚くしかない。

はじめて『蒙古襲来』を読んだのが、いつであったか、さだかな記憶はない。二十代も末に近い頃であったことは、たしかだ。ともあれ、そのときの異様な興奮だけは、いまだに鮮やかに、あえて言ってみれば身体に刻まれた記憶として残っている。それはあきらかに、それまでに触れた数ある歴史書の面白さといったものとは、まるで異質な匂いと肌触りのものだった。むろん、歴史小説を読む快楽ともはっきり異なっていた。わたしはその出会い以降、いまに到るまでずっと、頑なに網野ファンであり続けてはきたが、正直に書いておけば、『蒙古襲来』ほどの衝撃を受けることは二度となかった。いわば、『蒙古襲来』以後の網野のすべての著作の群れを、わたしはある種の既視感なしに読むことができなかったのである。そうした意味合いにおいても、『蒙古襲来』はすぐれて異様な処女作ではなかったか。いや、もしかすると、わたしのほうが異様な読み手であったのかもしれない、とも思う。

*

たとえば、『蒙古襲来』の口絵写真の一枚は、『一遍上人絵伝』のよく知られた福岡の市の場面である。こんなキャプションが附されてある。——正安元年（一二九九）法眼円伊の作。時宗の開祖一遍の生涯を描くと同時に、日本各地の風物や民衆生活を細やかに把えている。写真は播磨（ママ）国福岡の市での一遍遭難の場。背景には、米や布・陶器などの座があり、市場の様子が克明に描かれている、と。中世の市の風景がみごとに描かれており、網野はこれ以降、幾度となくこの場面に触れることになるはずだ。そして、そこにはまた、はっきりと渋沢敬三や宮本常一の影が射していることも確認できる。それにしても、わたし自身が商業誌にはじめて書いた小さなエッセイが、この福岡の市にかかわるものであったことを思い出す。むろん偶然ではありえない。わたしはたしかに、『蒙古襲来』に導かれてきたのである。

まず、序章に当たる「飛礫・博奕・道祖神——はじめに」に眼を凝らしてみよう。

幕開けは寛喜の大飢饉である。いきなり、「その年は気候が不順であった」と始まる。そして、「霜が七月（旧暦）に降り、豪雨をともなった大暴風が二回も襲ってきた。どこの国でも凶作であり、損亡《そんもん》をつげる訴えは「嗷々《ごうごう》」と都におしよせていた。飢饉は避けがたい勢いで、すぐそばまで追っていた」と続いてゆく。こんなふうに書き出されるのは、いかにも禁じ手ではないか。抵抗ができない。「その年」が寛喜二（一二三〇）年であることは、そのあとで明らかにされる。これに続く一節は「親鸞の回心」、そして、「飛礫へのおそれ」。このとき、鎌倉幕府の最高権力者であった北条泰時の前にも、大飢饉が立ちふさがってくる。都から、不思議な噂が届いた、諸社の祭りのとき、飛礫《つぶて》を飛ばすことがある、幕府がそれを禁じたから、飢饉がおこったのだ、という。このあたりまで読み進めた者はたぶん、すでに網野善彦的な世界のただなかに、抜き差しならぬかたちで取り込まれているにちがいない。祭りに飛び交う石のつぶて、それを幕府が禁じたために、飢饉が起こった……、その訳のわからぬ風聞には、なにか捉えどころのない呪縛する力が感じられる。

石合戦は「幼い野性」にみちた、古くからの子どもたちの遊びだったが、それは鎌倉時代にはいまだ、もっぱら大人たちのものだった、という。都で行なわれる祭り、その興奮が絶頂に達したとき、神輿をになう神人たちや「遊手浮食の輩《ともがら》」と呼ばれた人々は、飛礫を打った。そればかりではなく、飛礫は戦国時代まで、組織的な武力として使われたのである。それはしだいに年中行事化し、江戸時代ともなれば、子どもらの遊びになってゆく。こうした飛礫を打つという習俗については、柳田国男や折口信夫らをはじめとして多様な解釈が行なわれてきたが、網野が共感を示したのは、そこに「動物から原始の人間を区別した本質的なもの」や「奥深く人間の原始そのもの」を認めた、民俗学者・中沢厚の見解であった。この人が網野に姻戚関係で繋がる人であることは、よく知られている。

網野はいったい、ここで何を語ろうとしていたのか。それはいわば、飢饉にうちひしがれ、自然の猛威に苦しむ中世前期の民衆のなかに見え隠れしている、「原始の野性につながる強靭な生命力」や「いかんともなしがたい、えたいの知れない力」といったものであった。その探求はしかも、『蒙古襲来』という歴史＝物語の全編に通底していた、野太いモチーフでもあったことを確認しておく必要がある。

さて、「飛礫・博奕・道祖神――はじめに」と題された序章は、このあと「芸能としての博奕」「道祖神の祭り」、そして「本書の視覚」へと続いてゆく。「原始の野性」を宿した飛礫が、祭りや戦いの場に乱れ飛んだ。博奕が「芸能」のひとつに数えられ、博奕打ちは「職人」の一類と見なされていた。道祖神は「底の知れぬ根深さ」をもつ神であり、その祭りは「原始の野性」に満ち満ちているがゆえに、ときには権力によって禁止された。そんな野性的な時代として、網野は中世前期の世界を描いてみせた。それが、網野善彦という歴史家の出現によって、はじめて可能となった、あるいは可視化されえた中世のイメージであったことは、否定しようもないだろう。

序章の終節「本書の視覚」には、次のような一節が見える。

> もとより本書の第一の目標は、表題にかかげたとおり、蒙古襲来という前近代における最大にして、ほとんど唯一の本格的な外寇が、日本の政治・社会の歩みにいかなる影をおとしたかを、鎌倉時代後期の歴史をとおして明らかにすることにある。しかしそれとともに、私はこの時代を、さきのような日本人の野性が、なおそれ自身、社会のいたるところに横溢しえていた、おそらくは最後に近い時代としてとらえ、その躍動と変容の過程を、できるだけたどってみたいと思う。（傍点引用者）

歴史家・網野善彦はしたたかにひき裂かれている。異形の歴史家となる覚悟を固めることとなしには、蒙古襲来という与えられたテーマを大きく逸脱して、中世前期を「日本人の野性が、なおそれ自身、社会のいたるところに横溢しえていた、おそらくは最後に近い時代」などとして描き出そうとする野心そのものが、生まれてくるはずがない。『蒙古襲来』という歴史書の異様な表情が、どこからやって来るのか、少しだけ了解しやすくなったのではないか。「原始の野性につながる強靱な生命力」や「いかんともなしがたい、えたいの知れない力」などという、えたいの知れぬテーマにとり憑かれた歴史家は、おそらく網野以前にはいなかったにちがいない。

＊

それにしても、『蒙古襲来』という異形の書には、その後の網野の歴史家としての道行きのほとんどが予告されている。そう、わたしには感じられる。それはむしろ、こう言い換えたほうがいいかもしれない。網野史学を根底から支えている方法的な枠組みが、すでにそこには鮮やかに露出している、と。

ひとつは、のちに水田中心史観にたいする厳しい批判へと展開してゆくが、非農業的な世界への関心とその再評価の試みが、くりかえし行なわれていることである。たとえば、「二つの世界、二つの政治」という章には、その冒頭から、「悪」とはなにか、という奇妙な問いの声がこだましている。たしかに、殺生や博奕などは「悪」と見なされ、それに従う人々は「悪徒」や「悪党」と呼ばれ、忌み嫌われ、権力者たちによって禁圧された。しかし、それでも、その「悪」なる言葉はいまだ、異常なほどの烈しさや強さを指しながら、畏敬や称賛の念すら帯びることがまれではなかった。

注目すべきは、この時代、この二つの世界がそれぞれに自己を主張しつつ、交錯し、併存していた事実である。……殺生を「悪」とみてこれを忌避する世界は農業を基盤とし、「悪」にむしろ親近感をもち、「猛悪」なることをほめたたえる世界は、農業以外の生業――非農業に基礎をおいているとみることができるように思われる。

そしてこの二つの見かたが併存しえているということは、それ自体、この時期の日本の社会が、まだほんとうに農業的社会として成熟しきっていなかった事情を物語っている、と私は思う。近世以降の社会、われわれ自身が慣れ親しんできた社会との大きなちがいがそこにあるので、ひとまずは「常識」をすてて、この時代に生きた人々の実態をながめつつ、さきの二つの世界のそれぞれにわけ入ってみたい。

いわば、「悪」を忌避する社会/「悪」を称賛する社会という対峙の構図が、農業を基盤とする社会/非農業を基盤とする社会という、もうひとつの対峙の構図へと繋ぎわたされている。みごとな力業といっていい。この「二つの世界」はしかも、相互に自己を保ちながら併存しており、前者が後者を一方的に差別するといった関係は見られなかった。それはいまだ、未成熟な農業社会だったのである。網野は書いている、「歴史は明らかに、成熟した農業社会、それぞれに自立した商工業と農業によって構成される社会、人の心を深くとらえてたやすくはなさぬ貨幣の流通を前提とし、都市と農村が分化した社会、それにむかって動きはじめた。そしてそれに対する未開の最後の反撃も、また開始されつつあった」と。またしても、「未開の最後の反撃」などと、歴史家・網野善彦は言ってのけるが、もはや驚くことはあるまい。

ここではむしろ、網野史学の原風景としての「二つの世界」、その対峙と相克の構図が、中世というかぎられた時代から、やがて大きな列島の民族史の全体へと広げられてゆく予兆が見られることに、注意を促しておきたい。まずは「常識」を捨てよ、というアジテーションの声が、時を経るごとにボルテージを上げていったことを、わたしたちは知っている。日本史という「常識」の苛烈な破壊者としての網野の姿は、すでにここに顕在化している。

それにしても、農業的な世界／非農業的な世界、という対峙の構図に支えられながら、思いがけず躍動する史の景観が立ち現われてくる。これは網野史学の、あきらかに方法そのものなのである。比喩的に言ってみれば、列島の社会・文化史をつらぬく植物的な原理／動物的な原理が、ときには衝突し、ときには交錯するところに、あたらしい史の景観がつかの間姿を現わすのである。『蒙古襲来』のなかにも、職人と呼ばれた、非農業的ななりわいに従う人々、海に生きた人々、山に生きた人々が、次から次へと登場してくる。網野の嗜好が、少なくとも志向が、それら非農業的な世界に生きる人々にこそ親和的であったことを否定するのは、やはりむずかしい。これはまた、『日本社会の歴史』(一九九七年)などにとりわけ鮮やかであった、農本主義/重商主義の対峙の構図において、列島の大きな民族史的景観を浮き彫りにしようとする試みなどに繋がっているはずだ。

網野史学を支えている、いまひとつの方法的な個性は、民俗学へのやわらかな関心に根ざした独特の歴史への眼差しのうえに見いだされる。歴史学と民俗学の協同の試みが、飽かずくりかえし行なわれている。おそらくは、歴史家の名前よりも、柳田国男・折口信夫・宮本常一らをはじめとする民俗学者の名前のほうが頻出する。ここでも網野は、どこか異形の歴史家であった。たとえば、こんな一節があった、――折口信夫はかつて「無類の徒の芸術」という短文のなかで、武士という語の起源は野伏・山伏の「ぶし」であるとし、武士は「無頼の徒」と同様、「土地をうつしていく」、いわば遍歴するのが特徴だといいきっている。これはまことに鋭い勘といわなくてはなるまい。中世前期の、とくに西国の武士はたしかにこのような性格をもっていた、と。網野の『蒙古襲来』の以前に、歴史家のだれが、折口のきわめて奇想に富んだ野伏・山伏論などに眼を留め、それをこんなふうに評価したことがあったか。『蒙古襲来』に附された「月報10」の座談会のなかには、網野の以下のような発言が見えている。

鋳物師の偽文書もそうですが、偽文書や由緒書がつくられていく過程が解明されると、民俗学の世界につながる問題が入りこんでくるわけで、今までですと、一方では民俗学は時間のないもので歴史学とは別なのだといい、逆に民俗学の方からは文献では絶対に庶民の生活はわからんという見方があって、両者はかみ合わなかったと思うんです。この先入見をとりはらって両者が相互に協力しつつ、しかし妥協することなく両者の方法でやっていけば、はるかに豊かなものが出はしないかと考えておりますが……。

おそらく、こうした歴史学と民俗学との協同の蜜月は、ひとまず幕を閉じたといっていい。民俗学の側からは宮田登が、歴史学の側からは網野が、それぞれに使命感をもって協同の場を創ろうとしていたが、もはや、それを積極的に引き受けようとする若い世代の民俗学者も、歴史家もたやすくは見つからない。わたしは一人、この網野の無防備なほどにまっすぐな提言を、頑なに引きずっていきたいと願う。

＊

最後に、『蒙古襲来』のなかに過剰なほどに見いだされながら、その後の網野史学が大きくは展開することがなかったものに触れておく。そのひとつは、日本と朝鮮との比較文化史的な探究ということである。

たとえば、先の折口について論じた箇所のすぐあとに、「このように考えてきたとき、すぐ思いつくのは、高麗の社会のありかたである」として、日本中世の「賤民」／高麗の「賤民」をめぐる比較考察が行なわれている。「月報10」の座談会には、まさに朝鮮史の大家である旗田巍が参加しているが、それは網野自身の望んだことであったはずだ。そこでも日朝の比較文化史への試みが、残念ながら大きな実りを得るには到っていないが、ともあれ行なわれていたのである。いや、仔細に眺めれば、そこには大切な考えるためのヒントが埋もれているのかもしれないが、いまのわたしには手に余る。

ともあれ、『蒙古襲来』という歴史書は、中世前期の元寇を背景としながら、「未開の最後の組織的反撃と、文明の最終的勝利の過程」を生き生きと描き切ってみせた。そこに、網野史学のその後のいっさいが予告されていることを、くりかえし指摘してきた。歴史家・網野善彦の孤独の意味が痛いくらいに了解される。この人はかぎりなく異形の歴史家であったのだ。群れの史学とはなりえない、似合わない、孤高は避けがたいものだ、とあらためて思う。わたしたちが網野史学を継承するとはいったい、どのような知の営みであるのか。いや、どのような知の冒険となるのか、と言い換えたほうが正確な物言いかもしれない。

『蒙古襲来』の最後の一節は、「天皇と「差別」」と題されている。この二つの克服さるべき問題が、われわれの前には厳然と存在している、そう、網野は書いている。それこそが変わらぬ最大のテーマであり続けた。ほんとうに、歴史家・網野善彦は重戦車のごとくに、一本の果てなき、道なき道を前のめりに駆け抜けたのだ、と思う。……合掌。

（二〇〇四年）

3　無主・無縁のフォークロアは可能か

いまはまだ、歴史家・網野善彦の全体像を論じることはとうてい不可能だと感じています。わたし自身にとっても、また学の状況にあっても、いま少し時間が必要だということです。ですから、ここではあくまで、わずかに注釈めいたことをお話しすることができるだけです。

はじめに、網野の実質的な処女作といっていい『蒙古襲来』について、いくつかの確認をしておきたいと思います。『蒙古襲来』の口絵写真の一枚には、『一遍上人絵伝』から福岡の市の場面が採られていました。そのキャプションには、「時宗の開祖一遍の生涯を描くと同時に、日本各地の風物や民衆生活を細やかに把えている。播磨国福岡の市での一遍遭難の場。背景には、米や布・陶器などの座があり、市場の様子が克明に描かれている」とありました。この場面をめぐっては、さまざまな議論が起こりましたし、わたし自身も関心をそそられてきました。ともあれ、それはいわば『蒙古襲来』という著書にとって、たいへん核心的な意味合いを帯びていましたし、その後の網野の歩みにとっても、どこか象徴的な雰囲気を漂わせている気がするのです。

序章の終節には、「私はこの時代を、……日本人の野性が、なおそれ自身、社会のいたるところに横溢しえていた、おそらくは最後に近い時代としてとらえ、その躍動と変容の過程を、できるだけたどってみたく思う」と見えます。歴史家としては、すくなくとも中世史家としては、あきらかに異形に類するような欲望が表明されています。網野善彦はまさに、「原始の野性につながる強靱な生命力」や「いかんともなしがたい、えたいの知れない力」などといった、異形といしかないテーマにとり憑かれた歴史家として登場していたのです。忘れるわけにはいきません。

この著書には、「網野史学」を根底から支えている、二元論的な方法や視座といったものがすでにはっきりと姿を現わしていました。農業的な世界／非農業的な世界という、その後の網野をつらぬいてゆく二元論的な枠組みが、『蒙古襲来』には通奏低音のように見え隠れしています。むろん、後者の非農業的な世界への関心と、その再評価の試みこそが主旋律をなしてゆくはずです。

この時代、二つの世界が交錯し、併存していたとくりかえし語られます。ひとつは、殺生を「悪」と見なして、これを忌避する世界であり、それは農業を基盤とする社会でした。それにたいして、「悪」にむしろ親近感をもち、「猛悪」なることをほめたたえる世界があって、それは農業以外の生業、つまり非農業に基礎をおいている社会だったといいます。『蒙古襲来』においては、「悪」を忌避する社会／「悪」を称賛する社会という二元的な対峙の構図が、いつしか農業を基盤とする社会／非農業を基盤とする社会という、もうひとつの二元的な対峙の構図へと大きく転がされていきました。その跳躍には、どこか異様な興奮を呼び覚ますものがありました。

網野はこう書いています。「歴史は明らかに、成熟した農業社会、それぞれに自立した商工業と農業によって構成される社会、人の心を深くとらえてたやすくはなさぬ貨幣の流通を前提とし、都市と農村が分化した社会、それにむかって動きはじめた。そしてそれに対する未開の最後の反撃も、また開始されつつあった」と。日本通史の試みであった『日本社会の歴史』などは、ほとんどこうした『蒙古襲来』の延長上にあったといえるかもしれません。わたしなどは、そこに、列島の社会・文化史をつらぬく、植物的な原理／動物的な原理がときには衝突し、ときには交錯する、あたらしい歴史の景観がつかの間姿を現わしたのではないか、とひそかに夢想しています。

折口信夫に触れて、網野がとても興味深い指摘をおこなっていました。折口はかつて「無頼の徒の芸能」という短文のなかで、武士という語の起源は野伏・山伏の「ぶし」であるとして、武士は「無頼の徒」と同様、「土地をうつしていく」、いわば遍歴するのが特徴だといいきっていたが、「これはまことに鋭い勘といわなくてはなるまい。中世前期の、とくに西国の武士はたしかにこのような性格をもっていた」というのです。『蒙古襲来』とは、このような不思議な卓見や妄想に満たされた著作であったことを忘れるわけにはいきません。

ともあれ、『蒙古襲来』から『無縁・公界・楽』へとつらなるプロセスは、「原始の野性につながる強靱な生命力」や「いかんともなしがたい、えたいの知れない力」にたいする固有の欲望の辿った道行きでありました。網野善彦、この人はやはり、どこまでも異形の歴史家だったのです。

あらためて、平泉澄の『中世に於ける社寺と社会との関係』（一九二六年）を読み返しながら、それと網野の『無縁・公界・楽』とのあいだには、眩暈のしそうな距離があり、断絶があると感じました。

ただ、それが先駆的に、日本におけるアジール論の輪郭を示していること、対馬の天道山の調査にもとづくこと、とりわけ、対馬のソトが古代朝鮮のソトに繋がることが指摘されていることなどは、高く評価できるはずです。逆にいえば、網野の無主・無縁論は、すくなくともこの段階には、方法的に避けがたく一国史に閉じられていたともいえるのです。たとえば、対馬のソト／古代朝鮮のソトをめぐる比較文化史からは、「東アジア内海世界」のなかで無主・無縁の世界を問いかけるといったテーマが、あらためて浮上してくる可能性があるのですが、おそらくは『無縁・公界・楽』の網野善彦にはそうした志向は芽生えていなかったのです。むろん、『蒙古襲来』でも、日本と朝鮮との比較文化史的な探求、たとえば日本中世の「賤民」／高麗の「賤民」をめぐる比較考察といったことが、不十分ながら試みられてはいました。

それにしても、アジール論からの解放こそが必要なのかもしれません。アジールは無主・無縁論にとっては、あくまでひとつの指標に留まるということです。また、有主・有縁＝農村的な社会／無主・無縁＝都市的な社会という二元的な対比には、いくらかの窮屈さを感じます。いささか手垢まみれの、この都市と農村をめぐる二元論の枠組みを越えることはできないか。思いを巡らしています。

たとえば、柳田国男と折口信夫が最晩年に交わした対談のなかには、絶対的な裂け目ともいうべきものが覗けていました。わたしはそれを「祖霊・マレビト論争」と名づけています。柳田にとっては、「はじめに祖霊ありき」、また「はじめにイエやムラありき」があらゆる思考の原点でありました。それは有主・有縁の世界へとまっすぐに繋がっています。それにたいして、折口は「はじめにマレビトありき」、また「はじめにイエやムラの外ありき」が原風景でありました。それは無主・無縁の世界につらなっています。こうした二人の民俗学者の対峙の構図を手がかりとして、農村的な社会／都市的な社会といった二元論的な枠組みを越えてゆくことはできないか、と考えるのです。わたしにとっては、それはさらに、マレビトや異人はどこからやって来るのか、というもうひとつの問いへと連結されてゆく予感があるのです。

＊

ここで、あらためて、無主・無縁のフォークロアは可能か、と問いかけてみましょう。いや、じつはそれはおそらく、まともには一度として問われることのなかったテーマなのかもしれません。民俗学という知はこれまで、網野善彦とその無主・無縁論にたいして、本格的な応答を怠ってきたということです。だから、わたしがここで、まったく不十分な試みをあえておこなうことには、ささやかな先駆けとしての意味合いだけは含まれていることでしょう。

無主・無縁とは何か、という問い。それは依然として、定義以前の、どこか混沌とした状態に捨て置かれている気配があります。有主／無主、有縁／無縁の対比は、たとえば所有／無所有、連続／非連続、俗／聖、有用／無用などといった、隣接はしているが微妙にズレを抱えこんだ対比と、いかに呼応し、いかに断絶するのか。それらはときに重ね合わせにされて、曖昧模糊として拡散してゆくことはないでしょうか。

あるいは、実体概念から関係概念への転換が求められているのかもしれません。わたし自身は、無主・無縁の世界は、ある関係の結節点としてのモノ・人・場であり、実体としてそこに存在するというよりは、関係の磁場においてのみ姿を現わすと考えています。たとえば、中世の市の庭は、ケの日は乞食のたむろする荒涼とした原野であるが、ハレの日には交易の場所として、多様なる人やモノが集まり賑わう特別な空間となります。民俗学の側から事例を付け加えておけば、たとえば「中宿」と呼ばれる習俗があります。それは峠などの境界領域において、神仏の権威のもとでの「沈黙交易」にも似た交易がおこなわれるものです。これを無主・無縁論の視座から照射することは十分に可能だと思いますが、手つかずで放置されてきました。いずれであれ、市はある関係性の磁場のなかで、はじめて無主・無縁の場としての姿を浮き彫りにするのです。

ここでは、かぎられた試みとして、無主・無縁にたいして、無用性という概念がいかなる呼応をなしうるのかを問いかけてみたいと思います。わたしはあくまで仮説的な了解としてではありますが、無用性とは無主・無縁をめぐる記憶の痕跡である、と考えています。

たとえば、小正月行事の周辺に見いだされることの多い「削りかけ」の素材となる樹木には、ミズキやヌルデなどがありますが、それがしばしば「役立たずの木だ」と語られることに、わたしは特異に関心をそそられてきました。それらの樹木はいわば、無用性を刻印されているのです。日常の用途には向かないといわれます。そして、祭りの準備期間にかぎって、その樹種だけは無主性が顕在化して、だれが・どこで採取してもいいと語られるのも共通しているのです。わたしは「役立たずの木だ」という言説の背後に、忘却された禁忌性が、あるいは無主・無縁性が見え隠れしているような気がするのです。

たとえば、いかにも唐突ですが、巫女とは何かと問いかけてみましょう。古代には、伊勢の斎宮などは処女であることをその条件と見なされていたようです。巫女とはいわば、交わる性・産む性としては猶予された、あるいは禁止された存在だったのです。言葉を換えれば、巫女はセックスや生殖の有用性から断ち切られた状態にある女性を意味していた、ということです。だからこそ、特定の男との有用性の関係を結ぶと、神仏との関係がほどかれ、「神の嫁」の座から追放されました。無主・無縁の側から有主・有縁の側へと転落するということかもしれません。

ところが、これとは裏返された風景のように、ときに、インドやネパールなどでは、寺院などの聖域を舞台として、「神の嫁」が不特定多数の男にたいして交わる性として解放されることが知られています。巫女と遊女とのあいだには、なんらかの連続性が認められるのでしょうか。ときには性における無用性をもって「神の嫁」=巫女となり、ときには無主・無縁性を担保することによって性を解放する「神の嫁」=遊女となるのかもしれません。

処女性がつくられた無用性であることに眼を向ける必要があります。民俗社会のなかで、巫女がしばしば、猶予された性・禁じられた性を背負った少女や老女から選ばれるのは、けっして偶然ではないのです。それはちょうど、身心の障害・欠落・異常といったものが神話や伝説のヒーローの条件となり、聖なる存在やシャーマンの条件となることに繋がっています。巫女や遊女をめぐる問いの群れを、無用性または無主・無縁という視座から読み直すことは可能でしょうか。

いくらか逸れますが、乞食のフォークロアのなかに、「七軒乞食」と呼ばれる習俗があります。乞食はかぎられた家からの施しに依存してはならず、できるだけ多数の家からの施しを受けねばなりません。四国遍路のなかにも、修行として七軒の家から施しを受けるといった習俗が見られました。それはたぶん、乞食や遍路が、特定の有主・有縁関係に縛られることなく、無主・無縁性を担保するために必要とされた論理であり、モラルであったのです。かれらがまた、社会的には無用性の側に転落した存在であったことにも、注意を促しておきたいと思います。

あるいは、山野の採取物について、無主・無縁論の視座から読み解かれるべきテーマが存在します。たとえば、山菜は近代になって商品作物化するとともに、採取の場や権利が発生したと考えられています。新潟県の奥三面《おくみおもて》などでは、クマオソ・川ドゥ・山菜場が不可欠のイエの権利となっていたようです。木の実については、トチが女の継承する私有財産であったり、クリ林がムラの入会山として管理され、口開けの習俗が見られるなど、有主・有縁の匂いがします。

それにたいして、キノコの場合には、栽培以前にあっては基本的に、だれが・どこで採取してもいい、第一発見者の占有となるといった原則が見られたようです。わたしは聞き書きのなかで、破産したイエのサバイバル戦術として、キノコ採りが専業的に選ばれた事例を知っています。それは山野の採取物のなかでも、キノコが固有に無主・無縁性を帯びた山の幸であるがゆえに可能であったのです。土地にじかに結びつくことなく、樹木への偶然的かつ寄生的な存在形態を示すことが、そうしたキノコの特異性を保証しているのでしょうか。

それはどこか、「寄り物」のフォークロアにも似ています。浜や渚などは、象徴的にはこの世／あの世の境界領域と見なされ、それゆえに、そこには産屋の伝承、ヒルコ流し、補陀洛渡海《ほだらくとかい》といった豊饒なるフォークロアが存在しました。それらの浜や渚に漂着した、いわゆる寄り物がやはり、第一発見者の占有となったのです。だから、難破船の積荷は自由な略奪を許されましたし、ときには難破の祈願・誘導までがおこなわれたのです。浜や渚は無主・無縁の場であり、そこでは採取や略奪の自由が保証されていたということです。そこは有主・有縁の原理から切断された場でありました。

＊

わたしはいま、ひとつの妄想として、「海と陸という観点」から、この列島の縄文以来の一万年の歴史を陸地指向／海洋指向、農本主義／重商主義、「ひとつの日本」／「いくつもの日本」などの枠組みにおいて捉え返してみたいと考えています。

網野はある講演のなかで、「海は本来的に平和な交流の道であり、もともとだれのものでもない無主の世界だと思います」と語られていました。「海から見た歴史」、海がもつ人類史的な役割を問いかけるとき、海は「平和な交流の道」にして「無主の世界」であることが陰画のように浮かびあがります。そこにはむろん、海を国家による支配や所有の観念によって一元的に了解しようとしてきた、これまでの歴史学にたいする反省がありました。「海から見た歴史」が、もしこれからの時代の新しい歴史学のあり方を支えるものになりうるとすれば、海を無主・無縁の開かれた交通の場として眺めるまなざしこそが、基底に横たえられねばならないでしょう。

だからこそ、わたしは網野史学の促しのもとに、「東アジア内海世界」への道行きを辿りたいと願っているのです。無主・無縁論は一国史の枠組みを越えて、この「東アジア内海世界」という地理的な広がりのなかで問われるとき、あらたな地平へと大きく踏み出してゆくことができるのではないか。わたしは無主・無縁のフォークロアを、たとえば済州島から掘りおこしてみたいと、ひそかに考えているのです。

（二〇〇九年）

4 『日本論の視座』を読みなおす

網野善彦が亡くなってから、やがて三か月が経とうとしている。深い喪失感がやわらぐことはない。すでに、見えにくいかたちではあれ、「網野以後」が始まっているのかもしれないが、その社会的な意味の広がりや深度を冷静に測定することができるようになるためには、いましばらくの時間が必要とされるにちがいない。それゆえ、いまはただ、私的なものに受け取られかねないという危惧を覚えながらも、わたし自身の文脈に引き寄せつつ語ることを選ばざるをえない。

この『日本論の視座』という著作は、一九八〇年代の半ばに刊行になった『日本民俗文化大系』というシリーズの副産物であった。小学館が版元になり、網野のほかに、大林太良・高取正男・谷川健一・坪井洋文・宮田登・森浩一という、錚々《そうそう》たる七名の学者たちが編集委員に名を連ねた、おそらくは戦後の出版史のうえにも、また学問の歴史のうえにも、ある鮮やかな画期をなすシリーズであった。すでに、網野を含めて、その内の五名が他界している。寂しいといった感情からは遠く、喪失感だけがたとえようもなく深い。ひとつの時代が幕を閉じて、とりわけ民俗学や歴史学まわりの知の潮流はいま、はっきりと大きな転換期を迎えているらしいことだけが、痛いほどに実感される。

一九八〇年代半ば、それは、わたしにとって、何より物書きとしてのデビューを果たした時期であった。それはまた、学者や研究者として身を立てることになる以前に属していると同時に、民俗学という学問をみずからの将来イメージの核に据えようと、どこか時代錯誤な覚悟を固める以前にも属している。いわば、わたしは『異人論序説』（一九八五年）という処女作を抱いて世に出てはみたものの、たんに、いくらか威勢のいい物書きの端くれでしかなかった。どこにも所属することなく、氏も素性も知れず、輪郭もまるであやふやな独学者にすぎなかったのである。だから、当然とはいえ、かぎりなくいかがわしい存在だった。

そんなわたしが、縁あって『日本文学』という学会誌に書かせてもらった、処女論考である「琵琶法師――異人論の視座から」（一九八三年、のちに『境界の発生』に収録）について、はじめて公けの場で言及してくれたのが、たしか網野善彦その人であった。この『日本論の視座』に収められている二つの論考――「遍歴と定住の諸相」「中世の旅人たち」のなかに、その拙い論考にたいする言及が見られる。それらは、一九八四年三月に刊行になった『日本民俗文化大系　第六巻（「漂泊と定着」）』に掲載されたものであった。『異人論序説』の刊行以前である。そのとき、わたしは三十歳になるかならぬかの、まさに無名にして、いっさいの帰属先をもたぬ若者にすぎなかった。どんなに嬉しかったことか、どんなに励まされたことか。うまく言葉は見つからない。

きわめて私的なエピソードである。しかし、わたしにとっては、そんな私的な思い出との交錯なしには、この著書について語ることはむずかしい。たぶん、わたしと同じように、論考や著書のなかでの言及を仲立ちとして、網野に励まされ、支えられていた研究者がたくさんいたはずだ。網野善彦という歴史家は、中央の学会からは遠く、日の当たらぬ場所で地道な仕事をしている無名の研究者にたいして、たいへんに優しい人であった、と思う。ちなみに、この本に収められた論考のそれぞれに附された、膨大な〈引用文献および注〉を仔細に眺めてみるといい。それはけっして、読者を権威的に脅かしたり幻惑するためにまとった贅肉ではない。ふつうであれば触れないで済まし、自身の独創性を強調するはずが、ここには有名・無名を問わず、敵か味方かを問わず、偏頗《へんぱ》なく、ほとんど無私に徹して、参照した文献の群れが洩らさず並べられている。じつは、この徹底して開かれた態度は、瞠目《どうもく》にこそ値するものである。あえて言ってみれば、わたしはいかがわしい存在としてデビューして以来、あきらかな黙殺や隠微な批判ならば、数限りもなく受けてきた、だから、それがとりわけ痛切に感じられるのである。網野はたしかに、そうした人の痛みをよく知る人であった。わたしは絶対にそれを忘れない、その覚悟だけは固めてきた。それを自身にも課してきたつもりだ。

さて、いま読み返してみると、『日本論の視座』という著書が、網野のその後の二十年にわたる知の軌跡をまさに予告していることに、あらためて驚かざるをえない。序章には、「日本」という国号について、それが用いられる以前には、日本は存在せず、日本人もいなかった、という言葉が見えており、その後のこだわりの起点となったことが窺える。日本文化論の多くを呪縛してきた、日本島国論・稲作中心史観・単一民族＝国家論の虚構性をあらわにしようとした第一章、遍歴と定住という視座に沿って、非農業民としての「職人」や「芸能」の場をめぐる問題をさまざまに論じた、第二章から第四章へと、網野史学の本流をなすいくつものテーマが雪崩を打って転がってゆく姿は、いかにも壮観である。

このとき、網野はあきらかに転換期にあったか、と思う。中世史という専門領域を逸脱することなしには、とうてい解きほぐしがたいテーマの群れが、前面に押し出されてくるのである。むろん、それはすでに『蒙古襲来』や『無縁・公界・楽』にも見られたものだが、そこに向けてまっすぐに突き進んでゆくことが、静かに、いわば宣言されていたのではなかったか。ここでは、「列島の社会と国家」と名づけられた終章、その最後の段階に眼を凝らしてみたいと思う。

網野はこんなふうに書いている。

> われわれにとっての最大の課題は、国家の成立よりも遥かに遠い以前からこの列島に生活してきた人びとの社会、海を通じて広く周囲の社会と緊密に結びつきつつ、人類史の一環として列島の諸地域にさまざまな展開をとげた社会、自らの中から、「日本」を国号とする国家だけでなく、複数の国家、あるいは政治的統合体を成立させ、その刺激と影響を受け、またそれに抗し、きびしい緊張関係を保ちつつ、多様な生活をくりひろげてきた人びとの社会とその歴史を、できうる限り隅々まで明らかにし、列島の自然との関わりと、この歴史の中で形成されてきたこの社会の個性を明らかにするこ

とにある。「日本」さらには「国家」を超える思想と論理がその中に豊かに憩っていることは疑いない。（傍点引用者）

網野史学の究極の到達地点がこうして見定められた、といっていい。ここでの網野が、とりわけ「国家の成立よりも遥かに遠い以前」へと、史のまなざしを伸ばそうとしていたことが印象に深い。おそらく、ピエール・クラストルの『国家に抗する社会』のかすかな影を認めることも可能ではあろう。いずれであれ、このとき、網野史学は「「日本」さらには「国家」を超える思想と論理」をもとめて、孤独な重戦車と化しながら疾走を開始したのである。

いや、そのときはむしろ、孤独ではなかったかもしれない。盟友である宮田登との出会いがあり、その後しばらくは、網野・宮田のラインで、民俗学と歴史学とのいくらか幸福な提携関係が、つかの間ではあれ演じられたからである。高取正男や坪井洋文の姿が、いまだ生き生きと感じられていた、最後の時代でもあった。いま、『日本民俗文化大系』全十五巻を前にすると、どこか越えがたい巨大な壁のように感じられてならない。わたしたちはたぶん、このシリーズ以上の広がりと深さとをそなえた、民俗文化にかかわる研究の体系化と蓄積を眼にすることは、二度とないだろう、という予感を拭うことはむずかしい。

ひとつの時代が終わった。そして、いま、わたしたちは落穂拾いの時代を生きつつあるのかもしれない。自虐的なセルフ・イメージにすぎるだろうか。そうであるとしても、いや、そうであればなおのこと、わたしたちは戦いを放棄することはできない。いや、ここはやはり、あくまで私的な物言いがいい。わたしは『日本論の視座』を裏切らぬためにだけでも、この戦いを投げ出すことはしない、と。

（二〇〇四年）

5　網野史学、その第二楽章がはじまった

批判と神話化のはざまで

網野善彦とはだれか、という問いは、これから思いも寄らぬ展開を遂げてゆくにちがいない。その確信だけは拭いがたく、わたしの内に棲みついている。だから、わたしはあえて、ささやかな布石をいくつか打っておくことにした。『文學界』に「重戦車の孤独」と題した追悼エッセイを書き、中沢新一との対談集『網野善彦を継ぐ。』（講談社、二〇〇四年）を緊急出版し、さらには、わたし自身が主宰する『季刊東北学』の創刊号で網野の追悼特集を組んだ。できるならば沈黙のなかで、静かに網野との対話をくりかえしながら、その仕事のほんとうの意味について、あるいは可能性と限界について思索を深めてみたいと願っていた。わたしはしかし、それとはまったく逆の選択をせざるをえなかった。網野善彦を継ぐ、などといった大それた不遜な物言いには、自己嫌悪もあり、どうしようもない気恥ずかしさも感じているが、それもまた覚悟のうえでのことだ。

一周忌を迎える頃であったか、あるメディアの取材を受けたときに、記者が洩らした言葉が忘

れられない。『季刊東北学』の創刊号を手にした記者は会うなり、こんなことを語りかけてきた、――厳しい網野批判が並んでいますね、検閲のようなことはしないのですか、と。わたしはいくらか戸惑いながら、とっさに次のような翻訳を行なっていた。すなわち、あなたは雑誌の主宰者である、網野さんの熱烈な支持者であることも広言している、そのあなたが自分の雑誌で網野さんの追悼特集を編む以上、当然とはいえ、露骨な網野批判などは望まず、肯定的な色合いが強まるにちがいない、ところが、むしろ痛烈な網野批判ばかりが掲載されている、編集者としてのあなたはいったい、何を意図していたのか、あなたはいつから網野さんへの批判者に転じたのか、と。あきらかに誤解がある、と感じられた。しかし、その誤解をほどくのは、意外に困難なことかもしれないとも思った。

あらかじめ書いておけば、わたしは網野批判の側に転向などしていないし、『季刊東北学』の特集を編むにあたって何らかの隠された意図があったわけでもない。わたしは網野の追悼特集にふさわしい書き手を探し、選んで、執筆の依頼を行なった。執筆内容に関しては、ほとんど注文をつけていない。送られてきた原稿にたいしても、書き直しの要求や検閲めいたことはいっさいしていない。念のために言い添えておくが、わたしが主宰したり関わっている雑誌や本のなかに、しばしばわたしへの批判が見られるが、わたしはそれが人格攻撃に類するものであっても、ほぼフリーパスで掲載してきた。『季刊東北学』の追悼号に、たとえわたし自身が望まぬ網野批判が並んだとしても、少なくともそれは政治的な応答といったものではなく、それぞれの書き手が真摯に網野の仕事に向かい合った結果である、という信頼は存在した。それだけで十分なのである。

いずれであれ、わたしは網野善彦という歴史家を神話的な存在へと祀りあげることには興味がないし、加担するつもりもない。網野善彦その人が、だれよりもそんなことは望んでいなかったはずだ、というわれなき確信があるし、それは網野の仕事やそこに託された志を受け継ぐことからは、もっとも遠い選択だとも感じている。

網野史学の孤立をめぐって

網野が亡くなったのは、二〇〇四年二月二七日の深夜であった。学者の死としては異例なことに思われるが、その訃報は新聞のみならず、テレビでも取り上げられて、広く報じられた。それ以来、じつにたくさんの追悼記事やエッセイなどが、新聞や雑誌に掲載されてきた。こうしてリストを作成してみると、その数も量もけっして少ないものではない。ところが、それらすべてに眼が届くわけでもなく、わたしはずっと、本格的な応答が現われず、あまたある雑誌がこれといった追悼特集も組まないことに、驚きとかすかな苛立ちを覚えていたのだった。雑誌が雑誌としての役割を果たしていないのではないか、という感想を拭うことができなかった。いまになってみれば、こんなものかもしれないとも思うが、いくつかの追悼特集が立ち消えになったことは耳にしていた。

いま、大半ははじめて触れる追悼文の群れを前にして、意外なほどに網野善彦像に大きな振幅が見られないことに、奇妙な感慨を覚える。いわば、人物像としては裏表のないまっすぐな、だれにでも誠実に向かい合う人だった、ということか。わたし自身の印象とも齟齬はない。履歴に関しても、晩年の網野はみずから、二十代の恥多き左翼活動家の時代について懺悔のように語っていたし、常民文化研究所の負の遺産ともいうべき古文書の返却にまつわる旅の顚末を明らかにしている。みずから生前に総括を済ませたのだ、といってもいい。その、みごとな身の処し方には畏敬の念を抱かざるをえない。そのうえで、あえて感想めいたことをいくつか書き付けておく。

まず、網野は歴史家としては、やはり異例に属することではあるが、ベストセラー作家という顔を持つ人だったことに、あらためて注意を促された。なぜ、網野の本は、いや網野の本ばかりが、これほどに売れたのか、数十万人の読者の心をつかんだのか。それを切り口とした分析はあってもいいが、あまり関心をそそられない。はっきりしているのは、網野にはほかの歴史家たちにはない、異様なほどに強い文体の力があったということだ。それなしには、歴史書のベストセラーなど、しかも何冊も生まれようはずがなかった。売れることが悪かろうはずはない。しかし、網野が売れ筋を狙って、著書を編集していたなどとはとうてい思えない。重戦車はあくまで武骨であった。研究書/啓蒙書のあいだに、本質的な線引きがなされていたとも思えない。いずれであれ、網野にとって、学会の外にある一般大衆に向けて語りかけることには、いかなる意味があったのか、それればかりは気に懸かってきた。その、広く言って啓蒙的な態度には、強い信念が感じられたからだ。高校の教え子たちから投げかけられた質問に応えたかった、というわかりやすいエピソードに、それははたして還元できるのか。

売れっ子でもあるがゆえに、網野には執筆の依頼が殺到したはずだ。また、講演や対談・シンポジウムの依頼が引きもきらず押し寄せたにちがいない。網野はたぶん、そのほとんどを断らず、引き受けたのでなかったか。くりかえしや重複が多くなるに決まっている。それをあえて厭わず引き受けることは、じつは本人に意外なほどの負荷がかかるものである。事前の約束や了承もないままに、講演のテープ起こしが送られてきたり、冊子になって出回っていたりする「恐怖」は、体験した者にしかわからない。著作にもたしかにくりかえしが多かった。「壊れたレコード」と若手研究者に揶揄されていますよ、そう、網野自身が笑いながら話すのを聞いたことがある。その、いかにも頑固一徹な啓蒙的態度の蔭には、ひと筋縄ではいかない網野らしい生き姿が沈められている気がしてならない。

あるいは、追悼文の群れのなかからは、網野批判の胎動がひたひたと寄せてくるように感じられる。さすがに、網野の死から遠くない時期の記事やエッセイのなかには、あらわな批判は影をひそめて、いまだ顕在化していない、そんな気配がある。半年も過ぎた頃からだろうか、とりわけ歴史学界の内部においては、網野善彦という名前が早くも禁忌の対象と化していることが、新聞メディアの取材を通じて洩れ伝わるようになってきた。たとえば、歴史研究者が発する「先生は網野さんの弟子だから」という言葉が、からかい半分の痛烈な批判となり、大学教授が大学院生にたいして、「少なくともいまは、網野さんの引用はやめた方がいい」と指導をしている、といった現実が剝きだしになってくる。網野以後はそうして、その名前を踏絵に仕立てあげることから、しだいに本格化してゆくにちがいない。

歴史家・網野善彦の孤独や孤立は、学問の内実といったレヴェルではなく、結局は歴史学界をめぐる知の地政学がもたらしたものだったのではないか、という疑念を払拭することがどうしてもできない。どこにでも転がっているムラの世間話であったとしても、ほんとうに寒々しいかぎりだ。ともあれ、こうして網野史学をめぐる第二楽章ははじまったのである。その行く末をきちんと見届けなければならない、とあらためて思う。

リトマス試験紙としての『無縁・公界・楽』

さて、ここでは、網野の歴史観のもっとも根源に横たわるものに眼を凝らしてみたい。『追悼記録　網野善彦』(洋泉社、新書、二〇〇六年)の追悼文の群れのなかには、そこに切り込んでいる幾編かのエッセイがあった。網野の膨大な仕事のすべてに目配りしている余裕は、もとよりないし、いまの時点における評価の骨格であれば、いろいろな記事のなかにも十分に語られている。それゆえに、ここではあえてテーマを絞り込んで、わたし自身の注釈的な言及をいくらかでも行なっておきたい、と思う。

ひとつの漠然とした了解が、とりわけ歴史学の周辺では広まりつつあるのではないか。すなわち、網野は百姓イコール農民ではないと力説し、天皇と非農業民のかかわりや、列島の西と東の文化的な落差などについて、さまざまな新しい解釈を「常識破り」の身振りとともに語ってみせたが、じつはそんなことはみな歴史学界の「常識」であり、ただそれを正面切ってはじめて論じたのが網野であっただけのことだ、という了解である。追悼文のそこかしこに散見するはずだ。ぜひ確認してほしい。そうした言説の作法はしばしば、他者の学説をまるごと抹殺したり無化したりするために持ち出されるレトリックであることを、まず指摘しておく。まったく新しい学問的な発見などといったものは、そもそもあるはずがなく、どんなに斬新な研究だって、先人たちの膨大な研究の蓄積のうえに、ささやかな解釈や発見を附加することでしかないのは、自明のことである。論争をくりかえした挙句の果てに「常識」だと託宣をくだすのは、後出しジャンケンにも似て、けっして正々堂々としたやり方ではないし、はじめて正面切って論じたなどという評価もまた、何やら腰が引けて、すっきりしない。

おそらく、問題ははるかに深く、歴史観そのものの岩盤にまなざしを届かせながら論じられるべきものだと思う。わたし自身はすでに幾度か、網野史学の評価にとってリトマス試験紙となるのは『無縁・公界・楽』という著作ではないか、と語ってきた。それはいわば、「忌み物として遠ざけられるのか、あるいは、網野史学をつらぬく歴史哲学の書として読まれることになるのか」というせめぎ合いのなかで、拒絶か／継承か、二者択一を迫るリトマス試験紙としての役割を果たすにちがいない。そこに妥協はありえない。無主・無縁の世界など「常識」にすぎず、網野はただ、それを最初に論じただけだなどとは、さすがに詭弁を弄することはできまい。

網野の非農業民論については、こんな評価がもっぱらに語られている。たとえば、百姓イコール農民と見なせば、それ以外の多様な生業の人々が研究対象から落とされる、農民ばかりを研究するか、そのほかの人々に光を当てるか、つまりは研究の力点の置き方であり、網野は史料の片隅に寝かされていた非農業民の姿を浮き彫りにしたのである、その功績は大きい、と。こうした穏健そのものの網野評価にたいして、わたしはある懐疑を拭うことができずにいる。それでは、網野の非農業民論がその基底に沈めていたはずの『無縁・公界・楽』という著作を、あなたはどのように評価するのですか、と問いかけたい欲望を抑えることができない。網野の歴史観そのものを、実証性の乏しい「空想的浪漫主義」と断じてみせた永原慶二氏をかたわらに配するとき、やはりリトマス試験紙としての『無縁・公界・楽』から身を遠ざけて、評価を曖昧かつ穏便に済ますことなど不可能だ、といわざるをえない。

人類史をめぐる逆転の歴史学

ここでは、小路田泰直の「網野史学に立ち戻る」を取りあげてみたい。これはまさに、ひたすら『無縁・公界・楽』に拠って、網野の歴史観の根底に横たわる原風景をあぶり出しながら、網野史学の継承の意味を明らかにしようとしたエッセイである。わたしはこの小路田論文に出会って、揺れていた座標軸がすーっと定まるのを感じた。小路田は『網野史学の越え方』（ゆまに書房、二〇〇三年）の編者でもあり、そこには「網野史学の越え方について」という関連する論考が収められてあることを書き添えておく。

小路田によれば、網野史学の総括の書ともいうべき『「日本」とは何か』には、本来の網野史学は存在しない、そこには網野主義者たちによって消費され尽くした、残骸しか残っていない、という。「網野主義者」という物言いはなかなか挑発的だが、いまは触れずにおく。それでは、網野史学の真髄はいったいどこにあるのか。むろん、それは『無縁・公界・楽』という著作のなかに秘められている。

小路田氏は以下のように述べている。

網野氏は、明らかに人類史の始源にあり、かつ根底（基層）にある社会を、しばしば原始共同体や本源的共同体といった言葉で表現される、農村的で自給的な社会とは考えずに、あえて「原無縁」と名付けた、「無縁」「無主」の、まさに太古の自由と平等が支配する、都市的な社会だと考えていたのである。空間としての都市は形成されていなくても、その中に交易と非農業民が見事に埋め込まれた、都市的な社会だと考えていたのである。だから……社会の成り立ちを考えるとき、……「原無縁」の「無縁」としての自覚、即ち非農業民による都市の形成を最初のきっかけとして、それを考えたのである。少なくとも論理的にはそう考えたはずである。

この人類史に関する逆転の発想を持つ歴史学、それが網野史学だったのである。

大きな人類史の構想のなかで、網野善彦という歴史家は、その始源にあったのは農業を基盤とする原始共同体ではなく、非農業民や交易を埋め込まれた、「原無縁」の自由と平等が支配する都市的な社会であったと考えていたのだ、そう、小路田は指摘する。わたしは大筋において、この了解に共感を覚える。そして、こうした「人類史に関する逆転の発想を持つ歴史学」こそが網野史学だった、という了解にもまた、とりあえず賛意を表しておきたい。あとで、いくつかの留保についていては触れてみたい。

いずれであれ、その当然の帰結として、網野は列島の歴史像を、農業や農村といった「有主」「有縁」の世界ではなく、まさに非農業民的な「無主」「無縁」の世界を基盤として描こうとしたのであった。「単に歴史を描くのに、非農業民の世界も視野に入れるべきだなどといった、おためごかしをいったのではない」という、小路田の痛烈な批判に、あの、いかにも穏健にして、無邪気なる抹殺への加担者たちは耳を傾けねばならない。網野の非農業民論は断じて、農民ばかりを研究するか／そのほかの人々に光を当てるか、といった研究の力点をどこに置くかをめぐる偶然的な選択ではなかったし、研究の空白を埋めるためのとりあえずの選択でもなかった、とわたしは思う。

『無縁・公界・楽』という著作の野心が、中世史はおろか、日本史にも留まらず、人類史をめぐる新たな構想の提示にあったことを、再確認しておくべきだろうか。だからこそ、網野史学には歴史学を、「人間とは何か」という問いを抱いた人類学・宗教学・言語学・神話学、そして民俗学など、あらゆる学問に開放してゆく避けがたい必然が宿されてあったのだ。しかし、残念ながら、「この人類史の起点に「無縁」＝都市的社会をおく網野氏の感性は、結局大方の網野主義者たちによっては、受け継がれなかった」と、小路田はいう。ここであらためて、『「日本」とは何か』という著作は、「網野主義者」たちによって消費され尽くした果ての、残り滓にすぎない、という小路田の厳しい評価を想起しておくのもいい。ともあれ、エッセイの終わりに近く、「網野史学に帰れというスローガンが今まさに意味を持ち始めているときに網野氏は逝った。あと一〇年この国の歴史学に君臨してほしかったというのが、私の正直な感想である」という小路田の言葉に、わたしはまた、強い喪失の痛みとともに共感を表わしたいと思う。

そのうえで、いくつかの留保を書き留めておく。

ひとつは、都市ないし都市的な場についての理解にかかわるものである。小路田は先の引用の前段において、「無縁」/「有縁」の対峙を、都市的な場＝人々が砂のように希薄な縁のなかを自由自在に生きる空間としての「無主」「無縁」の世界/農村的な場＝人が縁にがんじがらめになって没個性的に、誰かに支配されて生きる空間としての「有主」「有縁」の世界、という二元的な図式によって説明していた。たとえ、いくらか比喩的なレヴェルのものではあれ、この都市的な場／農村的な場という二元図式の内側に、無主・無縁／有主・有縁をめぐる対峙が溶かし込まれ、還元されることにたいしては、ただちに従いがたいものがある。網野の『無縁・公界・楽』以後の、非農業民論への執拗なこだわりの底には、そうした都市／農村の二元図式を実証的に越えてゆくための試行錯誤が孕まれてあったのではないか。都市ないし都市的な場というものの理解についていては、これから徹底した検証と議論が求められるにちがいない。

いまひとつは、鶏か卵か、ではないが、「無縁」／「有縁」の人類史における先後関係にまつわる留保である。ほとんどの歴史研究者は、意識してかあらずか、はじめにムラ的な場ありき、「有主」「有縁」ありき——と考えているはずだ。それにたいして、網野史学は叛旗をひるがえし、はじめに都市的な場ありき、「無主」「無縁」ありき——と考えていた、そう、小路田は指摘している。はたして、そうか、そこにはもう少し微妙な問題が隠されているのではないか。たとえば、小路田も引用していた、以下の『無縁・公界・楽』の一節に眼を凝らしてみたい。

人類の最も原始的な段階、野蛮の時代には「無縁」の原理はなお潜在し、表面に現われない。自然にまだ全く圧倒され切っている人類の中には、まだ、「無縁」「無主」も、「有縁」「有主」も未分化なのである。この状況は「原無縁」とでもいうほかあるまい。

「無縁」の原理は、その自覚化の過程として、そこから自らを区別する形で現われる。おのずとそれは、「無縁」の対立物、「有縁」「有主」を一方の極にもって登場するのである。

おそらく、「無縁」も「有縁」も未分化な「原無縁」の状態のなかから、やがて「無縁」の原理がしだいに自覚化されつつ、他方の極に「有縁」という対立物をもってともに登場してくる、そう、網野は考えていたのではないか。いや、そうした再解釈によって、『無縁・公界・楽』の新たな読み方が生まれてくるのではないか、とわたしは想像しているのである。はじめに都市的な場ありき、ではない。人類史のはじまりには、都市的な場／ムラ的な場が、すでに対をなして、一気に登場したのではなかったか。じつに深刻な問いかけではある。

わたしはかつて、柳田国男と折口信夫のあいだで交わされた最晩年の対談にかかわり、その最大のテーマを「祖霊／マレビト論争」と名付けて、論じてみたことがある（本書に所収の「柳田と折口――晩年の思想をめぐって」）。柳田／折口の思想的な訣別の根底には、はじめに祖霊ありき・イエやムラありき／はじめにマレビトありき・ムラの外ありき、という対峙の構図が横たわっていたが、それがまさに、網野史学にいう「有主」「有縁」／「無主」「無縁」の二元図式と通底するテーマであったことに、わたしは深い感慨を覚えている。

近代批判と無主・無縁論

さて、網野の無縁論がつねに、ある種の近代批判と背中合わせに提示されていることに、幾人かの論者が注意を促している。たとえば、「「網野史学」再考」と題された座談会のなかで、福井憲彦がとても暗示的な発言を行なっている。「網野さんの場合、大きな史論的な枠組みとしては無縁からのある種の衰退史観ですよね。衰退史観という形で近代批判をする」と。衰退史観という表現には、そのままには受け容れがたいものを感じるが、それがどこかで網野の歴史叙述の帯びる、ある本質的な肌触りとよく響きあうことまで否定する必要はない。この近代批判が、網野の場合にはとても捩れている気がする。

これについては、山本幸司が「魅力的な中世世界を描く」のなかで、説得力のある議論を展開している。山本によれば、網野の歴史観の中核にある社会変動についての考え方は、網野自身が意識していたか否かは措くとして、「歴史的時代としての近代」への批判となっていた、という。それゆえに、「原始・未開の自由」といった表現や、南北朝以前の社会が孕んでいた多様な可能性への言及の背後には、現代の閉塞状況にたいする根底からの批判を読み取ることができるのである。言葉を換えれば、こうした近代批判がつねに、それと表裏なすものとしての、中世のいわゆる民族史的な転換以前の、未開的なるものを宿した原始や古代への、ある種の憧憬やノスタルジーを呼び覚ますところに、網野史学の個性が浮かびあがるのではないか。山本はそれについて、以下のように述べている。すなわち、中世史家である網野の研究はほとんどが平安期以降に限られているために、日本文化を起源論的に考えるうえでは欠かしえぬ、人類学・考古学分野の成果に具体的に言及することは少なく、その結果として、その「民族史」という表現が抽象的な印象を与えることは否定できない、しかも、それはひっくり返って、網野の描く民族史的な転換以前の日本にたいして、「一種のユートピアにも似た性格」を与えることになっている、と。

福井はくりかえすが、網野史学のなかに、ユートピア的な無縁からの衰退史観というかたちでの近代批判を見て取っていた。これにかかわり、小路田泰直が『網野史学の越え方』のなかで、以下のように論じていたことが想い起こされる。小路田はいう、――網野さんは歴史のはじまりに原始共同体を置いて、歴史を未開（無）から文明（有）への発展のプロセスと捉えるのではなく、はじまりに「原近代」を置き、それを「原無縁」と言い換えて、その「原無縁」の衰弱と「無縁」としての自覚化、そして蘇生の過程として歴史を描こうとしたのではなかったか、それこそが網野史学がもたらした衝撃の核に存在したものであった、と。はるかな原始・未開の「原無縁」は長い時間をかけた衰弱の果てに、弁証法的な逆転を演じて、近代の「自由」や「平和」へと受け継がれ蘇生していったが、そこに見いだされた「原近代」を「原無縁」と読み替えることによって、網野史学に固有の立脚点がつくられたのかもしれない。

こうした網野の近代批判は、「日本」の本質的な多元性や分裂の可能性、あるいは不在などを言い立てるスタイルの批判へといつしか変質していき、骨抜きになった、そう、小路田は厳しく指摘する。さらに、小路田は追撃を加えていた。すなわち、結局のところ、網野は「無縁」の根源に横たわる「原無縁」のイメージ化に失敗したのではなかったか、近年の新しい縄文時代像や弥生時代像にもとづいて、「原無縁」の生き生きとしたイメージが提示されるべきであった、と。

もはや、このせつない片思いは届かない。だとすれば、それは残された、網野史学の継承を願う者たちにこそ課せられた仕事となった、というべきだろう。

ここで、ふっと思い出すことがある。梅原猛による、網野史学は「私の縄文史観に似た面もあったと思う」、あるいは「私の縄文の文化観と重なる部分があった」といった述懐である。中沢新一氏からは、網野にもその認識はあったが、公の場ではそれをけっして語ろうとはしなかった、と聞いたことがある。真偽のほどは措く。いずれであれ、山本幸司が指摘していたように、網野の描く民族史的な転換以前の日本はいかにも抽象的で、ユートピア的に描かれすぎていることは否定しがたい。考古学の成果に学び、とりわけ縄文から弥生にかけての歴史文化像にもとづいて、「原無縁」や「原始・未開の自由」といったものを語りなおしてみたい、とわたしはひそかに願う。

国民史からネットワークの史学へ

いまひとつ、網野のなした歴史家としての仕事に関して、きわめて本質的な評価を行なっていた論者に、文芸批評の福田和也がいる。その「「網野善彦」というサイクルの完結」というエッセイには、『無縁・公界・楽』から『「日本」とは何か』までを視野に納めながら、網野史学をまっ芯において捉えた、ある見方が提示されている。

福田によれば、網野の退場をもって、もはや「肯定的にであれ、否定的にであれ、歴史観を論じるに足るような人物が、完全に払底した」といった心持ちだ、いずれにしろ「一つのサイクルが完結した」という感興をもった、という。寂しいけれども、否定しようもなく、同意せざるをえない現実である。そして、網野の以前には、「国民史、つまりは近代的に主体化された民族を主眼とする歴史観」が主流であり、大雑把にいえばそれしかなかった、皇国史観からマルクス主義的な歴史観まで、みな同じように「国民史」だった、という大胆な言挙げがなされている。網野史学はまさに、こうした「国民史」から、ブローデル流の「重層的なネットワークの史学」への転換を日本において司ったのであり、そこに核心がある、と福田はいう。まっとうな批評といっていい。

さらに、福田によれば、たとえばブローデルの『地中海』が「国民史からの脱却を、広範な地域のネットワークの歴史として描いている」のにたいして、網野の歴史叙述は、いくらかの朝鮮半島などにかかわる記述はあり、その呼称の相対化を徹底して試みながらも、あくまで「日本」と名指される領域に留まっている、という。わたし自身も「重戦車の孤独」のなかで、そのことに触れたことがあった。しかも、福田はまた、日本の周辺に「地中海」のような地域概念の蓄積がない状況では、「網野氏の仕事の狭さを批判するのは、過酷にすぎるというよりも、ほとんど意味がない」という適切にすぎる指摘を行なっている。そのうえで、「国民史を破却しながら、代わる領域についての歴史叙述を提示しえなかったために、その破壊は、破壊のための破壊としか見えなかった」ことが、重ねて指摘されているのである。

おそらく、こうした福田による網野史学の評価は、『無縁・公界・楽』を起点とするもうひとつの問いの群れへと繋がり、視界を開いてゆく可能性を秘めたものである。「国民史」から「重層的なネットワークの史学」への、あるいは「広範な地域のネットワークの歴史」の探究への転換、という。そのときはじめて、都市的な場といった、地理的かつ実体論的な空間に縛られた「無主」「無縁」論ではなく、たとえば東アジア内海世界のような「地域」の広範な、また重層的な「ネットワークの史学」のなかで、もうひとつの新たな「無主」「無縁」論に向けての知の道行きが浮上してくるのかもしれない。『無縁・公界・楽』という著作を「国民史」の内側で読むことには、おのずと限界がある。いきなり人類史とまでは跳躍せずに、列島を含めた東アジア地域の「ネットワークの史学」のなかで、「無主」「無縁」論を再検証することはできないだろうか。

いずれであれ、「一つのサイクルが完結した」と福田はいい、「これでひとつの時代が終わった」と安丸良夫は書いた。わたしもまた、同じような感慨を拭うことができない。しかし、そうした感慨にいつまでも浸っているわけにはいかない。ひとつの時代は確実に終わった。「国民史」に抱かれた青年期は遠ざかり、「重層的なネットワークの史学」という壮年期に託された課題が見えてきた。網野はともあれ、壮年期の歴史学への扉のありかだけは指し示してくれたのではなかったか。その扉のもとへと困難ではあれ歩を進め、やがて押し開かねばならない。それは残された者たちが担うべき役割である。

さて、追悼は終わりだ。壮年期の歴史学のために働かねばならない――。

（二〇〇六年）

6　東アジア内海世界は可能か――網野善彦とブローデル『地中海』をめぐって

無主・無縁の海から見た歴史

たとえば、いま、東アジア内海世界は可能か――といった問いには、どれほどに深いリアリティがあるだろうか。その深度を測りかねながら、わたしはあえて、この問いにこだわりたいと考えている。その起点には、歴史家・網野善彦による問題提起、そして、いわゆる「日本逆さ地図」があることを隠す必要はないだろう。ここでは、いくらか角度をずらして、フェルナン・ブローデルの『地中海』にかかわる網野の発言を手がかりとして、東アジア内海世界は可能か、という問いへの接近を試みたい。

網野による『地中海』の評価は、ひとつは一九九五年に行なわれた『地中海』完結記念シンポジウムにおけるコメント「日本の海域の観点から」、および討論での発言のなかに見られる。これはのちに、川勝平太編『海から見た歴史――ブローデル『地中海』を読む』（藤原書店、一九九六年）に収録されている。いまひとつは、それから四年後に書かれた、「新しい人類史へと誘う書――『地中海』にふれて」という小論であるが、こちらは『『地中海』を読む』（藤原書店、一九九九年）に収められている。ブローデルの『地中海』に触発されながら、網野はおそらく、みずからが手を染める時間はないと観念しつつ、ひそかに東アジア内海世界をめぐる歴史叙述の構想を思い描いていたにちがいない。それはとりわけ、「新しい人類史へと誘う書」のほうに鮮明に示唆されている。

まず、「日本の海域の観点から」を取り上げる。これは、シンポジウムの第Ⅰ部「ブローデルの「地中海」」、第Ⅱ部「海から見た歴史」を受けた総合討論のなかでなされたコメントであるが、その冒頭に近く、網野はこう述べている。すなわち、「荒っぽい読み方で『地中海』を読んだだけであるにもかかわらず、もしこういう構想で日本の社会、あるいは日本の中世を描くことができたら、という誘惑にかられたことも事実でございます。もう歳をとりすぎましたので、そんなことのできる余裕はまったくないと思いますが……」と。たしかに、この網野の予感は半ば以上は当たったのかもしれない。それでも、網野が最晩年の、たとえば『「日本」とは何か』などの著作のなかで、執念を燃やしつづけていたことだけは否定しがたい。

網野はここでは、もっぱら川勝平太の基調報告「海から見た歴史」にたいする応答を、コメントの形で述べている。川勝はたとえば、「海と陸という観点から見ると、日本社会は海洋指向の時代と内陸指向の時代とを交互に繰り返している。奈良・平安時代、鎌倉時代、江戸時代は内陸指向であり、奈良時代以前、室町時代、明治時代以降の時期は海洋指向である」といった、興味深い仮説を語っている。それはむろん、『文明の海洋史観』のエッセンスといっていい。さらに網野は、日本の歴史学には海の視点がない、基本的には陸地史観や農本主義に立っているという川勝の批判にたいしては、つねに「海の視点を取り入れた日本社会像を描きたい」と思ってきた、と応えている。

そのうえで、いくつかの修正を施しながら、以下のようなことを述べている。網野によれば、陸地史観や農本主義がもっとも社会の実態に強力な力をおよぼしたのは、奈良時代の百年と、明治維新から敗戦までの八十年ぐらいしかないだろう、という。したがって、「日本国」が出現した七世紀末から現在までの約千三百年のなかで、陸上交通が交通体系の中心だったのはその十分の一くらいにすぎない、ともいう。海の視点を取り入れることの必要性においては共感しあっていたが、微妙に、いや、じつは大きく、網野と川勝はその歴史認識にズレを来たしていたのではなかったか。

たとえば、近世という時代は、川勝によれば内陸指向の時期とされるが、網野によれば、むしろ河川や海の交通が大きな役割を果たし、その社会のありようは建て前は農本主義であるが、きわめて都市的であったという。わたし自身も、山形県内の聞き書きのなかで、北前船や最上川舟運が近代の訪れとともに、驚くほどのスピードで幕を閉じた歴史の一端に触れたことがあったから、近世社会がただちに内陸指向であったという了解にはしたがいにくい。ただし、旧来の鎖国史観の限界は承知しながらも、やはり近世が海洋指向であったかといえば、それにもまた頷きがたい気がする。

あるいは、明治以降についてはどうか。網野はこう述べている、「明治以後、交通路は軍事上の理由から鉄道に重点が置かれることになります。律令時代の陸上の道も、これもまた完全に軍事的な理由、つまり「帝国」という性格をもち、四方に勢威をひろげようとする律令国家の軍事的な必要からつくられたのですが、同じように「大日本帝国」になった近代以後の日本は、まさしく軍事的帝国主義的な政策を実現するため、交通路をやはり陸上中心に置くことになったのです」と。

明治以降の近代は、太平洋戦争に敗北した昭和二〇（一九四五）年を境として、近代前期／近代後期とでも分割しておいたほうがいいだろう。網野はいわば、この近代前期を陸地指向の時期と捉えていたわけだが、これにたいして、川勝のほうは海洋指向の側面から把握しようとしていたことになる。ここには「帝国」をめぐる議論がかぶさっている。「帝国」をめざしたがゆえに、近代日本の交通体系は陸上中心になったと、網野は述べているが、ここでの議論はかなり錯綜している。「帝国」への欲望はあきらかに、列島の外なる世界に向かわざるをえないし、近代前期の日本は実際にも、そのアジアにたいする植民地主義的な拡張のプロセスのなかで、海洋指向を国策として選んでいたと思われる。網野の混乱は否定できない。

わたし自身はこれを、「ひとつの日本」／「いくつもの日本」のせめぎ合いの歴史のなかで考えてきた。「ひとつの日本」への欲望が前面に押し出されるとき、交通体系は陸地指向を強める。

これとは逆に、「いくつもの日本」への欲望は潜在的には、海洋指向を孕んでいる。近世は三百の小藩に分かれた、「いくつもの日本」を基調とする社会であったが、その海洋指向を鎖国政策によって厳しく抑圧していたと思われる。また、近代前期の日本は、その国民国家としての形成のヴェクトルにおいて「ひとつの日本」をめざしたが、同時に、日清・日露の戦争を経て「帝国」への欲望に支配されていったとき、「いくつもの日本」を抱いた海洋指向の時代へと突入していったのではないか。そして、近代後期にいたると、敗戦によって海外からの撤退を余儀なくされ、「海洋指向から一転して内陸指向に転じ」(川勝)たのである。機会をあらためて、「海と陸という観点」から、この列島の縄文以来の一万年の歴史を、陸地指向/海洋指向、農本主義/重商主義、「ひとつの日本」/「いくつもの日本」などの枠組みにおいて捉え返してみたい、と思う。

さて、網野は「日本の海域の観点から」の終わりにいたって、『地中海』の意義を以下のように説いている。その前段に置かれた、「海は本来的に平和な交流の道であり、もともとだれのものでもない無主の世界だと思います」というみずからの言葉を、まっすぐに受けた発言であった。

その意味で、海から見た歴史は、新しい二十一世紀以後の歴史学のあり方を、はっきりと指し示しているのではないでしょうか。海が人類社会に対して果たしている役割を、ただ単に経済的な面だけではなく、思想的、文化的な側面にまで問題を広く拡げて考えていくことが、今後の歴史学の大きな課題になるのではないかと考えています。ブローデルの『地中海』は、そのような問題を考えていくうえで、現在でも、われわれにとってたいへん強い刺激を与えてくれる書物だと思いますし、門外漢の私にとっても、ブローデルの本の読書は本当に楽しい時間でした。

「海から見た歴史」、そこでは海がもつ人類史的な役割を、経済的な面から思想的・文化的な面にまで広げて探究することが、大切な課題になる、という。くりかえすが、海は「平和な交流の道」にして「無主の世界」であるとは、海を国家による支配や所有の観念によって一元的に了解しようとしてきた、これまでの歴史学にたいする反省がもたらした認識である。「海から見た歴史」が、もしこれからの時代の新しい歴史学のあり方を支えるものになりうるとすれば、海を無主・無縁の開かれた交通の場として眺める眼差しこそが、基底に横たえられねばならないはずだ。ここにはおそらく、ブローデルの『地中海』にたいする、あくまで前向きの批評が沈められていたにちがいない。

ところで、網野が「日本の海域の観点から」のなかで、列島社会における資本主義のルーツに関して、以下のような仮説的了解を示していたことを記憶しておくのもいい。これまでの資本主義の発達にかかわる解釈といえば、土地所有から出発して、農業の生産力が発達するとともに、はじめて商業や手工業が農業から分離され、商品経済が農村に浸透し、その結果として、農民層のなかに貧富の差が生まれ、地域的な市場圏が展開して資本主義が発達してゆく、といった筋書きが多かった。もはや、こうした見方はそのままでは成り立たないのではないか、という。むしろ、市場は無主の場所にはじめて成立すると考えられ、その意味では、無主・無縁の海の世界こそが資本主義や市場経済を育てる、たいへん重要な基盤になってゆく一面がある。これまでは、ほとんどそうした観点からの研究は行なわれてこなかった。「十四世紀以降の日本の社会は経済社会であり、資本主義はそこから考えなくてはならない」と、網野は大胆にも言い切っているが、魅力的な問題提起といっていい。

東アジア内海世界が幕を開けるとき

さらに、網野は「新しい人類史へと誘う書――『地中海』にふれて」のなかでは、より深い場所から『地中海』と切り結んでいる。シンポジウムにおける発言とは異なり、十分に考え抜かれた『地中海』の評価と、そこからもたらされる新たな課題とが、四つの小節のなかに簡潔に示されている。

第一に、自然と人間との多彩なつきあい方をめぐって――。ブローデルの歴史叙述は、半島・山地・高原・平野、そして海原・島・沙漠といった自然のなかでの人間のさまざまな生活のあり方へと向かっており、そこにきわだつ個性を認めることができる。「こうした多様な自然のあり方を視野に入れて社会を考えることが、日本列島とその社会に即しても非常に大切であることを、あらためて強く感じた」と、網野はいう。しかも、ブローデルが『地中海』で展開してみせたような、豊富な事実を背景にして、自然にたいする人間の多彩なつきあい方を多面的・立体的に叙述することは、いまだ日本の歴史学には研究の積み重ねがなく、本格的な研究は将来に委ねられている、という認識が示されていた。

自然それ自体のありようもまた、地中海とこの列島とではけっして同質ではありえない。たとえば、日本列島の場合には、沙漠は除外され、盆地や河川・湖などを加える必要があるし、半島や島の役割がとりわけ重要な意味を持っている。さらには、列島の面積の七十パーセントを占める山地、それを覆い尽くした森林、また山から海へと流れくだる河川と谷地、河口近くに形成された潟湖など、地中海とは大いに異なる自然のあり方や姿が見いだされる、という。こうした多様な自然と人間とのかかわりの歴史を明らかにするためには、歴史学と地理学や自然科学との緊密な提携・協力が求められるはずだ。『地中海』はまさに、それを促しかけているのである。

第二に、海や山がになう重要な役割をめぐって――。

網野によれば、ブローデルは海については、主に交通路の役割に言及しており、海の生活はつねに山林と結びついて営まれるといった注目すべき指摘を行なっている。ところが、そこでは海辺の暮らしや集落の「貧しさ」が強調されるとともに、漁撈や製塩などについてはほとんど触れられていない。地中海／日本列島、その自然と社会のあり方のあいだには、さまざまな差異が存在することが予想されるのである。

網野は以下のように述べている。すなわち、列島の海の場合には、おそらく地中海よりもはるかに活発で豊富な漁撈による漁獲があり、製塩も社会にとって不可欠な生業として盛んに行なわれていた。山林と海辺の集落とは分かちがたい関係によって結ばれ、山林が船材の供給源であることなどは共通しているが、いわゆる魚付き林と漁撈との関係、また、製塩のための塩木を供給する山林の大きな役割といったものは、地中海では考えられないだろう、という。さらに、社会全体にたいする食糧の供給源としての海や山の重要な役割についても、差異が認められる。いわゆる海の幸・山の幸の採集や狩猟・漁撈が、農耕や牧畜に先行する生業であることは当然といっていいが、たとえば、列島社会にあっては、栗・胡桃・トチ・柿・梨・桃などの果実の食糧としての比重は、地中海のブドウ・オリーブ・イチゴなどを大きく上まわり、漁獲物もまた、地中海よりもはるかに豊富であったと考えられる、という。あるいは、建築用材や木器・漆器などの素材としての樹木の役割は、石材にも依存したはずの地中海とは大きく異なっていたにちがいない。衣料の生産については、『地中海』ではほとんど言及が見られない。

いずれであれ、こうした自然と社会生活のかかわり方をめぐって、さまざまな地域のあいだの比較を行ない、その差異のもつ経済的・政治的な意味を明らかにすることは、これからの大切な課題となる。ここでも日本の歴史学には研究の蓄積が乏しいが、そうした作業は始められつつある、という。そのうえで、網野があらためて、海辺の集落の「貧しさ」についてのブローデルの指摘にたいして、控えめではあるが懐疑を表明していることには、関心をそそられる。たとえば、十四世紀以降の日本列島の海辺や河岸などの要衝には、地中海の港湾都市と比較しうるほどの、海村をその源流とする無数の大小の都市が形成され、緊密な流通網が成立していたことに、注意が促されている。海辺の集落の「貧しさ」には、地中海についても留保が必要なのかもしれない。網野はこの小節の末尾に、このような海村・山村や都市のあり方、流通の実態も、十分に比較可能なテーマになりうると考えるが、そのためには列島をこえた舞台を考える必要がある、と述べている。これはそのままに、次のテーマへと繋がってゆく。

第三には、東アジアの五つの内海をめぐって――。

たしかに、二つの大陸に囲まれた内海である地中海のような複雑かつ豊かな自然風土や社会、そして歴史をもつ海の舞台は、日本列島の周辺はもとより、世界中を探してもありえないかもしれない。しかし、地中海とは比べものにならぬほどに小さいとはいえ、列島のなかにも瀬戸内海・伊勢湾・東京湾・琵琶湖・浜名湖・霞ケ浦と北浦・陸奥湾といった内海を見いだすことはできる。こうした内海をはじめとして、海の世界を捉えようとするとき、ブローデルが『地中海』で展開した手法は大いに参考になりうる、という。それに続けて、そうした小さな列島の内なる内海よりも、われわれはアジア大陸の東のはずれ、大陸と弧状の列島とに囲まれて連なる五つの「内海」に注目する必要がある、と網野が述べていることに注目したい。

①「ベーリング海」／アリューシャン列島・アラスカ・シベリア・カムチャツカ半島に囲まれた「内海」

②「オホーツク海」／シベリア・カムチャッカ半島・千島列島・サハリン・北海道に囲まれた「内海」
③「日本海」／サハリン・北海道・本州・四国・九州・沿海州・朝鮮半島に囲まれた「内海」
④「東シナ海」／中国大陸・朝鮮半島・南西諸島・台湾に囲まれた「内海」
⑤「南シナ海」／中国大陸南部・インドシナ半島・マレー半島・フィリッピン諸島・ボルネオ島に囲まれた「内海」

まさに、アジア大陸の東辺には、五つの巨大な「内海」が連なっているのである。そのなかでも、もっとも内海としての特質を持っているのは日本海であろうか。

この海を舞台にして展開される人々と物質（――物資か、引用者）の動きを、ブローデル風の手法で、きわめて古い列島の旧石器、縄文時代から現代にいたるまで辿り、叙述することは、きわめて興味深い課題であろう。そして実際に「日本海沿海地域」というとらえ方は、すでにかなり定着しており、この海を舞台とした人々や物資の交流、あるいは戦争をふくむ紛争などについても、日本側では相当程度、蓄積されているといってよい。韓国、朝鮮、ロシア、中国などの諸国の研究者との共同研究を本格的に実現、推進することによって、この課題を解決し、包括的な叙述を行うことが可能になるのも、決して遠い夢ではなかろう。

この「日本海沿海地域」という捉え方はたしかに、日本側の研究者のあいだでは、すでに一定の共通了解として定着しているのかもしれない。それがやがて、「日本海沿海地域」の国々の研究者がつどう共同研究のなかで、大きな広がりと展開を見せる可能性を、網野は示唆していたのである。わたし自身は、先のアジア大陸の東辺に連なる五つの巨大な「内海」を総称して、「東アジア内海世界」と呼んできた。たとえば、この広大な海の世界をフィールドとして、歴史学・考古学・民俗学・文化人類学などを核としながら、自然系の学をも巻き込んだ大きな共同研究の潮流が起こることを、漠然とではあれ夢想してきた。それはきっと、網野善彦その人も抱いていたにちがいない夢想のかけらだ、とわたしは信じている。あの「日本逆さ地図」を前にして、網野が「日本海沿海地域」のさらに向こう側に、「東アジア内海世界」のイメージを幻視のように結ばせていなかったとは思えない。

しかしこのような海の世界は、太平洋・大西洋はもとより、地球全体ではまだいくらでも存在しているといっても、決して過言ではない。それらをそれぞれに一つの世界ととらえ、その実態、海を通じての人と物の交流によって形成される社会の諸関係を明らかにすることは、これまでの常識であった陸中心、国家中心の歴史・社会のとらえ方からわれわれを解き放ち、新たな人類史像を描き出す方向に向って、大きな歩みを進めることになろう。

ここにいたって、前段において触れてきた「海から見た歴史」があらためて浮上してくる。陸地史観、あるいは、農本主義や国家を自明の前提として抱えこんだ歴史認識のあり方にたいする懐疑こそが、起点に置かれねばならない。無主・無縁の海へ／からの眼差しが、やがて「東アジア内海世界」の豊饒なるイメージを立ち上がらせるとともに、それはたぶん、網野がまさしく夢想した「新たな人類史像」に向けてのはじまりの一歩となることだろう。

第四のテーマは、農業や農民をめぐる問題である。いかにも網野的なテーマが反復されており、ここでは詳しく立ち入ることを避けたい。ただ、日本列島では女の仕事であった養蚕の問題にからんで、網野がそこに、ブローデルの広い視野から描かれた全体史のなかに、女性の姿があまり現われないことが気に懸かったと、ささやかな懐疑を書きつけていたことを指摘しておく。

この小稿では、歴史家・網野善彦はブローデルの『地中海』をどのように読んだか——というテーマに絞りこみながら、晩年に近く、網野が思い描いていた「海から見た歴史」のゆくすえに眼を凝らしてきた。むろん、それは同時に、わたしにとっては「東アジア内海世界」にまつわる歴史イメージの構築の可能性を問いかける、ささやかにすぎる試みでもあった。そこにはおそらく、『地中海』に匹敵するような巨大な知のフィールドが待ち受けているはずである。そして、明らかなのは、そこにフェルナン・ブローデルはなく、網野善彦もまたない、という否定しがたい現実である。国境をまたぎ越える群れの力が求められているのだ、と思う。「東アジア内海世界」は可能か、という問いにたいする応答は、その群れの力に託されねばならない。

（二〇〇六年）

7　文字と権力と歴史と

あえて乱暴な物言いをしてみようか。歴史はさらに、文字と紙による呪縛からの解放を必要としている、と。歴史とはかつて、紙に書かれた文書史料を唯一の手がかりとして織り上げられるものだった。文献実証主義にもとづく歴史学は、それゆえにこそ、考古学や民俗学といった隣接する諸学を、みずからの「従順な下僕」と見なすことができた。もはや、そうした歴史学の専制的な立場が、それほど無邪気に語られることはなくなったかもしれない。たしかに、墨書土器・木簡・墓誌などの出土文字資料にたいする関心にあきらかなように、紙による呪縛は薄らいでいる。しかし、依然として、文字の専制が見えにくいかたちで歴史語りの現場を覆っていることを、否定するのはむずかしい。

たとえば、レヴィ＝ストロースの『悲しき熱帯』には、文字・権力そして都市は、その発生の基盤をひとしくすると語られていた。この列島社会においても、文字はまず権力装置として存在したのではなかったか。「王」と呼ばれた者たちが、中国という「帝国」からもたらされる文字（＝漢字）の力によって、その支配の正統性を獲得ないし補強しようとしたことが知られている。七世紀後半に、「日本」という国号を抱き、「天皇」という名の王を戴く古代律令国家が誕生したが、そのヤマト王権はみずからの支配の正統性をうちたてるために『日本書紀』という、文字による歴史書の編纂を不可欠の国家プロジェクトとして押し進めた。地方国庁ごとに編纂された『風土記』もまた、文字によって筆録された地方誌として、国家に差し出されたものである。そこでは、郡郷の名に漢字二字からなる好字を著《つ》けるとともに、自然採取的な物産・土地の肥沃の度合い・山川原野の名称の由来・古老の伝承などを書き上げて、公文書として提出することが求められた。

それはいわば、日本の古代において、国家レヴェルから小さな地域レヴェルにいたるまで、口頭伝承の世界が文字に置き換えられ、国家に奉納されたことを意味していたのではなかったか。折口信夫が語っていたように、国々はみずからのタマを文字＝文書に憑《つ》けて天皇に献上し、その支配のオモムケに従ったのである。日本社会における、文字＝漢字の中国からの受容のあり方は、律令国家の採用した徹底的な文書主義のうえにもっとも凝縮されて示されているのかもしれない。

文字や、それを紙に記した文書が、ある種のマジカルな力を帯びていることは、古代から現代にまでつながる文化的な伝統のひとつといっていい。その多くはまた、何らかの意味合いで国家やムラや家の「公」とかかわり、それゆえに、廃棄されずに残された文字資料であった。「私」の世界を文字で記録することが、時代をさかのぼるほどに、とりわけ中世以前には稀有な出来事であったことを忘れてはならない。いわゆるヤマト中心史観はおそらく、こうした「私」を排除し「公」に偏る、文字や文書の専制的なありようと無関係ではありえない。日本＝ヤマトこそが、文字資料の集積センターでありつづけてきたからだ。

＊

網野善彦が『日本論の視座』の第五章で、「日本の文字社会の特質」について、中世を起点として語っていたことを想起しなければならない。たとえば、近世の文字社会の実情に触れたあとで、網野は以下のように述べていた。

このように、広範囲にわたって被支配層が識字・計数能力を保持していることを前提として組織された国家権力は、世界の前近代の諸国家の中で見ても、やはり稀有なあり方を示すものといわなくてはなるまい。しかも、こうした識字・計数能力を庶民―被支配層が保持していることが、決してただちに自由と民主主義を保証することにならず、かえって支配者の「専制的」な統治を容易にする場合もありうることを、この日本の幕藩体制はよく示しているということもできるのである。

たいせつな指摘ではなかったか。たしかに、日本の民衆レヴェルの識字・計数能力の高さは、よく知られるところである。しかし、そのことはただちに、「自由と民主主義」を支える拠りどころとなるわけではなく、逆に、専制的な統治の道具となる場合すらある、という。いや、それこそが文字と権力との生臭い関係の、もっとも典型的な表われであったというべきかもしれない。とはいえ、漢字・平仮名・片仮名を組み合わせた、「これほど多様な文字表現を持つ民族は、世界を見渡してみても、まずない」ともいわれ、日本の文字社会はきわめて多様な現実を抱え込んでいた。

網野によれば、片仮名と平仮名とは「明らかに異なる機能を持つ文字として使い分けられていた」という。漢字から万葉仮名がつくられ、平仮名や片仮名の誕生へといたるのは、九世紀後半あたりであった。片仮名は口頭の言葉の世界を表わす文字であり、言葉の霊力や呪力との関わりが深かった。無文字社会の音声の世界につながり、少数派として「私」の領域に属していた。これにたいして、平仮名のほうは、女性の文字として生まれたが、書く・読む文字としての機能を帯びて、やがて文字社会の主流は、ことに中世後期以降は、圧倒的に平仮名・漢字交じりの文書となっていった。それは東北から九州まで、強い均質性をもって「公」の領域を覆い尽くしてきたといっていい。

それにしても、日本の「無文字社会、そこに基盤を持つ口頭の言葉の世界」は、きわめて豊かで多様性を内に持っていたが、それは「均質な文字社会の表皮」によって覆われている。そこに、日本の社会・文化の本質に触れてくる重要な問題が隠されており、それはまた「日本人の均質「幻想」の生れてくる一つの根拠」ともなっている、と網野はいう。

ところで、網野はまた、こんな興味深い指摘も行なっていた。

とくに見落としてはならないのは、能・狂言を演ずる能役者、『平家物語』を語る琵琶法師、説経節を語る説経師等々、男女の遍歴する各種の芸能民が果たした、この面での重要な役割であろう。ただちに文字には結びつかないとしても、謡いや語りの詞章の普及を通して、最初にふれたようなある種の「共通語」ともいうべき言葉、文体の基盤が形成されたものと推測されるので、すでに卑賤視されつつあったこれらの人びとが、文字社会の均質性を促進する上で、一つの寄与をしていることは認められなくてはならないだろう。

たとえば、ともに語りという口頭の言葉の世界に属しながら、ムラの内なる「方言」で語られる昔話と、説経師や盲僧らが「共通語」で語る語り物とのあいだには、大きな裂け目があることが知られている。遍歴をつねとして、異質な「方言」のあいだを芸能を携えて渡りあるく人々は、それゆえに「共通語」による語りを必要としたのである。そうして、かれら遍歴する芸能民たちがはからずも、文字社会の均質性にたいして大きな寄与をなしたらしいことは、なかなかに興味深いことではあった。

＊

文字社会の趨勢と稲作の浸透とは、おそらく無縁ではなかった。

たとえば、古代のヤマト王権は地方行政の末端にまで、文書主義にもとづく支配を徹底させようとした、といわれている。そのわかりやすい一例を、石川県加茂遺跡で出土した加賀郡牓示札に見ることができる。平安時代の前期にあたる嘉祥年間（八四八〜八五一）に、加賀郡が郡内の有力者に宛てて出した命令書である。その内容は、律令政府による八カ条の禁令に、加賀国と加賀郡とがそれぞれ文書を附したものであり、交通の要衝に掲示された「お触れ書き」であったらしい。

関心をそそられるのは、たとえば禁令が、第一条「田夫、朝は寅の時を以て田に下り、夕は戌の時を以て私に還るの状」にはじまり、第八条「農業を慎勤《しんきん》すべきの状」に終わることである。すなわち、ここではひたすら、田夫や百姓に農業を勧める心得ともいうべきものが説かれている。しかも、第四条では、五月三十日までに、田植えが終わったことを報告するようにと命じ、第六条では、桑原を持たずに養蚕をすることを禁じており、それらはあきらかに、この禁令が律令国家による税収確保という欲望に根差していることを示唆している（平川南監修・（財）石川県埋蔵文化財センター編『発見！　古代のお触れ書き』大修館書店、二〇〇一年）。

この加賀郡牓示札はむろん、紙ではなく木の板に書かれた文字史料であるが、その内容はむしろ文献史料に近接する。その解読からは、たいへん興味深い民衆世界の新たな側面が浮き彫りにされてきた。しかし、それは同時に、律令国家の経済基盤に組み込まれた、稲作や養蚕といった「公」の場面に限られたものであることを、きちんと視野に納めておく必要がある。いわば、紙であれ木であれ、文字史料の外側には、広大な「私」の世界が声もなく埋もれているのである。くりかえすが、文字史料が明らかにするのは、かぎられた世界のわずかな一断面にすぎない。

それでは、稲作や養蚕以外の生業のありよう、日々の暮らしの光景、信仰のかたちといった、いわば「私」の世界を知るためには、いかなる手がかりが存在するか。たとえば、墨書土器などに残された文字史料からは、古代の民衆レヴェルにおける呪いや信仰のかたちが、断片的なものではあれ明らかにされてきた。当然ではあるが、さらに、その先へと赴くためには、考古遺物や民具・民俗・伝承といった非文字史料に手がかりを求めねばならない。それにしても、あらゆる歴史にかかわる史料はつねに・すでに、ある種の政治学的な磁場のなかに置かれているのかもしれない。史料それ自体が、文字であれ何であれ、それぞれに限られた歴史を抱いてそこにある、ということだ。

ふと、宮本常一のこんな言葉を思いだす。すなわち、「文字を持たざる世界にあっては文字はこの上もなく尊いものと考えられた。昔の人は文字には絶対真理が含まれているものと考えたようである」(『家郷の訓』)と。文字とは聖なる呪物であった、ということか。宮本はまた、『忘れられた日本人』のなかで、文字なき伝承者たち/文字をもつ伝承者たちから、そのライフヒストリーにかかわる豊かな聞き書きを行なっていた。伝承と文字との関係もまた、けっして単純なものではない。

ヤマト中心史観と、その表われのひとつの側面としての稲作中心史観を超えるために、文字と語りをめぐる諸問題が多様な形で問われるべきなのだと思う。わたしのなかで、網野善彦との対話は始まったばかりである。

（二〇一五年）

第4章

宮本常一——故郷と風景をめぐって

はじめに

むろん、宮本常一は〈あるく・みる・きく〉ことを方法として、この列島の村から町へとひたすら歩きつづけた民俗学者である。その歩行と思索の所産として、膨大な民俗誌や生活誌が残された。未来社からは、いまも『宮本常一著作集』の刊行が継続的に進められている。

宮本はすぐれた聞き書きの人であると同時に、名文をものする作家の顔も持っていた。たとえば『忘れられた日本人』などは、聞き書きの傑作として評価されながら、その隙のない文体によってしばしば文学作品のように読まれてきたのではなかったか。聞き書きの記録なのか、それとも創作なのか。ほとんど虚実皮膜といった趣きのある文章を前にして、読者はみな心を掻き乱されてきたにちがいない。論争の的にもなってきた。

それにしても、宮本常一という人は生涯にわたって、周防大島の百姓であることを誇りにして、それを自身のアイデンティティの核に据えていた。隠すこともなかった。そこにはむろん、都会派のひ弱な学者や研究者たちにたいする矜持が見いだされるが、いくらか捩れた情緒が感じられもする。そこを鋭利に突いたのが、同時代の花田清輝や藤田省三であった。花田が宮本の『庶民の発見』に寄せた書評は、「故郷を失わぬ人々」と題されており、たいへんアイロニカルな指摘を含んでいた。宮本自身の応答は、直接的にはなされず、後年の回想の片隅に見いだされるが、いかにも屈折したものであった。

それにもかかわらず、そのすれ違いの論争か対話のなかにこそ、思いがけず豊かな考えるヒントらしきものが隠されていると感じてきた。そうした一九六〇年代の知の戯れの情景には、現代にまで繋がっているたいせつな問いの群れが、声もなく、だれに発見されることもなく沈澱している。六〇年代の知識人の群像の渦中に置いてやると、宮本常一という民俗学者が持っていたきわだった個性が浮かびあがる。

柳田国男は一九六二年に亡くなっているから、列島のムラの終焉をリアルに目撃することはなかった。柳田は近代に内属する。柳田以後、近代の綻びのなかから、宮本や岡本太郎、石牟礼道子らが登場してくる。そこに、故郷や風景をめぐる問いが、まるでリトマス試験紙のようにむき出しになる瞬間があった。

1　故郷のゆくえ

半世紀足らずの昔に刊行された著作の群れだ。宮本常一という名前が刻まれている。たとえば、その『忘れられた日本人』の裏側には、『庶民の発見』が対をなすものとして貼りついているのかもしれない、と思う。それらを繋ぐ著作として、そのあいだに、たとえば『民俗学の旅』を配してやれば、さらに宮本常一という思想のかたちは見えやすいものとなるだろうか。ここではあえて、『忘れられた日本人』には触れない。それは世間師の筆が写しとった、とりわけ異郷に生きた人びとの肖像の群れといったところか。それらを裏側から炙りだすような、もうひとつの読み方が欲しい。

それにしても、すでに、宮本常一の読まれ方はどこか強迫的に、あるいは牧歌的に偏向している。それがいささか窮屈でならない。二〇〇九年の夏、なお、ノスタルジーにまみれた「旅の巨人」への欲望が怠情に反復されるのか。

宮本は一九六一年六月二日の日記に、「中村屋の『新日本文学』の座談会に出席。花田清輝氏だけ。他の人は所用で来られないという。9時まではなす」と書き付けている。その花田清輝が

『庶民の発見』の書評を書いていた。「故郷を失わぬ人々」(『花田清輝全集』第十巻)と題されている。これがいかにも刺戟に満ちている。

ここで想起しなければならない。『庶民の発見』から十五年の歳月を経て、著作集の第二十一巻の「あとがき」には、「この書物の書評が新聞などに出ているのをよんだ中に、所詮これは百姓の言い分から一歩も出ていないではないかというようなことばがあった。つまり文化人としての垢ぬけがしていないということであったと思う」と見える。それが花田の書評を指しているのか否かは、とりあえず確認できない。ただ、宮本の癖として、他人からの評価をこうしてはるか後になって唐突にとりあげることは、けっして稀れではなく、それはきっと深くやわらかな秘所に突き刺さった言葉の棘を抜くような、どこか清めの儀式にも似ている。念のために言い添えておくが、花田はむろん、「これは百姓の言い分から一歩も出ていないではないか」とは書いていない。花田への応答であったとすれば、たぶん、時を隔てたがゆえの意図することなき翻訳である。そして、「文化人としての垢ぬけがしていない」というのも、宮本のコンプレックスが招き寄せた翻訳にすぎないこともあきらかだ。

いずれであれ、花田の書評にはいたくそそられるものがある。花田はおそらく、同時代者としては、宮本常一という思想の核にあるものに眼差しを届かせえた例外者に属している。わたしたちは半世紀を経て、ようやくにして花田清輝の言葉に呼応することができるようになったのかもしれない。

＊

花田の書評に眼を凝らしてみたい。そのはじまりは、「ここには、故郷を失っていない人びとの幸福と不幸とがある」という一文であり、すでにそこに、すべてが暗示されている。宮本の足跡は日本全国に及んでいるが、「おそらくかれは、かれの故郷の延長線上において、あらゆる事物を観察しているにちがいない」と、花田はいう。だからこそ花田は、『庶民の発見』の終章にあたる「私のふるさと」というエッセイに、そこに見える「森に風のあたる音と波の音——それは私の気象台でもあった」という言葉に、注意を促す。このエッセイには、宮の森と渚を舞台として、細密画のように鮮やかに故郷のムラの情景が描きとられており、秀逸である。風の音や波の音の感受が、広やかな世界への窓口となる。

かれは、みずからの感覚のするどさを深く信じているようにみえる。したがって、ここでいう「庶民の発見」とは「農民の発見」ということだ。すくなくとも著者は、かれの眼底にあざやかに残っている故郷の農民のすがたを、故郷以外の土地のさまざまな庶民のなかに「発見」しているかのようである。

この連結には破調が含まれる。「したがって」が繋いでいるものが、あきらかには見えない。

それは措く。しかし、「庶民の発見」を「農民の発見」と読み換えることには、にわかに同意しがたい。宮本自身のなかで、庶民／農民がどのように異なり、どのように同じであるのか。そこに、さらに百姓や常民といった言葉を投げ込んでやれば、いっそう問いは屈折するはずだ。

くりかえすが、花田の読みはいかにも拙速であり、微妙なものを取りこぼしている気配がある。花田がこの『庶民の発見』から抽出しているのが、とりわけ「農民のなかにみいだされる非暴力的伝統」の諸相であったのは、むろん偶然ではあるまい。たとえば、若者組の規約や伊勢暦があくまで農民中心であり、武士を黙殺していること。花田においてこそ、庶民は農民でなければならなかったのではないか。宮本の故郷が、瀬戸内海に浮かぶ周防大島の、宮の森を背にして渚に寄り添うムラであり、そこに暮らすムラ人たちの多くが半農半漁や、雑業・雑芸の人びとであったことは、ほかならぬ「私のふるさと」を読めば知られることだ。かれらは百姓ではあっても、ただちに農民ではない。

さて、花田の短い書評は以下のように結ばれている。

わたしは、同じ問題が、故郷を失っている人びとによっても――どこへ行っても異郷しか「発見」できない人びとによってもとりあげられることを希望したい。

近代をこえるためには、一度、われわれは、徹底した「異邦人」になる必要があるのではなかろうか。

この「同じ問題」が、「農民のなかにみいだされる非暴力的伝統」を指すとすれば、花田の批判はいくらか筋違いであったかもしれない。『庶民の発見』のなかにも、たとえば「権威のまえには素直であるが、権力には屈しない」生き方を選んでいる、名もなき石工との出会いが語られた一節があった。『忘れられた日本人』が、「故郷を失っている人びと」や「どこへ行っても異郷しか「発見」できない人びと」との出会いの書であり、そこにも随所に「非暴力的伝統」の発見が見いだされることは、あらためて指摘するまでもあるまい。くりかえすが、『庶民の発見』／『忘れられた日本人』は表裏なす著作として読まれなければならない。

＊

それでは、花田の書評は微妙に、的を外していたのか。そのはじまりに置かれた、「ここには、故郷を失っていない人びとの幸福と不幸とがある」という一文を想起しなければならない。庶民や農民と名指される人びと、「故郷を失っていない人びと」、その幸福と不幸。そして、関心をそそられるのは、宮本常一その人がまさしく、みずからを庶民として、「故郷を失っていない人びと」の一人として言挙げしていたことだ。宮本の著作のそこかしこに、「庶民のわたしが、庶民の立場から、庶民の歴史を書いてみたい」（「庶民の風土記を」）といったマニフェストを見いだすことができる。「孜々営々として働き、その爪跡は文字にのこさなくても、集落に、耕地に、港に、樹木に、道に、そのほかあらゆるものにきざみつけられている」（同上）からこそ、それは

「庶民のわたし」によって、もっとも深く読み解かれる。そんな確信が覗けている。それゆえに、また避けがたく、「故郷を失っていない人びとの幸福と不幸」とは、宮本その人の幸福と不幸でもなければならない。花田の批評の眼差しはたしかに、そこに突き刺さっていた。『民俗学の旅』の「はじめに」のなかに、よく知られた、こんな一節がある。

民俗学という学問は体験の学問であり、実践の学問であると思っているが、それは幼少時の生活のあり方にかかわるところが多いのではなかろうか。私は幼年期から少年期にかけて土を耕し種子をまき、草をとり草を刈り木を伐り、落葉をかき、稲や麦を刈り、いろいろの穀物の脱穀をおこない、米を搗《つ》き、臼をひき、草履《ぞうり》を作り、菰《こも》をあみ、牛を追い、また船を漕ぎ、網をひいた。そしてなぜそれをしなければならないかを父祖に教えられた。きびしい教訓としてではなく、百姓の子としておこなわねばならぬこととして、また一つの物語りとして身につけさせられたのである。そしてその延長の上に今も生きつづけている。

まさに宮本は、花田の指摘するとおりに、みずからの「故郷の延長線上において、あらゆる事物を観察してい」た民俗学者であった。『民俗学の旅』には、それが幾度となく変奏されている。宮本はいう、「郷里から広い世界を見る。動く世界を見る。いろいろの問題を考える。私のように生まれ育ってきた者にとっては、それ以外に自分の納得のいく物の見方はできないのである。

足が地についていないと物の見方考え方に定まるところがない」と。あるいは、「ふるさとは私に物の見方、考え方、そして行動の仕方を教えてくれた」ともいう。

くりかえすが、「故郷を失っていない人びとの幸福と不幸」である。それは宮本常一その人の幸福と不幸でもあったはずだ。とりわけ、不幸とはなにか。宮本の幸福については、だれも楽しげに、愛着とともに物語りするが、その不幸に言及する者は稀れである。しかし、宮本常一をいつまでも、ノスタルジーの小箱に閉じ込めておくわけにはいかない。二〇〇九年夏の宮本常一について語らねばならない。

だからこそ、花田の残した書評が生きてくる。その最後に捨て置かれた一文に、あらためて眼を凝らす必要がある。花田は書いていた、「近代をこえるためには、一度、われわれは、徹底した「異邦人」になる必要があるのではなかろうか」と。それから半世紀が過ぎた。いま、二〇〇九年を生きる人びとの多くは、すでに故郷を失っているのではないか。もはや、どこへ行っても異郷しか発見できないことに気付かされているのではないか。だれもが、とうに異邦人と化して、異郷のはてを彷徨しているのではないか。

一九六二年の夏に亡くなった柳田国男には無縁であった、「近代をこえる」というテーマが、宮本にはやり過ごすことのむずかしいものであったことを確認しておきたい。この一点を見誤ると、たちまち宮本常一はノスタルジーの霧にまかれてしまう。「故郷の延長線上において、あらゆる事物を観察」するという知の作法が、やがて不可能と化してゆく時代のなかで、その予感をたしかに受け止めながら、しかも、あくまで「故郷を失っていない」という幸福を演じつづけることには、かすかに自己欺瞞にも似た匂いがする。花田はそこに不幸の兆しを見て取り、ひそかに宮本への訣《わか》れを告げていたのではなかったか。

わたしたちはたぶん、ひとつの自覚的な選択として、まさに「近代をこえる」ためにこそ、ひとたびは徹底した根っこのない異邦人になる必要があるのかもしれない。そんな時代のなかで、宮本常一を読むとはいかなる体験なのか――が問われねばなるまい。それはたとえば、転換期の思想の可能性と振幅において読み直されるべきなのかもしれない、と思う。ノスタルジーの小箱よ、さらば。

（二〇〇九年）

2 生々しい肉声が聞こえてくる

たとえば、昭和三〇年代前半（一九五五〜一九六〇）の日記を読んでみる（『宮本常一 写真・日記集成』毎日新聞社、二〇〇五年）。年齢的には、四十代後半から五十代前半である。おそらくそれは、宮本常一がもっとも精力的に執筆活動を行なった時期の、少なくともひとつであった。宮本はこの時期、『風土記日本』や『日本残酷物語』の企画・編集・執筆にかかわり、編集者の谷川健一とともにそれを成功に導いている。また、雑誌『民話』の創刊にも連なり、のちに『忘れられた日本人』にまとめられるエッセイ群を書き継いでいた。『絵巻物による常民生活絵引』刊行のための研究会も開かれ、宮本はその解説原稿の大半を執筆することになる。学位論文である『瀬戸内海島嶼の開発とその社会形成』が書かれたのも、この時期のことであった。

とにかく、その原稿執筆の分量たるや、半端なものではない。腰を落ち着けて、資料に丁寧に当たりながら書く、といった状況にはなかった。揺れる列車のなかで書いている姿は、ほとんど鬼気迫るものだ。たとえば、「京都でまた眼がさめる。それから「都市民俗抄」の原稿を書く。汽車がゆれるのでうまくかけず。尾道でしあげる」といった具合だ。さらに、そのあいだには、十二指腸潰瘍の療養や痔の手術の記述がはさまれ、痛々しさすら誘われる。生活費や研究調査費を捻出するために、依頼を断わらずに書き継いでいたことが、日記の行間からは感じられる。

・『芸備地方史』の原稿を書く。なかなかはかどらない。どうも今までのようにもりあがって来るもののないのは年の故であろうか。精神集中のむずかしさを思う。（1955・1・3）

・今日は朝からおちついて原稿を書く。しかしからだのどこかわるいのか、または寒さのためかあまりはかどらない。なかなか容易でない。1日すわっていて50枚ほど書く。（1956・1・9）

・終日家に居て原稿を書く。1日すわっていてももとのように能率のあがらなくなったのは精神の集中力がすくなくなったためであると思う。（1957・1・4）

・それより『風土記日本』の原稿。「稲作の意義」ののこりをかく。意志、凝集力がいちじるしくよわくなっているので筆はすすまない。夜までかけて45枚ほど書く。（1958・10・9）

あきらかに年齢の問題が影を落としている。一日に四十五枚とか五十枚というペースである。四百字か二百字か、どちらか確認できないが、仮りに二百字詰め原稿用紙での計算であったにせよ、この枚数を来る日も来る日も書き続けるのは容易なことではない。いや、むしろ尋常なことではない。だから、「ゆっくり腰をおちつけてジックリ考えながら書くことだ。はかどらないがあせってはならない」（1959・1・17）といった、日記ゆえに洩らされた呟きの声に胸を衝かれる。しかし、じつは、こうした厳しい執筆環境のなかで、たとえば『忘れられた日本人』のような傑作が生まれ、「土佐源氏」のような文学性の高いエッセイが書かれていたことにこそ、注意を促しておきたいと思う。

一九六〇年に入ったあたりから、はっきりと風向きが変わる。たとえば、「1日中原稿がき。まことにたのし。うたでもうたいたいような気持」（1960・4・25）といった記述などは、周防大島に帰っていた期間のこととはいえ、注目に値する。『風土記日本』や『日本残酷物語』が売れたために、印税が入り、この頃からあきらかに経済的な余裕が生まれたのである。「今年はずいぶんいろいろなものに書いた。大体20種ほどにのぼろう。そのうち平凡社からの金がもっとも多い。ここ4—5年間、平凡社のおかげでずっと生活もらくになった。それについでNHKがある。やはり定収のかたちで金の入って来ることがのぞましい。その点来年は大分考えなければならない」（1960・12・18）などと見える。生々しい肉声が響いている。まさに、日記の面白さといったところか。

いや、生々しいというのであれば、こんな記述も見られた。ある年の元旦である。ひどい下痢に苦しみながら、宮本は思いがけず、こんな肉声すら残しているのである。

疲労が重ってのことらしい。1人でねているのはわびしい。しかしうつらうつらとねている。……〔／〕暗い中にジッとねていると色々のことを思う。よく生きて来たものだ。大して何もしていない。

もうすこしまとまったことをして見たいものだ。死についても考えて見る。これという人間的な夢も持たず、ただ与えられた現実だけを精一ぱい生きて来た。ただそれだけだ。〔／〕その以外何にもない。まるでつまらぬ市井の1人にしかすぎない。そういう自分をまた不平にも思わず、買かぶりもしなかった。この外にどうしようもなかったのだ。〔／〕誰が何といってもこれが私なのだ。そして疲れた。歩きつかれたようだ。（1956・1・1）

はじめて公開される日記ゆえに、こうした知られざる宮本の姿に触れることの楽しさはある。経済的にはけっして恵まれていなかったとはいえ、宮本常一という男が「まるでつまらぬ市井の1人」であったはずはない。ただ、「大して何もしていない。もうすこしまとまったことをして見たいものだ」という感慨には、とても切実な響きがある。この日記を読む楽しさの一端は、確実に、そうした宮本のモノローグに触れることのなかにある。当然とはいえ、これは宮本の知や思想の軌跡を読み解くための一級資料となるだろう。

たとえば、以下の記述に、わたしは関心をそそられる。一九六〇年刊行の『転向』中巻に、藤田省三が「保守主義的翼賛理論——長谷川如是閑・宮本常一」という論考を寄せており、ある微妙な宮本にたいする評価を語っていた。そのことに触れた日記の一節である。また、宮本が公の場でこのことに言及するのは、それから十七年後の『宮本常一著作集』第二十三巻の「あとがき」である。試みにいま、並べて引用する。

①　藤田省三が私の事を『転向』へかくという。いらぬことだとはなしておく。保守で俗物の私など論ずる必要はない。つまらぬことを書かれて変に位置づけられるのが一ばん困る。（「日記」1960・2・13）

②　私など思想家といわれるような者ではなく、民衆の生活をできるだけ忠実に見きわめようとしての旅をつづけていたにすぎなかったから、むしろ「こういう風にも見られるものか」と感心し、また若干反論したい気持もあったが、考えてみると反論などというのはもってのほかで、人それぞれの見方があり、相手が自分とおなじように見たり考えたりするように強いることこそ間違っている、むしろこのように見て下さる人があるということを通して、これからの執筆活動にあたっても、できるだけ人びとの誤解を生まないよう配慮する努力をしなければならないと思った。（「あとがき」1977・7・20）

たしかに、宮本はいっさい反論することはなかった。ただ、『転向』が刊行された一年後に、戦時下の翼賛運動に結びついたと藤田によって評された、旧著『村里を行く』をそのままに再刊した。無言の弁明であった（さなだゆきたか『宮本常一の伝説』）。その背景には、「保守で俗物の私など論ずる必要はない。つまらぬことを書かれて変に位置づけられるのが一ばん困る」といった思いが沈められていたことを、①の日記の一節からは確認することができる。それにたいして、

②の回想には、藤田の批判的な評価がそれ以上は広がらなかったことを確認したうえで、それを「誤解」と受け流す、いわば余裕が感じられる。しかし、それはむろん、「誤解」といったレヴェルのものではありえない。

ところで、ここにもう一人、同時代の思想家である谷川雁を招き寄せ、宮本にたいする評価を語らせてみれば、興味深い知の対峙の構図が浮かび上がるのかもしれない。日記には、「谷川雁君兄弟と2時まではなす」（1959・4・7）とあり、谷川健一を仲立ちとして繋がりがあったことだけは否定しようがない。このあたりの、宮本と谷川雁の奇妙な「政治的」共鳴ないし呼応の関係については、杉本仁の論考「寄合民主主義に疑義あり」（『柳田国男・民俗の記述』岩田書院に詳しい。くりかえすが、「誤解」などではありえない。

紙数が尽きたようだ。やがて、ここから新しい宮本常一像が語られることになる、とだけ言い捨てにしておく。

（二〇〇五年）

3 『忘れられた日本人』を読みなおす

流行現象としての「旅する巨人」

民俗学はつねに、皮肉めいたひき裂かれ方をしてきたのかもしれない。たとえば、民俗学という知の方法が、いよいよ時代状況から取り残されてゆくのとは裏腹に、近年、宮本常一の旅や学問にたいする関心が、とりわけ民俗学の外部にあって沸騰しているかに見える。ちょっとした流行現象の気配すら感じられる。ところが、過去に幾度かあった柳田国男ブームがそうであったように、民俗学の内部はどこか冷ややかな無関心に覆われているのである。このひき裂かれ方はいかにも暗示的である。あざとく時代と添い寝する必要はないが、時代に背を向けた学問に明日があるとは思えない。

時代は疑いもなく、宮本常一という民俗学者を欲望している。むろん、柳田が日本民俗学の始祖ともいうべき存在であるのにたいして、その系譜を正統と見なすかぎり、宮本はあきらかに傍流の民俗学者にすぎない。だから、そのブームの意味合いはけっして同次元では語ることができない。それにもかかわらず、柳田や宮本といった民俗学者の再評価がくりかえし起こる背景には、どうやら高度経済成長期以前の日本社会や日本人にたいするノスタルジーが横たわっている。柳田の『遠野物語』が広く読まれるようになったのは、じつは一九六〇年代の高度経済成長期以降であるが、宮本の『忘れられた日本人』（初版）の刊行がまさに一九六〇年であったことは、偶然ではあるまい。その前年には、谷川健一という有能な編集者とともに刊行した『日本残酷物語』（この第一部に「土佐源氏」の初出が見られる）がベストセラーとなり、出版や映画の世界で「残酷物語」ブームが起こっている。ここでの「残酷」という名づけが、その裏側に「郷愁」という言葉を貼り付けていたことに注意を促しておきたい。

あるいは、佐野眞一が『旅する巨人』（文藝春秋、一九九六年）で描いてみせたような、並はずれた旅の達人にして地を這う民俗学者といった宮本のイメージもまた、きわめて時代の嗜好に合うものであったといっていい。柳田はしばしば、白足袋をはいた民俗学者という負性を帯びた形容とともに、槍玉に挙げられてきた。それにたいして、足にはゲートルを巻き、布靴を履いて、コーモリ傘をくりつけたリュックサックを背負い、富山の薬売りと間違えられたという、旅の達人としての宮本のイメージは、もはや伝説となって流布している感がある。これもまた、きわめてノスタルジーを誘うものであり、同時に、民俗学が身にまとってきた「野《の》の学問《や》」というイメージにたいしても整合的であるがゆえに、ことに民俗学の外では受容されやすかった。しかし、ここでも当の民俗学者自身が、そうしたイメージにもっとも強く異和感を覚えているようだ。

いずれであれ、宮本常一という民俗学者は、柳田以後の民俗学の流れのなかでは傍流にとどまる。それがここまで脚光を浴びるにいたった背景には、歴史家の網野善彦による再評価の試みがあったのではないか、とわたしは想像している。少なくともわたし自身は、網野を仲立ちとして宮本に出会ったといっていい。網野は渋沢敬三―宮本常一の流れを受け継ぎ、日本常民文化研究所との深い関わりをもつ研究者の一人であったが、その著作のなかに、宮本の名前がくりかえし登場していたことの意味はやはり大きい。いわば、網野の非農業民や海民をめぐる歴史研究に媒介されて、柳田民俗学とは異なった系譜の民俗学者の一群、その象徴としての渋沢や宮本の再評価がゆるやかに行なわれたのである。

『忘れられた日本人』が民俗学の傑作としての評価を得るに際しても、網野の果たした役割は大きかったかと思う。岩波文庫版の『忘れられた日本人』に寄せられた、網野による「解説」は、この著作のもつ意義を語り尽くして余すところがない。網野にはほかに、『『忘れられた日本人』を読む』という著作もあり、網野が創りあげた『忘れられた日本人』のイメージには、たいへん強烈な呪縛力があることを忘れてはならない。

民俗誌と生活誌のあいだ

試みにいま、網野が示した、宮本常一とその『忘れられた日本人』についての評価の再検証から始めてみたい。文庫版に付された「解説」のなかには、以下のような言葉が散りばめられており、網野のほとんど手放しに近い宮本への傾倒ぶりが窺える。

①それは心のこもった庶民の「生活誌」であるとともに、強烈な個性を持つ宮本氏の民俗学の、最も密度の高い結晶であった。そして宮本氏の名を不朽のものとしたといっても決して過言でない本書の刊行を通して、氏の歩みは一層、自信に満ちたものになったものと思われる。（傍点引用者、以下同じ）

②……「無字社会」のすぐれた伝承者宮本氏の面目躍如たる本書『忘れられた日本人』は、……いわば記念碑的な意味を持つといってよい。

③そうした条件（「民話の会」の運動と雑誌『民話』――引用者）の中で、えりすぐった資料をもとに、宮本氏は庶民自身の語りを再現した名品、「民話」を生み出し伝承する共同体のあり方を生き生きと伝える文章を、一つ一つ発表していったのである。……本書は、宮本氏の最高傑作の一であるとともに、最良の文献民俗資料といってよかろう……。

④このように、本書は無限の宝庫を秘めた最良の民俗資料といっても決して過言ではない。……しかしこうした読み方だけでなく、「土佐源氏」や「梶田富五郎翁」をはじめ、本書のすべてを文学作品とうけとることもできる。「土佐源氏」を創作と疑った人に対し、宮本氏は吉沢和夫氏に採訪ノートを示して憤ったという逸話があり、宮本氏自身も『民俗学の旅』でそうした人のいたことにふれ

ている。実際そのような疑問がでてくる程に、これは見事な作品なので、橋の下の乞食の物語は宮本氏といういすぐれた伝承者を得て、はじめてこうした形をとりえたことも間違いない。

これはほとんど礼讃の域に達している。「最も密度の高い結晶」「宮本氏の名を不朽のものとした」「記念碑的な」「最高傑作の一」「無限の宝庫を秘めた最良の民俗資料」といった言葉の群れには、したたかな呪縛力が孕まれているが、それゆえに十分な距離を取ったほうがいいとも感じられる。たしかに『忘れられた日本人』は傑作であり、現代の古典のひとつと化しつつある。それを否定するつもりはないが、古典的な作品は時代とともにまとう衣裳を変化《へんげ》させながら読み継がれてゆくものである。現在《いま》という視点からのたえざる再検証こそが、古典ゆえに求められているのではないか。

さて、網野の評価のなかには、いくつかの気にかかる指摘が含まれている。そのひとつは、「心のこもった庶民の「生活誌」」という評価にかかわるものだ。たとえば、宮本は『民俗学の旅』のなかで、すでに早く一九五〇年代半ばから、民俗学という学問にたいする懐疑を抱きはじめていたことを語っていた。日常生活のなかから、いわゆる民俗的な事象を引きだし整理して並べることで、「民俗誌」というのは事足りるのか、人々の日々の生活をもっとつぶさに見るべきではないのか、「民俗誌」ではなく、「生活誌」のほうがもっと大事に取り上げられるべきではないのか、といった懐疑である。網野はそこに、これまでの客観的なデータを整理・分析する「民俗誌」にたいして、人の生活そのものを実感を通して観察し、総合的にとらえる「生活誌」を対置する宮本の姿を見いだしたのである。

思えば、柳田国男以後、民俗学という学問はともあれ、みずからの学の体系らしきものを手探りに模索しつづけてきた。しかし、そのプロセスのなかには、生きられた暮らしの風景をそのままに記述する「生活誌」が欠落してはいなかったか。宮本の批判の刃はそこに突き刺さっている。それ自体はまっとうな批判といっていい。民俗の研究に携わる人々はみな、ひそかに、何とかそうした「心のこもった庶民の「生活誌」」を生涯に一編だけでも書いてみたい、と願っているはずだ。しかし、この「生活誌」の記述はけっして容易なものではない。生きられた現実を捕捉するための方法とは何か、また、その記述のスタイルとは何か。そうして問いを少しズラしてやるだけで、それはただちに、社会学の「生活史」、文化人類学の「民族誌」、歴史学の「オーラル・ヒストリー」などが抱えこんでいる困難さに繋がっていることが明らかとなる。だからこそ、宮本の『忘れられた日本人』は、「不朽の」「記念碑的な」「最高傑作」のひとつに数えられているのではないか。

民俗学と文学を架橋するもの

網野の評価にあって、もうひとつ気にかかることは、はたして『忘れられた日本人』は「えりすぐった資料をもとに、……庶民自身の語りを再現した名品」といえるのか、ということである。この問いはただちに、無限の可能性を秘めた「最良の民俗資料」という評価の是非にもかかわる問いかけへと繋がってゆく。それはほんとうに、民俗資料として信頼に値するものなのか。しかも、それはさらに厄介なことには、「土佐源氏」や「梶田富五郎翁」など、「本書のすべてを文学作品とうけとることもできる」という、網野のもうひとつの指摘とも無関係ではありえない。

それにしても、「庶民自身の語りを再現した名品」という網野善彦の先の言葉は、「あとがき」に見える、次のような宮本の言葉と正確に対応しているのではないか。すなわち、「相手の人が私の調子にあわせるのでなく、自分自身の調子ではなしてくれるのをたいへんありがたいと思うし、その言葉をまたできるだけこわさないように皆さんに伝えるのが私の仕事の一つかと思っている」と。宮本はここでは、大胆不敵にも、古老たちの語りをできるだけ壊さないように読者に伝えることが自分の仕事だ、と言いきっている。網野はいわば、それを「庶民自身の語りを再現した」と翻訳してみせたのではなかったか。しかし、この翻訳ははたして正しいものであったか。語りの再現とはいったい何か。「その言葉をまたできるだけこわさないように」という、宮本自身の言葉もまた、一度は疑ってみる必要があるはずだ。それはどこか、『遠野物語』序文の「一字一句をも加減せず感じたるままを書きたり」という、微妙に屈折した言葉に似ている。

ここでは、その評価をめぐって、近年、大切な問題提起がなされている「土佐源氏」に絞り込みながら、再検証を試みたいと思う。「土佐源氏」は橋の下で暮らす、盲目にして乞食でもある老人の色懺悔といった趣きの一編である。ところが、皮肉なことに、最近になって、まさにその老人の子孫からの聞き書きを通じて、「土佐源氏」のフィクションとしての側面が浮き彫りにされつつある。老人は乞食ではなかった、そして、橋の下の乞食小屋ではなく、水車小屋に住んでいた、といったささやかな事実が明らかにされることによって、その民俗資料としての信頼性は大きく揺らいでいる（井出幸男「『土佐源氏』の成立」『柳田国男・民俗の記述』岩田書院、二〇〇〇年）。たんに老人のホラ話に騙されたのか、それとも、宮本自身の創作だったのか。「橋の下の乞食の物語は宮本氏というすぐれた伝承者を得て、はじめてこうした形をとりえた」という、網野の指摘それ自体は首肯されるものだが、おそらくここには、想像される以上に錯綜した問題が隠されている。

宮本自身は、「土佐源氏」が創作であることをくりかえし否定していた。しかし、採訪ノートを示して憤ったというエピソードに関しては、留保が求められる。なぜならば、宮本自身が別のところで、その採訪ノートは戦禍に遭って焼失した、と語っていたからだ。それはいわば、「直接の採集記録ではなく記憶による記述である」（井出・前掲論考）ことが明言されていたのである。二十年足らずのちに記憶に頼りながら復原・執筆されたのであった。いずれであれ、採訪ノートを示して創作説を否定することはできようはずもない。宮本はむしろ、聞き書き／記憶／創作のあいだを自在に、確信犯として行きつ戻りつしていたのではなかったか。

たしかに、井出幸男が指摘するように、常民のおおらかな性の世界を語ることへの欲望が見え隠れしている。D・H・ロレンスの『チャタレイ夫人の恋人』の影も感じられる。原作と想定される「土佐乞食のいろざんげ」には、あらわな性描写によって、「肉体の愛による魂の解放」といったテーマがはっきりと示されている。少なくとも「土佐源氏」一編は、たんなる語りの再現にもとづく「生活誌」や、古老の語りを「できるだけこわさないように」記述したライフヒストリーといったものではありえない。

それにしても、依然として「土佐源氏」が傑作でありつづけていることに、疑義をさしはさむ者はいない。『遠野物語』の序文にちなんで言えば、「聞きたるままを書きたり」への信仰、その凡庸なる反復の所産としての民俗誌の群れにたいしての、「感じたるままを書きたり」の暴力的な優位が、むきだしに露出しているのかもしれない。それでは、それは文学作品にすぎないのか、民俗資料としての価値は持たないのか、という問いがあらためて浮上してくる。文学／民俗学の距離を、どのように測ることができるのか、文学としての面白さ／資料としての曖昧さをいかにして調停できるのか。聞き書きという方法は引き裂かれ、揺れている。

そして、永池健二が指摘するように、「民俗学という学問が本質的に「記述」に関わる学問であること、さらにその記述はまた「物語行為」と不可分なものであること」（前掲『柳田国男・民俗の記述』の「あとがき」）を再確認しなければならない。

『忘れられた日本人』がわたしたちの現在《いま》にたいして、もっとも切実に突きつけているのは、事実とは何か、真実とは何か、現実とは何か……といった手垢まみれの問いかけなのかもしれない。

情報をめぐるテクノロジーの高度化・複雑化のなかで、それはより屈折の度合いを加えている。だからこそ、あらためて確認しておく必要がある。たとえば、聞き書きは「聞く‐書く」では完結しがたい、そのあいだにはかならず「編む」プロセスが介在している。民俗誌であれ、生活誌であれ、それはみな避けがたく編集の所産である、と。

（二〇〇六年）

4　世間師という場所

二つの旅の文体

宮本常一はたしかに、この列島の村や町をなめるごとくに歩いた民俗学者である。旅行した日数は四千日、通過した村や町は三千、足を留めて話を聞いた箇所は八百、泊めてもらった民家は千軒――、そう、みずから称した。旅の人であった宮本はしかし、頑健なからだの持ち主ではなかった。幾度となく、病のために生/死の境を彷徨った。二十三歳胸部疾患、三十五歳胃潰瘍、四十三歳リンパ腺化膿、四十六歳肺結核、五十二歳十二指腸潰瘍、六十歳結核再発――と、病歴が綴られている。病の多いからだを押して旅を続ける宮本の姿が、ここからは浮かびあがるだろうか。

それにしても、ひたすら歩く旅であった。その旅のかたちに深い関心を覚えてきた。あきらかに、たとえば同じように旅をつねとした柳田国男などとは、決定的に肌合いを異にする旅である。その異質な旅のありようは見えやすいものだ。しかし、あらかじめ指摘しておくが、柳田と宮本の旅には見逃しがたい共通の貌《かお》が、すくなくとも一つはある。それは日本国内を隈なく歩き尽くし、列島の社会＝文化の全体的な輪郭を摑みたいという欲望が、潜在していたことである。

柳田は「旅行略歴」（昭和四年）の一節に、「名所旧跡の巡拝は割愛して、成るたけ偏土をあるいて見ようといふのが、此旅人の小さな発願であつた」（『定本柳田國男集』第二巻）が、いまだ峠は三百ほどの計画が三分の一も果たさず、ひと廻りと思っていた海岸は三百里も残り、島々の土を踏んだのも百には充たない、と書いた。宮本の場合には、みずからの発願であるよりは、渋沢敬三の意向にしたがっての旅という性格が色濃い。渋沢は宮本にたいして、敗戦までのあいだに、敗戦後に備えて、日本国内を歩いてひと通り見ておくことが大切であると説き、宮本はそれを可能なかぎり実践した。戦後の旅にもその精神は貫かれている。いずれにせよ、柳田と宮本の旅が大きく外観を違えながら、そのモチーフにおいては、ある共通する、固有の欲望によって支えられていたらしいことは、興味深いことだ。列島の社会＝文化の全体を眺望するための旅である。それが柳田と渋沢の、いわば治者の眼差しによる促しを背景にしていたことは、けっして偶然ではない。

こうした両者に通底する共通性と比べれば、異質な貌のほうはかなり了解しやすいものである。たとえば、紋付と袴に白足袋をはいて旅をした柳田の姿が、その民俗学が帯びる反常民的な性格をシンボリックに表わすものとして、しばしば取り沙汰されてきた。ことに明治・大正期の柳田の旅が、視察と講演のための役人の旅を兼ねていたことは否定できないし、否定する必要もない。

が、同時に、そうした紋付袴と白足袋イメージで、柳田の生涯にわたる旅の軌跡のすべてを塗り潰すことは、やはり乱暴な話であろう。とはいえ、常民的なるものから遠く隔たった生涯を送った柳田が、「大島の百姓」を自称しつつ歩きつづけた宮本とは、およそ異なる旅の人であったことは、ある意味では当然なことだ。

宮本は『忘れられた日本人』のなかで、みずからの旅仕度を次のように描いている。

私はスフのジャンパーを着、コールテンのズボンをはき、ゲートルをまき、ズックの靴をはき、黒い中折帽をかぶり、よごれたリュックサックを背負い、コウモリ傘を、リュックサックの負い革につりさげていた。たしかに薬屋の姿だが、薬屋にしては服装がすこしくたぶれすぎていた。ズックの靴も二月ほど歩きつづけるとやぶれてくるものである。そういう貧乏くさい姿が私には気らくだったし、私に接する相手の人びとも気らくであった。

しばしば宮本は富山の薬売りに間違えられた、という。このとき、宮本常一という男はたしかに何者でもなかった。コウモリ傘を吊り下げたリュックを背負い、ジャンパーを着て、ズボンにゲートルを巻き、ズック靴に黒い中折帽をかぶった、貧乏臭い旅の男には、何ひとつ肩書きらしい肩書きもなかった。その代わりに、ただ「山口県大島の百姓だ」と言えば、人々は納得した。実際に田畑を耕すことが多く、さまざまな土地での農業のあり方や技術に通じていた宮本は、実践的にも百姓たちのよき話し相手であり、また、指導者でもありえた。それにたいして、柳田はおそらく、農政官僚や朝日新聞論説委員といった大きな肩書きを外して、いわば名もなき常民として、働く百姓のかたわらを歩くような旅をしたことがなかったはずだ。
　この目線の高さの違いが、二人の旅にたいして決定的に異なる肌触りをもたらしている。当然の帰結として、柳田には旅の見聞や調査をもとにした民俗誌や生活誌などの著作がひとつも見られず、他方、宮本はもっぱらそうした民俗誌や生活誌を数多く残した。それは宮本の死後も、著作として刊行されつづけている。が、宮本をたんなる民俗誌家と見なすことはできない。とりわけ、晩年の宮本が壮大な視野の下に、あらたな日本文化論の構築に向けて思索を進めていたことは、その遺稿『日本文化の形成』によって知られるところだ。

生活誌と民俗誌のあいだ

　宮本はみずからの旅のかたちを、『民俗学の旅』の一節で、次のように語っている。

途中は汽車を利用したが歩きはじめると歩けるところまで歩いた。そうした旅には知人のいることは少ない。だから旅に出て最初によい人に出あうまでは全く心が重い。しかし一日も歩いているときっとよい人に出あう。そしてその人の家に泊めてもらう。その人によって次にゆくべきところがきまる。

その人の知るよい人のところを教えてもらう。そこへやっていく。さらにそこから次の人を紹介してもらう。しかしその先が続かなくなることがある。そうすると汽車で次の歩いてみたい場所までいく。そしてまた同じように歩きはじめる。

こうした旅をすることができた宮本と、その時代にたいして、いくらかの羨望の念が起こることを隠そうとは思わない。と同時に、わたしたちの時代に、もはやこの旅の文体《スタイル》が似合わないことは自明である。歩くことの意味が根源的に変容を遂げた。アスファルト舗装の道を、排気ガスに喉をやられながら、ゲートルを巻きズック靴を履いて歩く民俗学者の姿など、思い描けばむしろ滑稽なものにすぎない。百姓が車で田んぼにでかける時代に、民俗学者ばかりがリュックを背負って歩くわけにはいかない。歩行のリズムが失われたことを前提として、この時代の歩き方がそれぞれに模索される必要があるだろう。

昭和一五年の一一月初めから年の暮れまで、宮本は東北を歩いている。新潟県の村上から歩きはじめ、湯殿・羽黒・鳥海山麓・男鹿・津軽と日本海岸を北上し、下北半島の北端の大間崎にいたり、そこから南下して八戸・遠野・福島県東部を歩いた。西南日本に偏っている『忘れられた日本人』のなかで、唯一、東北の一人の伝承者との出会いを語った「文字をもつ伝承者（二）」は、この昭和一五年の東北の旅のひと齣である。『民俗学の旅』のなかにも、この旅に触れた一節がある。

宮本はそこで、以下のように東北の語り部たちについて語っている。

その頃の東北の人たちはほんとに話し好きが多かった。話しはじめると話がきれないのである。饒舌ではない。能弁でもない。その生きてきた道をぽつりぽつりと話してくれる。山形県東田川郡朝日村松ガ崎の菊池三右衛門、秋田県男鹿市門前の秋田要作、青森県北津軽郡市浦村相内の三輪五郎兵衛の三翁はいずれも食事と睡眠の時間を除いて五十時間あまり話しつづけて下さった。今思いうかべてみてもその話自体がすぐれた物語文学のような気がしてならない。そして二日間の語りだけでりっぱな書物になるほどの分量のものであった。一人一人の人間に、みなそのようなライフヒストリーがあるはずである。そのような物語を持つということはその生活がきわめて充実したものであったことを意味する。

わたし自身の乏しい体験に照らしても、思い当たる節はある。東北人はあいさつばかりで、深く自分を語ろうとしない、寡黙だ、と判で押したごとくに断じられてきた。しかし、実際には、東北の人々には根っからの話し好きが多い。それは宮本の時代から半世紀を経た現在にあっても、すこしも変わらない。饒舌でも能弁でもないが、こちらに静かに耳を傾ける気持ちと態度さえあれば、そこには途切れることのない訥々とした語りが展開される。そんな場面に立ち会うことは、けっして稀れではない。

ただし、それらの語り部たちがそのままに、たとえば民俗学的な調査にとって有用な情報提供者であるかと言えば、それはいささか疑問である。宮本がここで、その人の生きてきた道、つまりライフヒストリーについて語っていることこそ、核心をなす。別の箇所で、宮本はこんなふうに述べている。

そうした旅の中でいわゆる民俗的なことよりもそこに住む人たちの生活について考えさせられることの方が多くなった。人びとの多くは貧しく、その生活には苦労が多かった。苦労は多くてもそこに生きねばならぬ。そういう苦労話を聞いていると、その話に心をうたれることが多かった。そうした人びとの生きざまというようなもののもっと問題にしてよいのではないかと考えることが多かった。つまり民俗的な調査も大切であるが、民衆の生活自体を知ることの方がもっと大切なことのように思えてきたのである。（傍点引用者）

民俗学の学としての体系化へと突き進んでゆく以前の、明治・大正期の柳田には、確実にこうした志向が潜在していた。柳田はその漠然とした志向に仮りに「農村生活誌」の名を与え、平民はいかに生活するか、いかに生活してきたか——を記述することが大切である、と説いた（拙著『柳田国男の読み方』第三章を参照のこと）。しかし、体系の装いを整えた昭和一〇年以降の柳田の「民俗学」は、あきらかに民俗誌を基盤に据えた民俗学であり、生活誌の記述といった側面は切り捨てられてしまった。渋沢敬三のもとで、柳田とは一線を画しながら、みずからの民俗学への道を切り開こうとしていた宮本が抱いた懐疑とは、ほかならぬ柳田の「民俗学」にたいする、ひそかなアンチテーゼを孕むものであったことに、わたしは関心を惹かれる。

『民俗学の旅』の後半部にいたって、宮本はそうした「民俗学」への懐疑が昭和三〇年頃に芽生えたことを語っている。日常生活のなかから、いわゆる民俗的な事象を引きだして整理して並べることで、民俗誌というのは事足りるのか。民俗誌ではなく、生活誌のほうがもっと大事に取りあげられるべきではないか。

> 村を歩いて年寄りたちばかりでなく、中年の人も若い人も一番関心の深いのは自分自身とその周囲の生活のこと、村の生活のことである。民俗的な事象を聞くことについて喜んで答えてくれる人は多いのだが、その人たちの本当の心は夜ふけてイロリの火を見ていて話のとぎれたあとに田畑の作柄のこと、世の中の景気のこと、歩いてきた過去のことなど、聞かれて答えるのではなくて、進んで語りたい多くを持っていることであった。人はそれぞれ自分の歴史を持っているのである。まずそういうものから掘りおこしていくこと、そして生きるというのはどういうことかを考える機会をできるだけ多く持つようにしなければいけないと思った。

柳田民俗学とは異なる、小さな人生がそれぞれに抱えこんだ生活誌を起点としたもうひとつの民俗学への志向が、ここには示唆されている。村には、そして家にはそれぞれに固有の歴史がある、と柳田は語った。しかし、柳田にはついに、常民それぞれが生きてきた小さな歴史、その具体の相にたいする生々しい関心はなかったのではないか。すくなくとも柳田の昭和以降の「民俗学」は、個々の小さな生活誌の捨象のうえに、「日本人」の大きな民俗誌をめぐる幻想の体系への欲望だけをひたすら肥大化させていった、とわたしには見える。宮本の表明した懐疑ないし批判は、あきらかに、そうした「民俗学」にたいして突き付けられたものであった。

大島の百姓の子として

　宮本は「大島の百姓」であった。そう、自称もした。渋沢敬三と柳田国男という、宮本自身が師と仰いだ二人の民俗学者は、〝ともに私の中に古い農民の姿を見たに違いない〟と、『民俗学の旅』の序に書いた宮本には、「大島の百姓」であることの強烈な自負があった。この自負こそが、宮本の旅に稀有なる個性をもたらし、その民俗学のうえに特異な風貌を刻むことになった。

　宮本は『民俗学の旅』の序に、以下のような〝百姓の子〟としての自負に裏打ちされた言葉を書き付けていた。

民俗学という学問は体験の学問であり、実践の学問であると思っているが、それは幼少時の生活のあり方にかかわるところが多いのではなかろうか。私は幼年期から少年期にかけて土を耕し種子をまき、草をとり草を刈り木を伐り、落ち葉をかき、稲や麦を刈り、いろいろの穀物の脱穀をおこない、米を搗《つ》き、臼をひき、草履を作り、菰《こも》をあみ、牛を追い、また船を漕ぎ、網をひいた。そしてなぜそれをしなければならないかを父祖に教えられた。きびしい教訓としてではなく、百姓の子としておこなわねばならぬこととして、また一つの物語りとして身につけさせられたのである。そしてその延長の上に今も生きつづけている。

民俗学が体験と実践の学問であることに、すくなくともわたし自身は異論がない。しかし、幼少時の生活のあり方に深い関わりがあるという了解には、ただちには従いがたい。それはあくまで、宮本常一という民俗学者の個性にこそふさわしい物言いである。ともあれ、宮本は〝百姓の子〟として過ごした幼少時の体験を、生涯にわたる知の糧として生きた、あるいは、生きることを願った民俗学者ではあった。

宮本はだから、みずからが山口県の大島を出郷したことを出稼ぎのようなものだと称し、ときおりの帰郷には、その日から田畑に出て働き、村人としての生活を続けようとしたのである。宮本はしかも、たんなる百姓の子としての抽象をではなく、ほかならぬ「大島の百姓」の子としての具体を生きることを望んだ。郷里という、それぞれの生に宿命的な偶然として与えられた場所を、民俗学の起点とすることを択《えら》びつづけた。

郷里から広い世界を見る。動く世界を見る。いろいろの問題を考える。私のように生まれ育ってきた者にとっては、それ以外に自分で納得のいく物の見方はできないのである。足が地についていないと物の見方考え方に定まるところがない……ふるさとは私に物の見方、考え方、そして行動の仕方を教えてくれた。ふるさとがすぐれているからというのではない。人それぞれ生きていく道があるが、自分を育て自分の深くかかわりあっている世界を、きめこまかに見ることによって、いろいろの未解決の問題も見つけ、それを拡大して考えることもできるようになるのではないかと思う。

郷里がほかの土地にたいして優れているからではない。それが人に、もっとも基本的な物の見方・考え方・行動の仕方を教えてくれた。それゆえに特権的な場所であるからだ。その郷里から広い世界を眺め、さまざまな問題を考える。同時に、宮本は旅の人であった。そして、郷里の外にある広やかな世間に触れ、見知らぬ土地の見知らぬ人々と交わりつづけた人であった。それにもかかわらず、いや、それゆえにこそ、郷里から出立する民俗学を提唱し、みずからも生涯をかけて実践する特異な民俗学者でありえた。

宮本は『忘れられた日本人』のなかで、世間師《せけんし》と呼ばれた村の人物像について魅力的に論じている。「日本の村々をあるいて見ると、意外なほどその若い時代に、奔放《ほんぽう》な旅をした経験をもった者が多い。村人たちはあれは世間師だといっている」という。宮本常一という人はおそらく、民俗学者という衣装をまとった世間師であった、そんな気がする。郷里の外にあっては、「大島の百姓」の子として振る舞いつつ、郷里においては世間師として敬意をもって迎えられる。それがまさに、宮本常一という民俗学者がしたたかに択びとった固有の場所であったにちがいない。宮本はやはり、幾重にも世間師であった。

（一九九五年）

5　耳のある情景

宮本常一の〈みる〉と〈きく〉

　わたしはじつは、宮本常一という民俗学者が、どれほどに、また、どのようにすぐれた聞き手であったのか、多くを知らない。きわめて鋭敏な耳の記憶の持ち主であったことは、たやすく想像されるが、それとて絶対的といえるような確信があるわけでもない。ここではただ、宮本常一の耳のある情景のいくつかに眼を凝らすことができるだけだ。

　それにしても、宮本の旅のスタイルといえば、〈あるく・みる・きく〉という方法があったと語られるが、そこでの〈みる〉と〈きく〉のあいだには、思いがけず断層が覗けている。たとえば、宮本は『旅にまなぶ』（『宮本常一著作集　31』）のなかで、はっきりと「民俗の調査の中でいちばん大切なことはまず見ることだと思う」と述べている。さらに、聞き取りはしなくても、ただ村を見て過ぎるだけでも、村の様子でそれがどういう村であるかをほぼ知ることができる――とまで言い切っており、〈みる〉の〈きく〉にたいする優位性は歴然としているのである。〈みる〉

に関しては、くりかえし自覚的に語られている。ところが、〈きく〉については、意外なほどに言及がすくないのは、なぜなのか。それはもしかすると、〈きく〉が宮本のなかでは、身体の無意識化された技法として根付いているがゆえに、あえて言葉をもって語られる必要がなかったからなのかもしれない。〈みる〉の〈きく〉にたいする優位性は、一度は疑ってみたほうがいい。

傑出した聞き手

さて、宮本常一の耳のある情景である。たとえば、『忘れられた日本人』に収められた「女の世間」の第一節は、宮本が聞き書きをしている姿を彷彿とさせる。苗代の水のなかに片膝を立てて、苗を取る八十歳を過ぎた叔母を相手に、宮本が話を聞いている図柄である。むろん、テープレコーダーを回したり、ノートを取ったりしていたとは思われず、記憶の再現による記述であろう。その耳の記憶にはやはり、圧倒的な強度がある。

いまでは腰をかけて苗を取るものだが、叔母は片膝ついて取る。この苗取りをめぐる新旧のスタイルのちがいから、ゆったりと語りの場が転がりだす。叔母は「やっぱり昔からとりつけた方がいいと思いんさい」といい、宮本が「膝も腰もぬれてやでこないじゃろうに……」という。叔母はすると、「それがのう、この方が調子がついて早うとれるんで……」と言い訳のようにいい、宮本は「はようとれえでもええけえ、らくなようにしてとりんされるといいに……」と軽妙に追いつめてゆく。じつに巧みな誘いかけであり、導入である。そこで、叔母は申し開きでもするかのように、「昔はのう、田植ちうたら何も彼も競争じゃったから、その時しみこんだ癖がぬけんのよ。昔は田植ちうと……」と語りはじめるのである。

あとは、叔母の語りに身をまかせながら、ときおり、短い問いのことばをはさんでは、さらに先へと促していけばいい。「叔母さんもそういうことをしたことがありますの！」「昔は田植歌もずいぶん歌うたっていう事じゃが……」「ずっと昔には太鼓打ちや音頭とりがたくさん出て、早乙女もたくさん出て、植えるような事もあったじゃありませんか」「それでも一ぺんや二へんは長旅をした事がありましっろ……」「叔母さんらのつれは大てい四国をまわりましっろか」「それでも旅は苦労の多いもんでありましっろ……」「昔の旅のたのしみは何でありましっろうか」「夫婦になったりする者もありましたろう」「女の旅は物参りが多かったんでごいしょうか」……、これらの宮本のことばは合いの手であり、叔母はそれに釣られて、次から次へと田植えの昔から、四国遍路のこと、女の旅のことへと、苗取りの手を休めることもなく語ってゆくのである。みごとな展開といっていい。宮本が傑出した聞き手であったことを疑うことはむずかしい。

相手の懐にもぐりこむための呪文

あるいは、『私の日本地図3　下北半島』には、はじめての下北半島の旅が回想されている。

小目名《こめな》という村に着いて、その人の家へ訪ねてゆくと、さっき道で宮本を追い越していった人が囲炉裏のそばにすわっていた。予感があたったのに驚いたのだが、その人もまた、何となく宮本が自分の家に来るのではないかと思って、今夜はお客があるかもしれぬ、と奥さんに話したところであったらしい。旅をしていると、どういうものか霊感のようなものがよくあるなどと、宮本は澄まして書いている、ひと通りのあいさつのあと、上がりこみ、囲炉裏のそばにすわって、どうも不思議なことがあるものです、ところで、ここは不思議なことの多いところでしょうね——というと、不思議なことがいろいろありまして——となり、それから村のいろいろな不思議について話を聞いた。「私の調査は質問項目をきめていって逐一きいていくようなことはほとんどしない。そのときの空気で、その人の一ばん語りたいことをできるだけ豊富にきくようにしている。その夜の話は実に面白くてノートは見る見るうちにたまっていった」と、どこか得意げでもある。どうも不思議なことがあるものです、といった導入の文句など、まるで一瞬にして相手の懐にもぐりこむための呪文ではないか。

また、同じ旅、恐山にて。夜も更けて、湖のほとりの硫黄採掘所に、ようやく泊めてもらえることになった。荒くれた鉱夫の男たちが六、七人、囲炉裏のそばにいた。その男らがそれぞれに、ひとりの女の首を抱き、腕をもち、脚を膝にのせている。女のからだに触っているだけで、心が安らかになるのか、という感慨はどうにも奇妙だ。宮本が生国姓名を名乗り、旅の目的を話すと、鉱夫たちは岩手や山口など、それぞれの生国を名乗った。そこで、話は鉱山のことになった。こういうところではノートを出すのはいけない、自由に話しあうのがよい、話はじつに面白い――と、宮本は書いている。それから、みなで菩提寺前の温泉にゆくと、今度はかれらが宮本にいろいろ聞いてくる。金もうけでなしに、古いことを調べて歩いている宮本にたいして、ひどく感心してくれた、という。

宮本の〈きく〉作法

あるいは、日本海に浮かぶ飛島に渡ったときの回想（前掲『旅にまなぶ』）にも、そそられるものがある。わたしの場合には、箇条書きのような形で話を聞くことはほとんどない、できるだけ相手に自由に話してもらう、話してもらうというよりも話し合う、だから単なる聞き手ではない――、そう、宮本は書いている。

飛島の宮本は、最後になって、相手をしてくれた老人から、「あなたはとうとう調査をしなかったが、それでよいのか」といわれたらしい。紋切型の答えでは飽き足らず、宮本はいろいろ聞きたかった。みずからの関心を語ったり体験談をするると、相手もからんでくる。話ははてしなく続いて尽きるところがなかった。昼間は村を歩き、夜は囲炉裏ばたで話を聞いて、たいへん楽しかった。宮本は知りたいことはほとんど聞いていた。秩序立てて聞いているわけではないが、相手の話のなかに、知りたいことが含まれていればよいので、質問して答えてもらうことが必ずしも調査ではない、という。ここに、聞き書きをする宮本の姿が、余すところなく表現されている。『旅にまなぶ』には、断片的なものではあるが、〈きく〉作法についての言及が見いだされる。それはしかし、まるで凡庸なものばかりである。そこに、たぶん鍵がある。身体化された無意識の技法は、逆に言語化されにくいのではないか。こんな言葉が見える、すなわち、わたしなど話の聞き下手なのかもわからない、というのは、聞きたいことは何ほども聞き出さなくて、世間話に終わってしまうことが多いからである、と。むろん、したたかな謙遜であり、そのままに受け取るわけにはいかない。それを裏返せば、村に入って話を聞きだすのが上手な調査者にたいする、痛烈な批判になっていることを知る必要がある。「人文科学が訊問科学に」とは、ほかならぬ宮本その人の自戒をこめた言葉であった。

さて、同じ本のなかには、こんな言葉が見えて、ぎょっとさせられる。すなわち、「だから民俗学も、もう古老たちの聞き書きを中心にして資料採集をする時代はなかばすぎさったのではないかと思う」と。まったく身もふたもない。これが、一九六五年に書き留められたセリフであることを、よく記憶しておきたい。それから、四十数年の歳月が過ぎた。わたしたちはいま、「古老たちの聞き書きを中心にして資料採集をする時代」がもはや、はるか遠景へと過ぎ去ったことを、まさしく眼前のできごととして再確認しなければならないのかもしれない、と思う。耳の時代がいずこへか、遠ざかる。

（二〇〇七年）

6 『山に生きる人びと』を読みなおす

民族史に挑んだ民俗学者がいた

この『山に生きる人びと』という本が、「日本民衆史」と題されたシリーズの第二巻として刊行されたのは、一九六四年のことだった。対をなす『海に生きる人びと』が、同じ年に刊行されているのは、むろん偶然ではあるまい。宮本常一において、この山／海の対比構造はいくらかの歪みを抱え込んでいる気がする。むろん、海にたいして比重がかかる。海や島の民俗誌と比べてみれば、山の民俗誌はあきらかに宮本の著作のなかでは少数派に属しているのである。

それにしても、『山に生きる人びと』に附録として収められた「山と人間」という論考が、『民族学研究』三十二巻四号（一九六八年）に掲載されたものであることに眼を留めるとき、ここには一九六〇年代半ばという時期において、宮本が取り組んだ山の民俗誌または民俗史の試みが提示されていることに気づかされる。この本はあるいは、その四十年ほど前に刊行された柳田国男の『山の人生』を強く意識して書かれたのかもしれない、と思う。たいした根拠もなく、しかし、奇妙な確信だけが存在する。柳田による「山人の消息」を求めての知の彷徨の終章のごとくに書かれた『山の人生』はどこか、空想的な匂いを色濃く漂わせながら、この列島の民族史的な景観を変容させることをめざした著作だった。それにたいして、『山に生きる人びと』はあくまで民俗誌として書かれているにもかかわらず、やはり民族史の大胆な組み換えをひそかに企てていたらしいことに、わたしは関心をそそられてきたのである。

たとえば、「山と人間」の冒頭には、「日本に山岳民とよばれる平地民とはちがった民族が存在したかどうか」という問いが書きつけられてあった。このエッセイは意図してかあらずか、『山に生きる人びと』の深みにあいまいな形で埋め込まれてあった謎を解き明かすことをめざしていたのかもしれない。『山に生きる人びと』の第二節には、宮本が一九六一年に高知から大阪へと飛行機で飛んだときの体験が語られている。とても魅力的な、空から見た民俗誌の試みが示されてあった。

畑と田の間は傾斜が急であるか森林になっていて、田と畑はつながらないで分布しているところがすくなくない。その畑のほとりに家がある。水田のある谷では農家はだいたいかたまっているが、畑のひらけたところでは農家は散在したものが多い。田と畑の間には断絶があり、また田と畑の地帯では住み方もちがうのである。……畑作地の居住形式と、水田地の居住形式にはおのずから差違が見られるということは、生活のたて方を異にした人びとがそこに住んでいるからではないかと思われる。

たぶん飛行の高度がかなり低かったにちがいない。それにしても、宮本にしかできない観察ではあった。そして、ここにはさりげなく、平地民とは異なる歴史を背負った民族が存在した可能性を問いかける宮本の姿が見いだされるのである。眼を凝らせば、『山に生きる人びと』の深いところには、この「山岳民」の存在に向けての手探りにも似た問いが見え隠れしている気がする。この「山岳民」はいかにも武骨な、あの柳田が語りつづけた「山人」の言い換えであったようにも思われる。『山に生きる人びと』には、狩人・サンカ・杣《そま》と木挽・木地屋・山師などが登場するが、かれらは『山の人生』とは異なり、生きた存在として記述されている。宮本はじかに、かれらと遭遇していたのである。

「山と人間」というエッセイの終わりに、推定であり試論の域を出ないと断り書きがなされながら、こんな列島の民族史にまつわる見取り図が提示されていた。

古い縄文期の民族的な文化が焼畑あるいは定畑などを中心にした農耕社会にうけつがれ、一方水田稲作を中心にした農耕文化が天皇制国家を形成して来る。そしてこの二つのものはずっと後々まで併行して存在しかつ対立の形をとったのではなかろうか。

こうした粗削りな見取り図はたとえば、没後に刊行された『日本文化の形成』といった仕事へと繋がってゆく。おそらくそれは、民俗学的な知の系譜のなかでは、列島の民族史への最後のアプローチとして記憶されることになるはずだ。もはや民俗学はそうした途方もない野心を抱くことはないからだ。そういえば、この時代にはおそらく、『山の人生』は当然とはいえ、『山に生きる人びと』もまた、けっして書かれることのない著作となってしまったのではないか。民俗の黄昏はそうして、あまりにも深い。

（二〇一一年）

7 風景を作る思想をもとめて

過剰なる民俗学者ゆえに

　この二月の末に、宮本常一の故郷である周防大島を訪ねた。前年五月にできたばかりの周防大島文化交流センターの宮本常一資料展示室（記念館）には、宮本の二万点の蔵書が展示され、宮本が撮った写真十万点を閲覧できるコーナーがつくられていた。蔵書を前にして、わたしがとりわけ関心をそそられたのは、宮本自身の著書・編著書の異様な量の多さだった。むろん、宮本が原稿料や印税を得るために、大量の原稿を執筆したことはよく知られた事実であるし、わたし自身、最近になって「日記」を読む機会があり、驚きとともにそれを確認したばかりだった。だが、実際に眼にすると、その分量はやはり尋常ならざるものであり、言葉を呑んだ。この人はまさに身を削って原稿を書いたのである。

　じつは、そのとき、わたしが溜め息混じりに確認したのは、これでは『宮本常一著作集』が完結するのははるか遠い将来のことだな、ということだった。わたしたちが宮本常一という民俗学者の残した仕事の全貌に接することが可能になる日は、いったい、いつ訪れるのか。これまで刊行されてきた『宮本常一著作集』は、すべての著作や論考・エッセイの内の何割程度に当たるのか。ほんのわずかなものにすぎないのではないか。良くも悪くも、宮本は途方もない過剰さを抱え込んだ民俗学者だったのである。

さて、この、ゆったりと編集・刊行が続けられている『宮本常一著作集』の最新刊は、第四十三巻の『自然と日本人』である。三十五編のエッセイと一編の対談から構成されている。その発表媒体から推測するかぎり、収められたエッセイの多くは、これまで読者の眼に触れることがきわめて少なかったのではないか、と思われる。テーマとしても、日本人の自然観や樹木の民俗誌といった、むしろ宮本民俗学にとっては傍流に属するものである。したがって、こうしたまとまった形で提示されなければ、その大切な意味合いが了解されぬままに読み飛ばされる運命にあった、小編の群れといっていい。この『自然と日本人』と題された著書はおそらく、宮本民俗学の多面的な貌を浮き彫りにするための拠りどころを、その少なくともひとつを、わたしたちに与えてくれるにちがいない。

確認しておくべきだろうか。宮本民俗学はその過剰さゆえに、いまだ発見されることのない可能性を豊かに宿して、そこに転がっている、ということだ。いたずらに宮本常一を祀り上げようとは思わないが、わたしはある確信をもって、そう思う。いわば、あまりに急ぎ足に駆け抜けていったがゆえに、宮本常一という人はみずからも自覚することがないままに、知られざる「いくつもの宮本常一」を抱え込んでいたのではなかったか。小さな雑誌や報告書のなかに、そうした磨かれていない原石にも似た、可能性としての「いくつもの宮本常一」が埋もれているのではないか、と思う。

隠岐の旅／柳田国男と宮本常一

ここでは、宮本常一の風景論にこだわることにする。

わたしは以前、『海の精神史』(小学館、二〇〇〇年)の一節において、柳田国男と宮本の旅の文体を比較しながら、その風景論について論じたことがある。そこでわたしは、二人がそれぞれに行なった隠岐の旅の跡を辿りつつ、二つの紀行エッセイ、柳田「隠岐より還りて」／宮本「隠岐一巡」を読み比べてみた。ともに民俗学者に括られはするが、その紀行の感触は大きく隔たっている。風景と旅に向けての濃密な関心は共通するが、隠岐の観光をめぐってなされた、二人の提案の、何と異質な匂いを漂わせていることか。いや、それとも、そこには三十年あまりの時間の隔たりこそを認めるべきなのだろうか。

柳田の隠岐への旅は、昭和八(一九三三)年の五月はじめに行なわれた。「隠岐より還りて」(『柳田國男全集』第十二巻)は短いエッセイであるが、ここでの柳田はくりかえし、隠岐の風景が寂しかったことを語っている。そして、柳田はいう、それは海の色が澄み切って青く、空の光がまばゆいほど明るいためか、いくらか植物の種類が偏しているからとも感じられた、これでは、隠岐を訪れた人々は親しみが湧かず、永く島巡りの旅をすることがないだろう、せめて春だけは花の咲く木があってほしい、島はハイキングには楽しい土地であるから、海に沿って周遊することができる道を島ごとにつくり、清水などを汲んで飲める場所に、休憩所やキャンプ場を設けてやるといい、そうすれば、島を訪ねる人々がしだいに増える、風景はそうして育てられる、と。柳田にはまた、「隠岐の観光事業」(『柳田國男全集』第二十九巻)というインタヴュー記事があり、より具体的に、より多岐にわたるテーマに触れて、隠岐の印象記が語られているが、大筋のところは変わらない。

これにたいして、宮本がはじめて、ほかならぬ柳田に勧められて隠岐に渡ったのが、昭和九(一九三四)年のことであった。二度目が不確かな記憶によれば、昭和一四(一九三九)年の夏、さらに、昭和四〇(一九六五)年の六月末に、三度目の隠岐への旅が行なわれ、「隠岐一巡」(『日本の離島』第二集)というエッセイが書かれたのである。宮本が西郷の港に着くと、二十六年振りに見る町は見違えるように明るく、港も家々もりっぱになっていた。店舗も本土の都市と変わらず、そこに並んでいる商品も全国均一のマスプロ製品であった。宮本は以下のように書いている。

西郷の町がりっぱになったことは、喜ぶべきことであるが、それが島内の背後農村の経済的発展と充実によってりっぱになったのではなく、外来者すなわち観光客を相手にして化粧がえをしたものであるとするならば、一種の植民地的な性格を持って来はじめたことになる。つまりその町の発展が外来者のためのものであり、町の背後にひろがる島内全体の農漁民のために大して貢献しないようならばそれはコミュニティセンターとしての役割をはたさなくなって来たことにあり、地方都市としての意義を失いつつあることになる。

じつは、わたしはこの宮本の旅から、さらに三十年ほどを経て、隠岐を訪ねている。空港から西郷の港へとレンタカーを走らせると、まばゆいくらい明るくモダンな町並みが現われて、茫然とした。宮本が危惧した、観光客を相手にした化粧変えによって、「一種の植民地的な」状況を現出しているのではないか、と感じた。むろん、それ自体は高度経済成長期以降の列島のそこかしこで起こった、じつにありふれた出来事にすぎない。隠岐の島々にも、たくさんの公共事業が誘致され、風景を大きく変容させたのである。

それにしても、柳田は隠岐の風景の寂しさを指摘し、観光振興のための方策をいくつか提案してみせた。たとえば、「隠岐の観光事業」などをきちんと読めば、柳田の真意が浮ついたものではなく、いわば地に足を着けた隠岐の観光の可能性を問いかけたものであったことは了解できる。それはしかも、その後の三十年ほどの歳月のなかで、それなりに現実化させられたというべきかもしれない。宮本の提言はまさに、そうした観光事業がもたらした功罪を検証しなおし、あらためて島の経済的な発展の向かうべき方位を示唆しようとしたものであった。コミュニティセンターとしての西郷の町の果たす役割とは、いったい何か。観光にともなう「植民地的な」状況を越えて、町の背後に広がる村々やそこに暮らす農漁民との繋がりのなかに、コミュニティセンターとしての西郷の将来像が問われていたのである。島の観光／村々の暮らしと生業とを有機的に結びながら、島の風景をより地に足の着いたかたちで創造してゆくことが、「隠岐一巡」が物語りしたテーマであった。

おそらくは、経世済民の志を抱えて生きたはずの二人の民俗学者が、隠岐の旅から紡いでみせた風景や旅をめぐる思索のかたちは、わたしが以前に感じたほどには隔絶したものではないのかもしれない。そう、いまにして思う。とはいえ、宮本常一が島の戦後の変貌を前にして、より深く実践家として「政治」的に関わっていたことは否定しがたい。宮本は離島振興法の制定のために力を尽くし、島々の将来にこそ思いを寄せつづけた人である。島の研究を仲立ちとして、忘れられた古代の日本を浮き彫りにしようとした柳田とは、やはり逸れてゆかざるをえない資質を抱え込んでいた、といってもいい。

よい風景と貧しい人々

さて、あらためて風景論である。柳田が小さなエッセイのなかで、「風景を栽《う》える」という、いかにも柳田的な、じつに卓抜な表現を使っていたことを思い出す。それにたいして、宮本は

『自然と日本人』のなかでは、よりストレートに、「風景を作る」という即物的な表現を選んでいた。そこにも、ほとんど相似的な風景論が示されながら、柳田／宮本が微妙に逸れてゆく地点が暗示されているのではないか、と思う。

ここからは『自然と日本人』をテクストとして、宮本の風景論へのアプローチを試みる。その骨格はきわめて単純なものである。冒頭に置かれたエッセイ「日本人にとって自然とは」には、以下のように説かれている。

日本人は自然を愛し、自然を大事にしたというけれど、それは日本でも上流社会に属する一部の、自然に対して責任を持たぬ人たちの甘えではなかったかと思う。自然の中に生きた者は自然と格闘しつつ第二次的自然を作りあげていった。

たとえば、武蔵野の自然といえば、屋敷まわりの木々・畑のわきの茶・玉川上水とその分水路などによって彩られているが、それらはどれも「ただ単なる自然ではなく、人の手によって出現した自然」である、と宮本はいう。この著書のそこかしこで、こうした武蔵野の風景が引き合いに出されていることは、わたし自身が武蔵野の一角に幼年期からずっと暮らしてきただけに、とりわけ感慨が深い。いずれであれ、「自然の中に生きた者は自然と格闘しつつ第二次的自然を作りあげていった」というテーゼは、宮本の風景論の核にあったものである。

もともと、その地に住む者にとって風景のよいというのは重荷であった。そういうところは真直ぐな道も平坦な道も少なく、生活を立てるには、その山坂をのぼりおりして働かねばならなかった。だから風景のよいといわれるところに住む人はどこでも貧しかった。……地元の人にとっては、そこにある自然が、そこに住む人にゆたかな生活をたてさせてくれるものがよい自然なのである。しかもその自然から奪いつづけなければ生きてゆけない人生があった。生活をたてるために造りだした第二次的自然すらが、風景をたのしむようなものではなかった。

「風景のよいといわれるところに住む人はどこでも貧しかった」という指摘には、胸を衝かれる。それが、ほかのだれよりも列島の村々の風景をその眼で見て、知っていた宮本の言葉であるだけに、思いは揺れる。しばしば蔑みとともに語られる、頑迷な田舎人の言葉――「美しい自然では飯が食えない」――はあきらかに、苦しまぎれの本音であるがゆえに、一抹の哀れを漂わせている。その対極には、「村などなくなっても、美しい自然が残ればいい」といった、けっして口にはされぬ、もうひとつの本音が見え隠れしていることを忘れてはならない。そこはいわば、開発／自然保護をめぐって、二つのむきだしのエゴが熾烈にぶつかり合う現場である。

よい風景を重荷に感じる人々がいた、という。そして、自然から奪うことなしには生きてゆけない人生があった。かれらは生活のために二次的な自然を造りだしたが、そこに生まれた風景を楽しむことはなかった。それが大きな変貌を遂げたのは、やはり観光という第三のテーマが浮上してきたからである。宮本によれば、昔の上流階級の人々の自然観賞的な態度が、一般人の間にひろがって、観光開発へと展開していった、昔は個人でこれを観賞したが、いまは大ぜいで押しかける、すべては自然への甘えである、という。さらに、エッセイの結びにおいては、こう述べている、今日では、生活を守るために自然を利用することも少なくなった、「自然を守れ」と口先でいってみてもどうしようもない、もう一度、日本人の自然に対する態度を問いなおすことからスタートしなければならない、と。

風景を作る地域の思想

やはり『自然と日本人』に収められた講演筆記「作る自然と作られた自然」では、宮本の風景論の輪郭が、「風景を作る」という視座からわかりやすく示されている。試みにいま、そのエッセンスが籠められた箇所をいくつか引いてみる。

① 風景というのは、明らかに作るものなのです。本当の自然というものは、少ないのです。われわれは自然だ自然だと言っておるけれど、決してもとからの自然というものはないのです。人間の作り出したものなのです。その人間がどういう思想を持つかでその地域の風景が決まってくるのです。

② よその者だけが来て楽しむと、そういう風景であってはならないと思う。実はその風景自体を皆さん方自身が楽しむ風景にしていただきたいのです。自分たちのものであるのです。自分たちのものであって他の人たちも仲間に入れてやろうかというようなところで初めて風景の自主性というものが、生まれてくるのではなかろうかと考えます。それがより良い風景を創り出すことになるのではないかと、考えるのです。

③ 人間が喜ぶ自然、風景、それはそこに住む人たちがそれを造り出す以外にはない、言い換えると、そこに住んでいる人たちの心にかなったものを作ることによっておおぜいの人の心にもかなうものが生まれてくるものである。それを作った人たちの生活を豊かにすることが大事になるのではなかろうか、こう考えます。

宮本の言わんとするところは、きわめてシンプルである。さらに要約してみれば、地域の風景はそこに暮らす人々が作るものであり、それを決めるのは思想である、よそ者だけを楽しませるのではなく、地域の人々の生活を豊かにするような風景を作ることが大切ではないか、と。ここには、たとえば柳田国男の晦渋な文体とはかけ離れた、あえて言ってみれば、常民の文体がある。「風景を栽える」というのは一編の詩であるが、「風景を作る」というのは日常の物言いであり、少なくともその延長上にある。くりかえすまでもなく、宮本の風景論はかぎりなく実践的に構成されている。自然を鑑賞の対象とする態度をはっきり拒絶しながら、地域に生きる常民たちを主人公とした、地域の生活に根ざし、それを豊かにするための風景を作ることを、ひたすら志向するものであった。

それにしても、宮本自身が編集に関わっていない、この『自然と日本人』という宮本の著書には、びっしりと考えるヒントが詰まっている気がする。これはたぶん、いまだ埋もれている、可能性としての「いくつもの宮本常一」を掘り起こす手がかりになることだろう。宮本民俗学の可能性をもとめて、本格的な読みなおしの作業を始めるべき段階に到り着いたのかもしれない、と思う。

（二〇一三年）

8　島の資源をいかに発見するか

飛島を訪れた人

日本海に浮かぶ、その島には、三度渡ったことがある。

飛島という。一度目はたしか、柳田国男論の連載にかこつけて渡った。七月半ば、島の小物忌《おものいみ》神社の火合わせ神事を見るための、一泊だけの滞在であった。二度目はその数年後である。五、六人の学生たちとともに、聞き書きのために一週間ほど滞在した。周囲が十キロあまりの小さな島のなかを、地図を片手に歩きまわった。十数人の人たちから、その人生について、暮らしや生業について聞かせてもらった。宿泊していた飛島旅館の本間又右衛門さんからは、さまざまな島の話をうかがった。飛島を愛し、飛島のことなら何でも知っている、記憶の宝庫のような、ほんとうに豊かな語り部だった。それから半年も経たずに、その本間さんが亡くなられた。年の暮れも近かった。新聞の片隅に訃報が載っているのを、学生が見つけた。世話になった学生二人と、線香をあげるために島に渡ったのは、いつであったか。年の暮れか。海は穏やかだった気がする。

記憶はすでに混乱している。ともあれ、それが三度目の飛島への旅だった。

本間又右衛門さんの話のなかに、まったく唐突に、宮本常一という名前が出てきたときには、驚き、わけもなく興奮した。飛島に離島振興法が適用されたのは、昭和三〇（一九五五）年であった、という。それを境として、島は大きく変わった。火力発電所ができて、ランプ生活に別れを告げたのが、二年後のことだった。水道も引かれた。診療所もできた。道の改修も進んだ。その頃、一人の民俗学者が飛島を訪れた。むろん、宮本常一その人である。予告なしの訪れだったらしい。それを偶然にも迎えたのが、本間さんだった。

本間さんは当時、漁協に勤めていた。翌日は、風が強くて漁止めだった。それを幸いとして、案内役となり、宮本と二人で島中隅々まで歩きまわった、という。そのとき、宮本は二つのアドバイスをしたらしい。ひとつは、島の発展のために、島の高台をつらぬく横断道路を作ることである。いまひとつが、飛島始発の定期航路を通すことであった。とても示唆的である。離島振興法に託した宮本の思いが、そこに透けて見える。

横断道路は苦労の末に、農免道路のかたちで実現を見た。その道は何度も歩いた。島の台地上には、畑地が切り開かれているが、そのあいだをアスファルト舗装の白い道がまっすぐに伸びていた。この農免道路を作るための費用のほとんどは、行政からの補助金に拠った、という。つまり、宮本が成立に深くかかわった離島振興法の所産だったのである。ただ、それはもっぱら農作業に使う道路であり、おそらく宮本が意図したはずの、島の幹線道路の役割は果たしていないように見えた。島の三つの集落はいま、海岸に沿った舗装道路によって結ばれ、車が行き来している。

遅れた島の将来のために

飛島での宮本のアドバイスを想起したい。道路と航路を整備せよ、と。くりかえすが、そこに宮本が抱いていた離島振興策を見て取ることができる。たとえば、『日本の離島　第一集』（昭和三五年）や『日本の離島　第二集』（昭和四一年）からは、この時代に宮本が直面していた離島をめぐる問題の群れが浮かびあがる。宮本ははたして、離島振興法に何を託そうとしていたのか。

ここでは、『日本の離島　第一集』に収められた、いくつかの論考を手がかりとしてみたい。こんな言葉が見える、「島とは四囲を海にめぐらされて地域的にはある独立性を持ちつつ、社会経済的には本土へ何らかの形で従属的に結びつかねばならない運命を持った世界であった」（「島に生きる」）と。島はいわば、この独立と従属のはざまにひき裂かれながら、それぞれに足掻き苦しんできたのである。飛島の歴史を思うとき、宮本の言葉はあくまでリアルである。

飛島には、五月船《さつきぶね》や秋船と呼ばれる、よく知られた物々交換の慣行があった。島人は物交《ぶっこう》と称している。島で獲れた海産物を、庄内の地方《じかた》の農村に持ってゆき、飯米と交換する。こうした物交こそが、飯米を手に入れるための数少ない手段のひとつだった。島の暮らしは、まさに海を隔てた本土側に、やはり従属的に縛られていたのである。水田がないから、藁もまたなかった。その藁を調達するために、大きな船に乗り込んで、対岸の秋田の農村に買い出しに行った話を聞いた。

島としての悲哀、島の貧しさ、遅れをとりもどすために、そんな言葉が転がっている。宮本自身が言わずと知れた、島生まれであった。だから、島という辺境に向けてのロマン主義的なまなざしには、じつに冷ややかだった。

そうした生活のよどみの中にのこっている古い習俗をロマンチックと見、奇習と見、これをさがしもとめて訪れるものは時々あっても、その生活の低さについて真剣に考えようとする人はいくらもなかったようである。ただ島民の純朴さや古風をたたえるような紀行文や報告ばかりが多かったのである。ひとり、人の臓腑をえぐるもののあったのは笹森儀助の「南島探験」や「拾島状況録」くらいであっただろうか。(「おくれをとりもどすために」)

たしかに、島には広い道がない。バスやトラックも、汽車も電車もない。電灯もない。よい港もない。汽船も発動汽船もない。生産エネルギーの大半は人力に拠っている。人々が島に住み着いたのは、ロマンティシズムや酔狂のゆえではなかった。まず、島民のために生産エネルギーの動力化から始めねばならない、島の交通網を整備しなければならない。宮本は力を尽くした。そして、昭和二八（一九五三）年に離島振興法が制定された。

島は社会経済的には、本土に従属的に結びつかねばならない宿命を持った世界である。この従属を、いかにして自立へとひっくり返すことができるか。宮本は当然とはいえ、貧しくとも牧歌的な島の伝統的な暮らしといったものには、そんな幻想には縛られていない。宮本のリアリズムはだから、「島の道が本質的に本土からきりはなされている限り、けっして島の産業・文化の健全な発達はない」（同上）と言い切るのである。あるいは、「島の後進性をとりもどすためには、どうしても島を資本主義経済機構へ正しく仲間入りさせなければならないのだが、それは交通の完備によってなされることを忘れてはいけない」（同上）ともいう。島の道の整備とは、島内の道路とともに、その道を本土へと繋ぐ航路にかかわる。飛島で、宮本が本間又右衛門さんに語りかけたのが、まさにそれであったことに気付かされる。宮本はたぶん、どこの島でも、まず島の交通インフラの整備をするように説いていたにちがいない。

離島振興法はいらない

それはあきらかに、貧しい時代にこそ有効な、島々の現実に根ざした離島振興にかかわる戦略だった。たんに、それだけのことであれば、すでに時代は宮本を乗り越えてしまった、と言って済ますこともできる。ことに、離島振興法が産みだした莫大な予算をめぐって、巨大な利権構造が蠢いている（らしい）ことを思い浮かべるとき、なおさら時代遅れの戦略に見える。

しかし、『しま』に掲載された「離島青年会議に寄せて」を読めば、宮本がその先にこそ眼を凝らしていたことがあきらかに知られるはずだ。宮本はいう、もとより離島の惨状を訴えて、政府の補助金を獲得することもひとつの方法ではあるが、補助金には限界がある、補助金を多く得ることよりも、それがもっとも適切にその島に生かされることのほうが、もっと大切だ、と。

宮本は、島の青年たちに向けて、こう呼びかけている。

諸君は諸君の島をどんなに育てあげようとしているのであろうか。文化を向上させ、生産をあげるということが、港をつくり、道路をつくることだけだと考えてはいないだろうか。われわれのもっと知りたいことは、諸君が自分の島の持つ資源を発見し開発する努力と能力と方法の問題である。そこに明日への道がひらける。資源は眠っているものであり、それを見つけるのは人間である。人間が見つけない限り資源は資源ではない。

島々はどこも豊かになり、そして、状況はいっそう悪化している、そんな印象を拭うことがわたしにはできない。だからこそ、宮本の呼びかけがいま・ここで、ひたすらリアルに響く。昭和三一（一九五五）年、もはや半世紀近い時の隔たりを越えて、それは現在にたいする励ましの声でもある。みずからの島の持つ資源をいかに発見するか、いかに開発するか、そのための努力であり、能力であり、方法である。それが問われている。

ちょうど一年ほど前になる。しばらく振りに、沖縄本島の、さらに南の八重山の島々を訪ね歩いた。どこの島も驚くほどに道路がよくなっていた。呆然とするばかりの光景もあった。石垣島であったか、道路のわきに延々と立派すぎる遊歩道が続いていた。けっして人が歩くことのない遊歩道は、いかにも寒々しいものだった。誰かが利用するためではない。ただ造ることだけに意味がある。おそらくは誰かが利権を得るために造られたにちがいない。珍しくはない、日本全国いたるところに転がっている光景の、ささやかなひと齣にすぎないことが、滑稽を通り越して、恐ろしい。

西表島に渡った。ここでも、島はどこもコンクリートに固められ、白々と美しくなっていた。島の将来に思いをいたす、ひとりの島人から、もう離島振興法なんていらない、という言葉を聞いた。それはいったい、島の人々の暮らしに何をもたらしたのか。深く思えば思うほどに、苛立ちに駆られる、といった風情が滲む顔だった。

だから、あらためて宮本常一の初志に立ちもどらねばならない、と思う。離島振興法とは何か。みずからの島の持つ資源をいかに発見するか、いかに開発するか、それが問われているのではないか。呟くように思う、島々の内発的な発展は、この時代にもなお可能なのか、と。

法ができたから島がよくなるのではない。島がよくなろうとする時、法が生きるのである。（「離島青年会議に寄せて」）

（二〇〇三年）

第5章

柳田国男——歴史と民俗のあいだ

はじめに

いったい、わたしは何度、柳田国男との訣《わか》れを果たそうとしたことか。柳田からの離脱、つまり、柳田国男という知や思想の磁場から身をもぎ離すことを願いながら、気がつくと、いつしかまた柳田の著作のなかに眼前の問いにたいする応答の痕跡を探している。実際、そのようにして柳田との再会を果たしたことが、何度かある。震災後に、南相馬で泥の海を目撃したとき、わたしはやがて、柳田に「潟に関する聯想」というエッセイがあったことを思いだした。三陸被災地の若者が漏らした「みんなの海」という言葉に、コモンズだね、と返したあとに、柳田の『都市と農村』の再読へとひき戻されることになった。

あるいは、『遠野物語』の第九九話との再会もまた、ある意味ではなかなか劇的なものであった。幾度となく読み返し、十分に読み込んできたつもりでいた、この明治二九年の三陸大津波を背景とした小さな物語が、次々に相貌を変えてゆくのにほとんど茫然とした。精神科医の中井久夫のエッセイから、記憶の浄化や和解といったキーワードを受け取ることによって、読みが深まっていった。

近代/近代以後、という亀裂を入れてやると、柳田はあきらかに近代にこそ帰属する思想家である。しかし、近代以後を深く広やかに考え抜くためには、どうしたって近代以前を視野にくり込まずには、そもそも思考を支えきれない。柳田はいわば、近代が内部留保のごとくに抱えこんでいる近代以前を掘り起こし、それを起点にして、近代をよりよくデザインするために格闘した思想家であった。柳田のなかには、まるで百科全書のように、日本文化について思い巡らすために必要不可欠な知、まさしく民俗知が膨大に蓄積されていた。それが、近代の国民国家としての日本を育てるための素材となった。柳田はそれを民俗学の名のもとに、不十分ではあれ、巨大なデータベースとして構築することを願ったのではなかったか。

おそらく、わたしはこれからも、このような付かず離れずの距離を保ちながら、柳田国男という巨大な民俗知の蔵の身勝手な利用者として付き合ってゆくのだろう。もはや、訣れを語ることはない。わたしは柳田その人に育てられてきたのだ。けっして認知されることのない、不肖の息子といったところか。

1　失われた共産制の影を探して

　この『都市と農村』は、初版が昭和四（一九二九）年に朝日新聞社から刊行されている。これまで、『定本柳田國男集』（筑摩書房）／『柳田國男全集』（ちくま文庫）／『柳田國男全集』（筑摩書房）と、三度にわたって全集のなかに収録されているが、単著のかたちで文庫化されたことはない。なぜ、文庫版が刊行されてこなかったのか、事情は知らない。たしかに、そのタイトルはいかにも古典的な感じがして、なにか新しい示唆をもらえそうな気分にはなれないかもしれない、とは思う。わたし自身は、この『都市と農村』をひそかに大事な書物として、折りに触れて読んできた。『定本柳田國男集』の第十六巻に収められている。しかし、思い返してみれば、ほとんど柳田国男について論じるなかでも言及したことがない。いまあらためて、東日本大震災のあとに、読みなおされるべき著書のひとつになったと感じている

　もう二十数年前のことになるが、あるとき、都内の大学の小さな研究会に呼ばれた。そのとき、わたしは『都市と農村』を手がかりにして、まさに都市と農村というテーマで話したのである。柳田はその著作のなかで、都市と農村の将来の関係がいかにあるべきかを、みずからの歩行と思

索にもとづいて問いかけていた。研究会での発表など、すぐに忘れてしまうものだが、その場で交わされた議論のある場面だけはいまだに鮮やかに記憶している。これからの都市と農村の関係については、いくつかのシナリオが考えられるが、柳田が語っていたように、都市と農村はこれからもなんらかの有機的な循環の関係を結んでゆくべきだ、そう、わたしは語った。それにたいして、ひとりの、まだ二十代の若い研究者が静かに、けっして挑発的にではなく、こんな言葉を投げかけてきたのだった。わたしは東京で生まれ育ったので、農村とか地方というものを体験的にまるで知らないし、関心そのものがない、だから、将来のシナリオとして、農村のような場は消滅していいと考えている、農村が担ってきた役割や機能は、都市自身がテクノロジーによって代替的につくり出し抱え込むことができるし、そうして都市が自立的に都市だけのネットワークで連携してゆくような将来像を思い描いている、と。

若い研究者はきっと、柳田国男なんて古い、『都市と農村』なんて読むには値しない、なぜ、いまさらあなたはそんな古めかしい発想しかできないのか、と言いたかったにちがいない。論争にはならなかった。わたしは東北に身を移したばかりであり、ゆるやかな野辺歩きのなかで、柳田とその『都市と農村』について再検証してみたいと考えてはいたが、東北をほとんど知らなかったのだ。一九九〇年代のはじめから、二十年近い歳月をかけて、わたしは東北一円を舞台とする〈歩く・見る・聞く〉の旅を重ねていった。東日本大震災がはじまる二カ月前に、まったく偶然に、拠点にしていた山形を離れている。これからは、こうした都市派の研究者が主流になってゆくのだろう、と記憶にしかと留めた。その遠い日のことを、昨日のことのように思いだす。いま、わたしの前に、あの若い研究者が現われたならば、わたしはなにを語ることができるのだろうか。いくらか心が乱れる。

たとえば、柳田が『都市と農村』のなかで、地方分権にからんで都市の連携について語っていたことを想起してみるのもいい。地方分権は避けがたく、「中以下の都市」を有力なものにする。それらにそれぞれの地方の生産利害を代表させ、その相互の連絡と融通とが親密になると、それまで「中央の寵児」になろうとして競いあい、敵視しあってきた都市のあいだに、「確実なる対等交通」が成り立つようになる。そして、その利益はさらに都市の周囲の農村部に及んで、いわば都市と農村との関係はあらたな段階を迎えるかもしれない、といったところだ（第一〇章）。対話の芽くらいは、そこから生まれたにちがいない。はたして、四十代の末になっているはずのかれは、農村は消滅していいと語るのだろうか。

＊

これは市民向けの講座の一冊として書き下ろされた著作である。刊行は昭和四年であり、その時代状況を色濃く刻印されている。「農村の衰微」という言葉が、時代を象徴するキーワードのように頻出する。さだめし、われわれの時代における「限界集落」「地方消滅」といった、どこか扇情的なキーワードの先駆けといったところか。むろん、柳田その人はそうした流行《はや》りの言葉に対峙して、「農村の衰微」（第二章）とはいかなる状態を指すのかと、あくまで前向きに、いわば建設的な態度をかたくなに保ちながら問いかけるのである。

柳田の立ち位置ははっきりしている。「自序」には、柳田自身が幸いなことに、「今の都市人の最も普通の型、都市に永く住みながら都市人にもなり切れず、村を少年の日の如く愛慕しつつ、しかも現在の利害から立離れて、二者の葛藤を観望するの境遇に置かれていた」と見える。そして、「新たに都市に入って住んでいる兄弟姉妹の、同情ある回顧は価値がある」（第九章）といった言葉に示唆されているように、農村から都市へと移り住んだ者として、農村と都市とを「同情ある回顧」をもって繋ぐことが、みずからの使命であると、柳田は感じていた。世間には、「都市の眼で見た農村の記録のみが、年久しい文学として」（第四章）伝わっている。それにたいして、柳田のような都市への新参者は、村にわずかに埋もれている「永い年代の実習を積んだ自治訓練、うまく行けば都市へもその恩沢《おんたく》を頒《わか》ち得た耳の学問」（第九章）の成果を都市へと受け渡すために、仲介者となることができるはずだ、といったところか。そうした意味合いでは、都市よりも、背後に残してきた農村のほうに、あきらかに柳田の思索の起点は置かれているといっていい。

それにしても、この著作には通奏低音のように、「日本の都市が、もと農民の従兄弟《いとこ》によって、作られた」（自序）というメッセージが反復されている。このメッセージは章を追うごとに、さまざまに変奏されてゆくが、そこには日本の都市にとっての過去・現在・未来をつらぬく普遍的なイメージが託されていた。

支那をあるけば到る処で目につくような、高い障壁をもって郊外と遮断し、門を開いて出入りをさせている商業地区、そんなものは昔からこの日本にはなかった。しかるに都市という漢語を以て新《あらた》に訳された西洋の町場でも、やはり本来はこの支那の方に近く、言わば田舎と対立した城内の生活であった。もっとも近世はどことも人が殖《ふ》えて郭外《かくがい》に溢《あふ》れ、今ではむしろその囲いを邪魔者にしているのだが、しかも都市はなお耕作・漁猟の事務と、何ら直接の関係を持たぬというのみではなく、そこには市民という者が住んでいて、その心持は全然村民と別であった。都市の歴史はすなわちその市民の歴史であった。（第一章）

たしかに、中国の都市のイメージは、日本のそれとは大きく異なっている。高い城壁によって囲われた都市が、その外に広がっている郊外とは劃然と隔てられているイメージである。人々は城門をくぐり、行き交う。都市／郊外は視覚的にも、あきらかに二元論的に対立する。それゆえ、やはり城壁によって郊外からは隔絶する西洋の中世都市と、中国の都市とは、景観イメージとしては強い親和性がある。むろん中国でも西洋でも、近世以降になれば、都市民が増加して、城壁の外縁へと都市そのものが溢れだしてゆく。都市の輪郭はしだいに壊れていったのである。それにたいして、日本の都市にはそもそも城壁がなかった。古代の平城京や平安京、そして近世の江戸などはみな、城壁をもたない、その内側に農の空間すら抱え込んだ、もうひとつの都市であった。中世の鎌倉などは、例外的に、三方の丘陵と海によって囲まれた天然の要害都市であったようだ。

さらに、中国や西洋の都市は、山野河海という自然から隔絶した空間であり、農業・漁労・狩猟といった自然とかかわる生業を内側に抱えることがなかった。それゆえに、そこに暮らす都市住民は、まさしく反自然を刻印された「市民」であった。自然のかたわらに生きる「村民」とは、精神性において隔てられた存在だったのである。まさに、都市の歴史とは市民の歴史だったということだ。そこに、柳田の問いが生まれる。市民の名にふさわしい、「孤立した都市利害の中心ともいうべきもの」(第一章)は、はたしてわが国にも存在したのか、と。答えはあきらかであった。すなわち、存在しなかった、と。

たとえば、はじまりの都市、つまり町の原風景について、柳田は以下のように語っていた。この一節には、若い頃に思いがけず出会ったが、それ以来、まるで一枚のセピア色の古い写真のように記憶に焼き付いている。

最初に少しずつ成長し始めたものは、津《つ》とか泊《とまり》とかいう海川の湊《みなと》であった。昔の船は風を待ち、又悪い風の静まるのを待たねばならぬ。それゆえにしばしば用のない者がそこに落合って、常の日にも酒を飲み歌を口ずさみ、村では見られぬ新しい生活が始まったのである。(第一章)

さて、柳田の語るところに耳を傾けてみよう。日本の都市とはなにか。第一章をもとに膨らませてみる。すなわち、日本の都市に暮らす人々は、その少数がわずかに二代、三代前の都市への移住者であり、ほかの多数は「村民の町にいる者」にすぎなかった。たんに視覚的な境界としての城壁がなかったばかりではなく、人々の物と心の行き交いにおいても、「都市と邑里《ゆうり》との分《ぶん》界《かい》」はいくらか空漠たるものであったのだ。こうして、町作りは昔から「農村の事業の一つ」とされてきたし、村は「今日の都人の血の水上《みなかみ》」であったと同時に、都は「多くの田舎人の心の故郷《ふるさと》」であった、という。第五章にいたると、都市に暮らす商人や職人がみな、農村から出た者であることが指摘されている。地方人こそが都市を創り、つねにこれを改造してきた、そう、柳田は述べている。

＊

わたしはここでは、『都市と農村』というテクストを、将来への可能性の振幅において読もうとしている。日本の都市は農村の従兄弟たちによって作られた、という柳田の物語りするところは、かぎりなく魅力的だ。わたしはすでに、「永い年代の実習を積んだ自治訓練、うまく行けば都市へもその恩沢を頒ち得た耳の学問」という柳田の言葉に、注意を促しておいた。農村から都市へと受け渡すべきものが、そこには示唆されていた。

たとえば、こんな一節はどうだろうか。

私などに取ってのうれしい発見は、労働に関するいたって古風な考え方が、まだ村だけには残っていたということである。今になって之を説立てるのも詠嘆《えいたん》に近いが、労働を生存の手段とまでは考えず、活《い》きることはすなわち働くこと、働けるのが活きて居る本当の価値であるやうに、思っていたらしい人が村だけには多かった。これが都市との最も著しい差別であって、何ゆえに働いているのになお生きられぬかという疑惑の、最近特に農村において痛切になった所以《ゆえん》でもあるが、もと促迫《そくはく》なき労働に携わっていた者でなければ、到底このように生と労とを、一つに結び付けて見ることはできぬのであった。外から見たところでは祭礼でも踊でも、骨折《ほねおり》は同じであって、疲れもすれば汗もかいている。山野に物を採りに行く作業などは、その日によって遊びとも働きともなっている。（第四章）

ここには、西洋的な労働観とは異なる、日本の村にかつて見いだされた古風な労働観が萌芽のかたちで語られている。この労働観のもとでは、働くことは生存のための手段ではなく、生きることそのものであると信じられていた。そうした「生と労とを、一つに結び付けて見る」ような労働観は、もはや大方が失われている。しかし、たとえば山野の幸の採集などにおいては、ときに働くこと／遊ぶことが分かちがたいものとなっている場合がある、という。示唆的ではなかったか。

農業組合について語った一節に、いくらか奇妙な、こんな一文が見いだされる。すなわち、

「現在の共産思想の討究不足、無茶で人ばかり苦しめてしかも実現の不可能であることを、主張するだけならばどれほど勇敢であってもよいが、そのためにこの国民が久遠《くおん》の歳月にわたって、村で互いに助けて辛うじて活きて来た事実までを、ウソだと言わんと欲する態度を示すことは、良心も同情もない話である」（第八章）と。政治的にはあきらかに保守主義者であったはずの柳田のイメージからすれば、いささか引き裂かれた印象がぬぐえない。共産主義思想にたいする批判が現実からの遊離を根拠としてなされることに、とりあえずの賛意を示しながら、そのために「この国民が久遠の歳月にわたって、村で互いに助けて辛うじて活きて来た事実」までを、否定されて黙っているわけにはいかない、と柳田は述べていたのだ。回りくどい物言いではあるが、柳田はここで、村の伝統のなかに埋もれている共産主義的なるものに注意を促していたのである。それは「村に昔からあった結合」とも呼ばれていた。

村の協同の一番古い形は、今なお誰にもわかるだけの痕跡を、労力融通の上に遺《のこ》している。ユイは近世の農業においては、必ず約同一数量の労力を以て償還することになっているが、家族と農場とに大小の差がある場合には、その計算は決して容易でない。以前の計算は恐らくは食物の供給を主とし、秋になってまた若干の生産物を分配する習いがあったのであろう。小正月の日の酒盛にその年の田人《とうど》を招いて、節《せつ》の食事を共にする家などがあるのは、元は多分この契約の一つの方式であった。八月朔《ついたち》日をタノムの節供と名《な》づけて、食物以外の贈品を交換した慣習も、まだ精《くわ》しく説明することは出来ぬが、やはり農事と関係があったことだけは確かで、信用組合を意味する古来の日本語、タノモシという名詞と語原が一つだから、すなわちユイの制度の一部であったことが察せられる。（第八章）

「村の協同の一番古い形」として、ここに見いだされているのはユイである。ユイとは協同の労働をさしている。伝統的なユイの慣行の痕跡をもとめて、柳田は農村の民俗に眼を凝らしている。わたし自身は、中元の贈答の源流としてのタノムの節供から、対面関係のなかでの金銭の融通がおこなわれた、信用組合の起源ともいうべきタノモシへと連なる、ユイという社会的な制度の文脈のなかでの見えない線分を浮かびあがらせようとする柳田の思索のありように、奇妙な感慨を覚えている。柳田はそれを、共産主義的なるものの萌芽として思い定めていたにちがいない。

これに続けて、ユイは古くから「結」の字をあててきたが、それは農耕とはかぎらないことが指摘される。柳田が「最も完形に近く保存せられて居る」ものとして挙げているのが、漁労と狩猟であったことは、幾重にも示唆に富んでいる。

たとえば、漁労における網曳きについて。柳田によれば、この漁獲物は浜で分配が終わるまでは、「まだ何人《なんびと》の私有とも認められなかった」という。由比《ゆい》や手結《たゆい》という地名が全国に多く残っているが、いずれもこうした協同作業としての地引き網漁に適した広い浦辺である。海草その他の漂着物なども、個人の勝手な採取に任せるのではなく、いまも「同じ約束の下に、後で分配をしている」事例は少なくない、という。あるいは、共同狩猟について。大きな獣だけは、同じような方法で捕獲されており、それを意味するカリクラという言葉が古くから知られている、と柳田はいう。狩りの技量や勇力に差がある人々が、それぞれの分に応じて配置につき、協同によって獲物が捕れたときには、一人も残らず分配にあずかることができた。わたし自身、東北の狩猟者たちからの聞き書きで、そのことをくりかえし確認してきた。例外はない。「獲物は一つ、作業は多数の力に成っていたゆえに、最初からの私有は認めることができなかった」と、柳田は述べている。山野河海という自然との交渉のなかに、もっとも完全なかたちでの「村の協同の一番古い形」が残存していることは、とても大切な思索の手がかりとなるだろう。

さらに、こんな一節がある。

それから山野雑種地の利用方法が、やはりまた固有の共産制度を、打毀《うちこわ》したままで棄ててある。婦女幼若衰老の家々において、かつて辛うじてその家業を保持せんとした力は、同時に二つの側面から段々に狭められることになった。田植・稲扱《いねこき》の日にも手間返しができず、いわゆる落穂拾いの余得が許されなくなると、後家などの生計は浅ましいものになりがちで、以前は恥を包んで幽《かす》かな生存を繋ぐために、ただ一つの隠れ家は山林であった。凶年には村を挙げて野山の物を求めたごとく、このや鷹揚なる入会権《いりあい》の利用が、多くの古田《こでん》の村を支えていた力は大であった。すなわち共有地は困った人の多く働く場所となっていたのに、行政は心なくこれに干渉して、いわゆる整理と分割とを断行してしまった。最初に濫用せられたものは開墾権で、大抵は民食を足《たら》はすといふ名目の下に、都合のよい土地だけを資力ある者の持高に、編入してしまうのも古くからの習いであった。焼畑《やいばた》・切替畑《きりかえばた》の一作ずつの利用が、貧人に許されていたのもこういう部分で、年貢が山地の軽いままだから、地力一杯の生産を期する要はなく、誰でも孤立してこれだけは播《ま》き刈ることができた。それができなくなってから、次第に慈善と救助とが必要になったのである。（第八章）

柳田はここで、ひたすら「固有の共産制度」の掘り起こしにつとめていた。否定しようもないことだ。かつて、山野や雑種地には固有の利用をめぐる慣行が許されていた。「婦女幼若衰老の家々」が家業を維持するために、ほかの家々からの一定の協同が提供されたり、いわゆる落穂拾い的な行為が許されていたのである。それがなくなったあとでは、とりわけ後家などの生計は逼迫せざるを得なかった。そのとき、ただひとつの隠れ家、つまりアジールとなったのが山林である。昔は飢饉のときには、最後は山に入れと教えられ、そこで生き延びる知恵と技を伝授されたものだ、そんな話を聞かせてくれたのは、わたしの遠野の師匠であった。山野は自然の幸《さち》多き場所であり、入会地でもあったから、困窮した人々が食いつなぐために働く場所ともなった。戦後の食糧難の時代には、村中総出で山に分け入り、みなで焼畑をしたと聞いたこともある。まさに、柳田の指摘するように、「焼畑・切替畑の一作ずつの利用」が貧しき人々に許されていたのである。こうした「固有の共産制度」が失われた場所において、はじめて福祉という「慈善と救助」が導入されねばならなかった。

全体村持《むらもち》の野山などは、民法がそれを共有と視《み》たといふのみで、単なる共同の私有物ではなかった。不断は何人もわが有《ゆう》と思つておらぬ点に、村を結合せしむる本当の力があった。（第八章）

くりかえすが、柳田はそれを、「以前失ってしまった共産制」（第八章）の名残りとして眺めていたのである。近代において、村をひとしなみに貧しくしたものこそが、「共有林野の分割と譲渡」（第九章）であったという認識は、柳田にとって生涯揺るがぬ認識ではなかったか。山野河海にかかわる私有以前の、いわば網野善彦のいう「無主・無縁」の世界に、失われた共産制の影が認められていたのである。

『都市と農村』というテクストの再評価の気運がおこることを、心より願っている。最後に、こんな柳田の言葉にも目を留めておきたい、と思う。柳田国男とは何者であったのか。

自分で考えたことのない多数決を作ってはならぬ。それに服従しなければ、叛逆と認められるような無用の畏怖心を抱かしめてはならぬ。（第九章）

（二〇一七年）

2 和解について——明治三陸大津波の伝承から

災厄の記憶は浄化されねばならない

被災地で幽霊の話を耳にするようになったのは、たぶん夏にさしかかり、お盆の季節が近づいた頃ではなかったか。三・一一から四、五カ月が過ぎて、津波に洗われた大地は早くも高い草に覆われ、原野に還ろうとしていた。コンクリートの土台ばかりの家の跡には、気が付くと、いたるところ花が供えられるようになっていた。新しい死者たちが家々に還ってくる季節だった。しかし、還るべき家は流されて、どこにもない。その庭先に、新盆の死者を迎える高灯籠が立ち尽くしているのを見かけた。サイの河原のような浜辺では、遺体の上がらぬ犠牲者をかかえた家族が、海に向かって花束を投げているのに遭遇した。その頃から、幽霊にまつわるモノガタリが聞こえてくるようになったのは、きっと偶然ではない。

『遠野物語』の第九九話がまさしく、明治二九（一八九六）年の三陸大津波を背景とした、ひとりの男・福二の幽霊との遭遇譚であった。お盆の季節であったにちがいない。夜の渚で、福二は妻と出会った。妻は津波に流されたが、遺体は上がっていない。幽霊である。しかも、隣りには見知った村の男がいた。自分が遠野から海辺の村に婿養子に入る前に、妻が深く心を通わせあっていた（と聞いていた）男である。いまは、この人と夫婦になっていると、妻は答える。妻と男は足早に去っていった。その後、福二は久しく煩うことになった、と語り納められている。

震災後、わたしのなかでは、この『遠野物語』第九九話の読み方は思いがけぬ変容を遂げていった。いくつかの転換点があったかと思う。そのひとつは、精神科医の中井久夫の「記憶の風化ということ」（『清陰星雨』所収）と題されたエッセイのなかに、「和解」という言葉を見つけたときである。ここでの記憶の風化とは、「小学校への襲撃事件から震災、原爆、戦争に至るまで」の大きな災厄にかかわるものだ。そして、中井は「災厄の記憶は風化でなく浄化されるべきものだ」という。

> 浄化とは「喪の作業」といわれる過程である。自分にとって重要な人が亡くなった後、もはや永遠に去って呼び返せないという事態の理不尽さに折り合いをつける過程である。これが仏教でいう「成仏」だ。成仏は実際は生き残った人の心の問題であると私は思う。
>
> しかし、喪の作業の速度、強度は人ごとに違う。死者との関係、死者の年齢、生き残った者の性格や歴史によって違ってくる。遺族と非遺族、目撃者と非目撃者、死者との親しさの違い。いじめっ子だとて、相手が突然「呼び返せない世界」に去れば、和解の機会は永遠に失われて、いつまでも加害

者であるという心の傷を持って生きねばならない。（傍点は引用者）

災厄の記憶の浄化とは、いわゆる喪の作業ということだ。たいせつな人を喪ったとき、残された者はその人が「もはや永遠に去って呼び返せないという事態の理不尽さ」に対峙して、なんとか折り合いをつけようとする。それなしには生きてあることができない、むずかしいからだ。そこに、仮りに被害／加害的な関係といったものが含まれていれば、「呼び返せない世界」に去っていった相手との「和解の機会」は永遠に失われて、残された人は加害者という心の傷《トラウマ》を抱えて、その後を生きつづけねばならない。ここに見いだされる「和解」という言葉に、わたしはまさしく蒙《もう》を啓《ひら》かれる思いがしたのだった。

なぜ、震災後のはじめての夏、お盆の季節に、被災地で幽霊との遭遇譚が数も知れず語られるようになったのか。お盆とは言うまでもなく、一年のうちで生者と死者とがもっとも濃密な再会を果たす、特別な時間である。だから、それを演出するために、迎え火・送り火、精霊流しなど、多彩なフォークロアが用意されている。しかも、海辺の村や町にはそのとき、行方不明者という名の遺体なき死者たちをいかにして鎮魂・供養するのか、というテーマが行き場もなく浮遊していた。東日本大震災ではいまも、その数は三千名に近く、神戸では最終的に十名にも満たなかったことを思えば、その特異さはあきらかだ。あの震災の夏、被災地では、「呼び返せない世界」に去っていった肉親や知人たちとの再会こそが待ち望まれていたのである。人々は夢のなかで懐かしい人に出会い、また、かすかな気配や、ときには幽霊という姿をもって現われた死せる人々の訪れを体験していた。津波による突然の別れは、死者とともに生きてあった人々の周囲に、取り返しのつかぬ悔恨を無数に産み落とした。それぞれの小さな「和解の機会」は奪われたのである。だから、幽霊との出会いが必要だった。

『遠野物語』第九九話もまた、そうした状況のなかに誕生した数も知れぬ幽霊との遭遇譚のひとつだったのではないか。喪の作業が求められていた。妻と子どもを喪っていた。二人の子どもとともに生き残ることになった福二は、もはや妻や子が永遠に「呼び返せない世界」に去ってしまったという理不尽さに、どうしても耐えることができない。折り合いがつけられない。福二は加害者というわけではなかったが、妻との「和解の機会」を永遠に失ったことに苦しんでいたにちがいない。小さな心のトラウマを抱いていた。妻は自分を愛していない、と感じてきた。昔付き合っていたあの男に、子をなして後も未練を残していたのではなかったか。もしかすると、二人の仲をたとえ結果的にはであれ、引き裂いた自分を許せなかったのかもしれない。そして、何よりそうして妻の心をいじましく疑いつづける自身の暗い心根に傷つき、足掻いていたのではなかったか。いつか「和解の機会」が訪れるかもしれなかった。しかし、それは突然の大津波の到来によって、永遠に失われてしまったのだ。

ふたつの和解のシナリオをめぐって

それから間もなく、わたしはラフカディオ・ハーンの「和解（The Reconciliation）」と題された短編小説を手に取った。これが二つ目の転換点となった。ほんの偶然である。むろん、そのタイトルに心惹かれたのだった。『小泉八雲集』（上田和夫訳、新潮文庫）に収められた六ページ足らずの作品であるが、元は明治三三（一九〇〇）年に出版された『影』という作品集に収録されていた一編である。確認はしていないが、柳田国男が読んでいた可能性はそれなりに高いかと想像している。佐々木喜善から福二の物語を聞いたとき、柳田の頭をハーンの「和解」が掠めることはなかったか。とはいえ、それは男が幽霊の妻と出会う物語ではあったが、それ以上に第九九話と似ているわけではない。

「和解」は以下のように始まる。

むかし、京都に一人の若い侍がおり、主家の没落のため生活に窮してきたので、家をはなれて、遠国の国守に仕えることになった。都を去るまえに、この侍は、妻を離縁した——善良な美しい女だったが、別の縁組によって、もっと出世しようと考えたのである。それから彼は、かなりの家柄の娘と結婚して、自分の任地へと連れて行った。

その後のあらすじを辿っておく。――第二の結婚が幸福をもたらすことはなかった。新しい妻は冷酷で、わがままだったのである。やがて、男は自分がまだ最初の妻を愛していることに気づいた。なんと自分は不当で、恩知らずであったか。男は後悔のあまり、自責の念に駆られ、心の平静を失い、女の記憶が頭から離れなくなった。男はひそかに、京都に帰ったらすぐに女を捜しだして、「ゆるしを乞い、連れもどして、罪滅ぼしに、できるだけのことをしてやろう」と決心する。歳月が過ぎ去り、ついに京都に戻れる日がやって来る。男は子どものない第二の妻を親元に帰してから、京都へ急ぎ、ただちにかつての妻を捜しにでかけた。夜も更けて、都は墓地のように静まり返っていたが、家はたやすく見つかった。荒れ果ててはいたが、家のもっとも奥まった部屋には、行灯の蔭で縫い物をしている女がいた。そうして男は、甘い思い出のなかのように美しく若い女との再会を果たしたのである。そのあとには、延々と、まさに男と女の「和解」のシーンが続いてゆく。女は優しく、わたしのために苦しみ、自分を責めるのはやめてほしいと哀願する。二人はかつて新婚の間であった部屋に移り、いつまでも語らい合い、いつしか眠りこんだ。

目をさますと、陽光が雨戸のすきまから射し込んでいた。そして、仰天したことに、彼は朽ちかけた床板の上に、じかに横になっていたのである。……自分はただ夢を見ていただけなのか。いや、彼女はそこにいた――彼女は眠っていた……彼は、彼女の上に身をかがめた――それから見た――そして悲鳴をあげた――なぜなら、眠っている人に顔がなかったのだ！……彼の前に、ただ経帷子に包まれた、女のしかばねが――骨と、長いもつれた黒髪のほか、ほとんど何ものこっていないしかばねが一つ、横たわっていたのである。

その秋の日は、かつて離縁された女が身寄りもなく、病気になり、ついに亡くなった日であった、という。わたしはいま、ハーンが典拠にした古典作品を確認することなしに、この稿を書いている。いずれあらためて論じることになるかもしれない。

ハーンの「和解」では、幽霊の妻はあくまで優しく、男にたいする愚痴も恨み言もなにひとつ言わずに、そのままに受け入れてくれる。まぼろしの妻は男の期待するとおりに、「和解」のシナリオをともに演じたのである。いったい、男と女の間では和解が果たされたのか。女はすでに、「呼び返せない世界」に去っており、ほんとうの「和解の機会」は永遠に失われている。だから、妻を裏切り棄てた男は、「いつまでも加害者であるという心の傷」を抱えて生きてゆくことしかできない。とはいえ、そうであったとしても、このひと夜の再会はかけがえのないものであり得たにちがいない。それは幽霊ではあったが、男はとにかく妻に心からの謝罪をすることだけはできたのである。しかし、それがきわめて独善的な「和解」のシナリオであったことは、とうてい否定すべくもなかった。

さて、『遠野物語』第九九話の福二の物語へと戻らねばならない。「和解」という視座からの光を当ててみたいと思う。

夏の初めの月夜に便所に起き出でしが、遠く離れたる所にありて行く道も浪の打つ渚なり。霧の布《し》きたる夜なりしが、その霧の中より男女二人の者の近よるを見れば、女はまさしく亡くなりしわが妻なり。思はずその跡をつけて、はるばると船越村の方へ行く崎の洞《ほこら》ある所まで追ひ行き、名を呼びたるに、振り返りてにこと笑ひたり。男はと見ればこれも同じ里の者にて海嘯《つなみ》の難に死せし者なり。自分が婿に入りし以前に互ひに深く心を通はせたりと聞きし男なり。今はこの人と夫婦になりてありといふに、子供は可愛くはないのかといへば、女は少しく顔の色を変へて泣きたり。死したる人と物言ふとは思はれずして、悲しく情なくなりたれば足元を見てありし間に、男女は再び足早にそこを立ち退きて、小浦《おうら》へ行く道の山陰《やまかげ》を廻り見えずなりたり。追ひかけて見たりしがふと死したる者なりと心付き、夜明まで道中《みちなか》に立ちて考へ、朝になりて帰りたり。その後久しく煩《わずら》ひたりといへり。

福二が妻の名をようやくにして呼ぶと、妻は振り返って、「にこと笑ひたり」という。福二が妻と交わしたのは、ほんの短い言葉である。「今はこの人と夫婦になりてあり」／「子供は可愛くはないのか」。すると、妻は少しだけ顔色を変えて、泣いたのである。ハーンの「和解」の男女の饒舌な会話と比べると、この簡潔さの極みのような言葉のやり取りは、ほとんど凄みすら漂わせてはいないか。甘やかさがかけらもない。ここに転がっているのは、考えられるかぎりで最悪のシナリオである。「呼び返せない世界」に去った妻は、そちらで昔の男と夫婦になっており、ただそれを真っすぐに福二に伝えたのである。逃げ場はない。「子供は可愛くはないのか」とは、あまりに情けない、男にとっては禁句ではなかったか。福二にとっては、妻からの拒絶と訣別の言葉を受け入れるためにのみ、まぼろしの妻との遭遇が必要とされたかのようだ。

それは疑いもなく、残酷な「和解」であった。たぶん、福二がもっとも苦しんでいたのは、妻の心をひそかに疑い、それを責め続けずにはいられないみずからの暗い心根ではなかったか。福二はきっと、津波に流されたのが自分ではなく、あの男であったことにすら激しく嫉妬に駆られたのである。それが惨めでならなかった。もっとも残酷なシナリオを受け入れて、妻との「和解」を果たすことこそが、福二の物語の底に沈められたテーマであったと、わたしは思う。

それにしても、この幽霊との遭遇譚は、だれによって、なぜ語られたのか。語り手は福二以外には考えられない。福二だけが体験したことであった。福二が語らなければ、だれも知ることがない。それでは、福二はなぜ、この妻に捨てられた哀れで惨めな男の物語を語ったのか。おそらくは精神的な病いに捉われた福二にとって、それを語ることこそが、病いから癒えるための決定的なプロセスになったはずだ。イタコの仲立ちがあったかもしれない。それはやがて、家族の物語となっていったらしい。東日本大震災のあとに、福二の子孫が名乗り出て、それが家族の物語として語り継がれていたことを証言したのである。この家族は今回の津波でも家を流されている。

被災地では、数も知れぬ幽霊との出会いが語られている。その背後には、それぞれに災厄の記憶を浄化するために、「呼び返せない世界」に去っていった人々との「和解」のドラマが繰り広げられていることだろう。ところで、わたしは『遠野物語』第九九話には、柳田国男その人の物語が影を落としているのではないか、と邪推に近い想像を巡らしているが、いまはほんの言い捨てにしておく。

（二〇一四年）

3　柳田国男を携えて、世界のなかへ

いま、グローバル化が急速に進みつつある世界のなかで、柳田国男とその思想について問いかけることに、いかなる積極的な意味があるのか。柳田の没後五十周年にあたって、この夏（二〇一二年）には、成城大学で「国際化の中の柳田國男――『遠野物語』以前／以後」というシンポジウムが行なわれ、遠野市においては「21世紀における柳田国男」と題された国際フォーラムが開催された。ともに盛況であったようだ。前者については、すでに『現代思想』の「総特集　柳田國男　『遠野物語』以前／以後」のなかに報告がある。後者については、わたし自身が遠野文化研究センターの所長としてかかわり、二日間にわたってコーディネーターを務めている。詳細な報告はいずれ、『遠野学』第二号で特集を組んで行ないたいと考えている（二〇一三年に刊行）。没後五十年を経て、もはや柳田国男とその思想の命脈は尽きたのか、それとも、なお将来への可能性が残されているのか。むろん、この論集のなかでも、そうした問いがそれぞれのテーマに即して、それぞれに問われている。

ところで、遠野市で開催された国際フォーラムは、その名にふさわしく国内外から多数の研究

者を招聘して行なわれた。参加者を列挙してみる。海外からは、ロナルド・A・モース、スコット・シュネル、デヴィッド・ヘンリー、クリストファー・ロビンス、メレック・オータバシの五名、日本国内からは、福田アジオ、三浦佑之、小田富英、そして、わたしの四名である。発表や議論はすべて、日本語で行なわれ、たくさんの遠野の内外から訪れた聴衆が耳を傾けてくれた。あらためて指摘するまでもないが、海外から参加してくれた研究者はみな、この論集への寄稿者でもある。種明かしということではないが、この論集と国際フォーラムの実質的な仕掛け人が、『遠野物語』の英訳者であるロナルド・A・モースその人であったことは、明記しておきたいと思う。

いくつかの発見があった。たとえば、当然ではあるのかもしれないが、海外の研究者による柳田国男研究の多くは、日本国内の研究状況から大きくかけ離れたものではなかった。なぜなら、それらの研究者のほとんどは、日本語の読み書き能力にすぐれた、それゆえに日本人研究者の仕事にアクセスし目配りすることができる人々であるからだ。また、濃淡はあれ、たいていは日本への留学や滞在の経験があり、日本人研究者との交流を重ねている人々でもあるからだ。いわば実質的には、日本のなかの柳田国男について研究する場に、海外の研究者もまた日本語を携えて参加しているといったところだろうか。

とはいえ、かれらは狭義の意味合いでの民俗学を専門とする人々ではなく、それゆえに、民俗学者としての柳田国男というイメージや枠組みを前提として議論を組み立ててはいない。はじめから、民俗学による見えない呪縛を免れているのである。思えば、わたしたち日本人研究者は、民俗学の世界に帰属しているか否かにかかわらず、柳田国男という思想について語ることを意志的に選んでいる場合ですら、民俗学による呪縛から解き放たれてはいない。予定調和のごとくに、民俗学者としての柳田国男の磁場に取り込まれてしまう。すくなくとも、柳田の思想の核にあるものが、きっと民俗学か、民俗学的な何かであるかのように無意識に信じ込まされている。

その意味では、民俗学者の福田アジオがフォーラムのなかで、日本民俗学は『後狩詞記』を起点として始まったことを指摘しながら、『遠野物語』の忘却について真摯に語っていたことが印象的だった。ときに、日本民俗学の発祥の記念碑などと称されることがある『遠野物語』が、じつは学としての民俗学の展開のなかでは、むしろ忘れ去られてきたテクストであることを再確認することになったのである。民俗学による呪縛がほどかれるとき、『遠野物語』ばかりではなく、柳田の残した膨大なテクストの群れは、確実にこれまでとは異なった相貌をもって浮かび上がることになるはずだ。流動化のプロセスに投げ込まれるといってもいい。

たいへん刺激的な議論が交わされた国際フォーラムの全貌については、くりかえすが『遠野学』第二号で報告する。この論集と合わせ読むことによって、読者はたくさんの示唆を受けるにちがいない。ここではただ、柳田国男とその思想が、二一世紀の、国民国家以後にも一定の有効性をもつことになるのかもしれない、という予感を抱いたことだけを書き留めておく。そもそも、明治以降の近代にあって、いったい柳田国男以外のだれが、日本人の思想家としての存在価値を世界に向けて主張できるというのか。柳田のテクストを外国語に、とりわけ英語に翻訳するプロジェクトが成城大学で始まろうとしていると聞く。新しい議論のステージが生まれてくるのかもしれない。

*

たぶん、近代日本の思想のほとんどは、敗戦という断絶のラインをはさんで、戦後という言説空間のなかへと生き延びることができなかった。それはたんに、戦争責任というリトマス試験紙によって、舞台からの退場を強いられたということではない。耐用年数がそもそも短かったのである。それがさらに、近代の黄昏を迎えて、徹底した淘汰の波に洗われることで、近代以後にも生き延びるかもしれない思想家の姿を思い浮かべることは、いっそう困難なものになっている。柳田国男ばかりではない。われわれははたして、二一世紀にもくりかえし読むに値する近代日本の思想をそれとして名指しすることができるのか。はなはだ心もとない。

柳田は明治生まれの思想家であるが、明治・大正から昭和にかけて、第一線にいて息長く活躍した人である。敗戦をくぐり抜け、復興へと向かう戦後の混乱期を見届け、高度経済成長期にさしかかる手前の一九六二年に亡くなった。まさしく近代を生きた思想家である。そして、思想家としての柳田国男がもっぱらに語られるようになったのは、その没後であったことは偶然ではない。高度経済成長期がはじまり、この列島社会は中世の南北朝期に比肩されるような巨大な過渡と変容の季節を迎えようとしていた、その六〇年代になって、柳田の再発見の試みが開始されたのである。いわば、高度経済成長期の光と影のもとで、柳田が語りつづけた日本文化像があらたな価値を附与されながら、再発見されていった。

吉本隆明の『共同幻想論』があきらかなエポックをなした。このいささか難解な書物を仲立ちとして、柳田とその『遠野物語』に出会った世代があった。いわゆる全共闘運動の担い手となった、戦後生まれの団塊の世代である。『共同幻想論』は『古事記』と『遠野物語』を特権的なテクストに指名して、吉本のいう幻想領域の構造を私／対／共同の三層をなすものとして描きだした。カリスマ的な魅惑にみちた書物だった。高校生であったわたしは、全共闘の大学生たちが祀り上げている『共同幻想論』を読んで、手痛い挫折をこうむった。さっぱり理解できなかったのである。いまはまだ、この本をきちんと理解している者はほとんどいないが、いずれ理解されるときが訪れる……、そう、ひとりの大学生がおごそかに呟いた姿が記憶に残っている。わたしはそれから、幾度となく『共同幻想論』を読んできたが、ついに理解が届いたと感じた瞬間はなく、すくなくとも高校生のときと合わせれば三度の挫折をしている。

ともあれ、『遠野物語』は吉本隆明によって、『古事記』と並べられるような古典として再発見されたのである。その影響には絶大なものがあった。右手に『古事記』を、左手に『遠野物語』を携えて、日本文化の最深部へと旅をすることが、知の流行《トレンド》になっていったなどと言えば、大袈裟にすぎるだろうか。作家の三島由紀夫もまた、あの時代のカリスマ知識人のひとりであったが、読売新聞に寄せた『遠野物語』についてのエッセイのなかで、『共同幻想論』を持ち上げたあとで、『遠野物語』にたいするオマージュを捧げていた。『遠野物語』はそのとき、生と死の風景、共同体とそこに生きる人々の禁忌にまつわる根源的なテクストとして再発見されている。

それら知のカリスマたちの影響下に、『遠野物語』に遭遇し、柳田国男とその思想に触れた若い世代の人たちは、柳田民俗学を近代の限界を超えるための方法へと読み換えていった。六〇年代後半から七〇年代にかけての政治の季節に、柳田民俗学はほんのつかの間、社会変革の武器や天皇制批判の拠り所となり、土俗からの反乱といったスローガンがもてはやされたのだった。

一九九〇年代となり、バブル経済が終焉を迎え、近代の黄昏が深まりゆくなかで、突然のように、柳田国男批判の嵐がはじまったことを思い出す。そのとき、柳田は植民地主義への加担者として槍玉にあげられた。牧歌的な常民と民俗のイメージの蔭に、隠された生臭い政治家としての柳田がいる、と語られるようになった。その批判はどこか、代理戦争のようにも感じられた。批判の主要な担い手たちがみな、かつての全共闘世代であり、吉本隆明にたいするルサンチマンが透けて見えたからである。わたしの眼には、それは吉本による呪縛からの解放をもとめての足掻きのように思われもした。ともあれ、この柳田批判の嵐が吹き荒れるなかで、確実に柳田国男の神格化もまた終焉を迎えていたのである。

＊

もはや、多くの人が柳田国男の時代は終わった、と感じている。あらたに編纂が進められている『柳田國男全集』は人気がない。読まれていない。高度経済成長期に『定本柳田國男集』が爆発的に売れたことを思えば、ほとんど隔世の感がある。

二〇一〇年代、グローバル化の大きな流れのなかで、あらためて柳田国男の可能性を問いかけてみる。まず、柳田が近代という時間に帰属し、まさに国民国家の時代の思想家として生きたということを、いくらか冷ややかに認めておくべきなのかもしれない。植民地主義に加担した、という批判はやはり的を外している。そうした批判を許せば、一億総懺悔にもなりかねない。結局、柳田は近代に誕生した国民国家としての日本を、「下」から支え受肉させることに心血を注いだのであり、それ以上でも以下でもなかった。

たとえば、柳田はしばしば、方言の大切さを説いて、それを保存するために採集と整理のプロジェクトを押し進めたと理解されているが、おそらく事情はやや異なっている。柳田は全国の同志に呼びかけて方言の採集事業を展開したが、それはけっして「いくつもの日本語」＝方言を守ることを目指したものではない。柳田はおそらく、「ひとつの日本語」＝共通語へとすべての国民を軟着陸させるためにこそ、膨大な方言／共通語のリストの作成を必要としていたのである。それはあらゆる民俗文化についても当てはまるはずだ。柳田は名もなき常民たちの暮らしの風景や心のあり方を掘り起こし、手がかりとして、「ひとつの日本」＝国民国家としての日本を「下」から受肉させること、そうして日本人であることを深いところから肯定することを願い、経世済民のために戦ったのである。それは、近代の思想家として筋の通った生き方であったかと思う。

それでは、柳田国男は終わったのか。わたし自身のその問いにたいする応答には、揺らぎがあった。終わったのかもしれない、と思いながら、いや、まだ終わっていない、と揺り戻しがある。そのくりかえしだった。それにしても、柳田にはほかのだれにも代行ができない役割がある。柳田の残した膨大なテクストはいま、日本文化をめぐる百科全書という意味合いを帯びはじめているのかもしれない。柳田は好むと好まざるとにかかわらず、日本民俗学の父であった。それゆえに宿命のごとくに、あらゆる民俗や文化の側面に触れて、問いと応答を提示するという役割を引き受けた。結果として、柳田のテクストの群れは百科全書となった。この点にかぎって言えば、近代の思想家のなかで、柳田よりも頼りになる存在はいないと断言してもいい。

柳田は依然として、かけがえのない豊穣なる知の宝箱なのである。たとえば、三・一一以後、地震や津波による途方もない災厄の跡に立ちすくみながら、わたしは幾度となく柳田の膨大なテクストの海をさまよった。たとえば、南相馬市を訪ねたときには、津波によってもたらされた泥の海に言葉にはならぬ衝撃を受けた。その下には水田風景があり、近代以降の開拓史が埋もれていた。土地の昔を知る人たちは、浦に戻ったとか、江戸時代に還ってしまった、と呟くように言う。どこか近世的な、潟のある風景のなかへと誘われているような気がした。そのとき、わたしは柳田の「潟に関する聯想」と題したエッセイを思い出していたのである。そこから、いくつもの考えるためのヒントをもらうことになった。

それはむろん、ほんの一例にすぎない。なにか未知なる問題に突き当たったとき、わたしは柳田のテクストに戻ってゆく。たいてい、柳田はその問題にたいして最初の鍬入れだけはすましており、ときにはそれなりに耕していることもある。柳田のテクストの多くがすでに登録され、たとえ不十分なものではあっても、一定の索引機能とともに検索しやすい状況にあるという条件は、たしかに有利に働いていることだろう。ほかの近代の思想家について、それは望めない。やはり柳田は百科全書なのである。しかも、それはけっして民俗学という知の枠組みには閉じ込められていない、いかにも領域侵犯的な知の残してくれたメモであり、覚え書きなのである。たとえば、「潟に関する聯想」というエッセイなど、あきらかに柳田に固有の眼差しに貫かれていながら、民俗学・地理学・社会学・歴史学・エコロジーといった多様な知の領域に向けて、すくなくとも萌芽としての問いを提示しているのである。

＊

思い起こせば、『遠野物語』のエピグラフには、「この書を外国にある人々に呈す」という不思議な言葉が書きつけてあった。その当時、柳田の仲間や知り合いのなかには、留学生や外交官などのかたちで海外にいる者が多くいて、かれらにたいして、このような日本がいまも存在することを忘れるな、というメッセージを送ったのだと、柳田自身が語っていた。一九一〇年に初版が刊行されてから百年の歳月が過ぎて、わたしたち日本人はみな、「外国にある人々」になったのかもしれないと思う。共同体の絆によって守られた暮らしの風景は薄れ、消えていった。故郷の喪失は癒しがたい眼前のできごとである。わたしたちはみな、どこにいても、そこを異郷と意識せざるを得ない「外国にある人々」になったのである。

だれもが異邦人として『遠野物語』を読み、あらたな発見をする時代がはじまった、と言ってもいい。遠野市で開催された国際フォーラムにおいて、デヴィッド・ヘンリーの発表のなかに関心をそそられる言葉があった。アラスカ大学フェアバンクス校准教授のヘンリーは、講義のなかで学生たちに英訳版の『遠野物語』を読ませているが、かれらは『遠野物語』の印象を二つの言葉で表わす、という。すなわち、「不思議」と「懐かしい」である。若い女が山男にさらわれ、カッパが淵に現われ、ザシキワラシのうしろ姿が目撃され、力自慢の男がオオカミと格闘をする、といった話が「不思議」と感じられるのは、むしろわかりやすい。しかし、はるかな異国の学生たちが『遠野物語』を「懐かしい」と感じるというエピソードには、驚きと「不思議」を感じずにはいられない。なぜ、文化的な背景をまったく異にするアラスカの若者たちが、よりによって遠い異国のみちのくの地の物語にノスタルジーを掻き立てられるのか。大きな示唆を与えてもらった気がする。

あらためて、可能性としての柳田国男について、世界のなかで語るべき時代が始まろうとしているのかもしれない。この地球上のだれもが「外国にある人々」になろうとしている時代にあって、『遠野物語』をはじめとする、柳田国男のテクストのいくつかは「世界の古典」としての役割を果たすことができるのかもしれない、ということだ。たとえば、フランスでアナール学派の感性の歴史学が誕生した一九三〇年代、ユーラシア大陸のはての島国に暮らしていた柳田は、さまざまな感性のフォークロアの掘り起こしを行なっていた。それらのテクストをフランス語に翻訳して、書物として刊行するならば、遠隔の地において同時代の知が共振しあう姿が驚きをもって語られるはずだ。柳田国男のテクストを携えて、世界とのあらたな出会いを目指してみるのもいい。

（二〇一二年）

4　歴史民俗学は可能か――考古学と民俗学の将来における協同のために

考古学ははたして、ヤマト中心史観の呪縛から自由でありえているか。これがはじまりの問いとなる。ヤマト中心史観とはとりあえず、日本＝ヤマトを自明の前提と見なしながら、その価値観をもって列島史の全体像を叙述する立場を指している。

たとえば、ヤマト王権は地方行政の末端にまで、文書主義にもとづく支配を徹底させようとした、といわれている。そのわかりやすい一例を、石川県加茂遺跡で出土した加賀郡牓示札に見ることができる。平安時代の前期にあたる嘉祥年間（八四八〜八五一）に、加賀郡が郡内の有力者に宛てて出した命令書である。その内容は、律令政府による八カ条の禁令に、加賀国と加賀郡とがそれぞれ文書を附したものであり、交通の要衝に掲示された「お触れ書き」であったらしい。

関心をそそられるのは、たとえば禁令が、第一条「田夫、朝は寅の時を以て田に下り、夕は戌の時を以て私に還るの状」にはじまり、第八条「農業を慎勤《しんきん》すべきの状」に終わることである。すなわち、ここではひたすら、田夫や百姓に農業を勧める心得ともいうべきものが説かれている。しかも、第四条では、五月三〇日までに、田植えが終わったことを報告するようにと命じ、第六条では、桑原を持たずに養蚕をすることを禁じており、それらはあきらかに、この禁令が律令国家による税収確保という欲望に根差していることを示唆している。

この加賀郡牓示札はむろん、紙ではなく木の板に書かれた文字史料であるが、その内容はむしろ文献史料に近接する。その解読からは、たいへん興味深い民衆世界の新たな側面が浮き彫りにされてきた。しかし、それは同時に、律令国家の経済基盤に組み込まれた、稲作や養蚕といった「公」の場面に限られたものであることを、きちんと視野に納めておく必要がある。いわば、紙であれ木であれ、文字史料の外側には、広大な「私」の世界が声もなく埋もれているのである。くりかえすが、文字史料が明らかにするのは、かぎられた世界のわずかな一断面にすぎない。

それでは、稲作や養蚕以外の生業のありよう、日々の暮らしの光景、信仰のかたちといった、いわば「私」の世界を知るためには、いかなる手がかりが存在するか。たとえば、墨書土器などに残された文字史料からは、古代の民衆レヴェルにおける呪いや信仰のかたちが、断片的なものではあれ明らかにされてきた。当然ではあるが、さらに、その先へと赴くためには、考古遺物や民具・民俗・伝承といった非文字史料に手がかりを求めねばならない。それにしても、あらゆる歴史にかかわる資料はつねに・すでに、ある種の政治的な磁場のなかに置かれているのかもしれない。史料それ自体が、文字であれ何であれ、それぞれに限られた歴史を抱いてそこにある、ということだ。

＊

思えば、柳田国男は文献のみを担保とした歴史学への痛烈な批判者であった。その初志は、常民の生活史を明らかにする新しい歴史学をうちたてることにあった。柳田は民俗学と考古学とが、歴史を文字史料から解放するというモチーフを共有することを、幾度となく指摘していたが、そこに協同関係を模索することはなかった。戦後はことに、考古学への関心が深まったが、残念ながら、柳田の知の道行きにとっては遅きに失した感が否めない。

あきらかに、柳田に固有の限界もあった。そのひとつは、柳田が信仰や魂の問題といった、心意の伝承に第一義的な意味を認めたために、モノにたいして冷淡な態度を示したことである。それは、柳宗悦の民芸運動にたいする批判となり、また、渋沢敬三とアチック・ミューゼアムや日本常民文化研究所がになった民具研究にたいする批判となって顕在化した。それ以降、とりわけ柳田の系譜を引く民俗学者たちのなかには、モノに冷淡で、心の伝承にもっぱら関心を寄せる傾きが強い。それがたぶん、モノにこだわる考古学との協同を拒む要因の、少なくともひとつをなしてきた気がする。

たとえば、東北の山間部のムラを歩いてきた感触からすると、文字史料とはまた別の意味合いで、考古的な遺物のみで再構成される世界が、たいへん知的なバイアスをかけられた、偏りや歪みを含むものに思われてならない。そこでは、柳田のこんな言葉がきわめてリアルなものに感じられる。柳田はいう、「我々日本人の祖先は石と土とで生活して居たものではなく、植物性の多すぎる圧迫の中に生活して居た民族である」（「文化運搬の問題」）と。考古学への批判を含んだ言葉であった。土器や石の遺物によって語られる縄文文化像にたいして、木や樹皮や草を素材としたモノや道具を手がかりとして語られる、もうひとつの縄文文化像に親近感を覚える。木の器や道具に眼を凝らすとき、そこにはっきりと浮かびあがるのは、縄文時代と現代の民俗社会とを繋ぐ文化的な連続性ということである。この分野における貴重な業績として、名久井文明氏の『樹皮の文化史』をあげておく。

モノには心や精神が宿っている。そんな物言いが敬遠されることは承知しているが、将来の民俗学と考古学の協同のためには、古さびたモノと心の二元論に囚われていてはいけない。考古学の領域で、解釈に困ったときに登場する、呪術や祭祀といった言葉の群れについても、民俗学の側から再考を迫らねばなるまい。そこにはたしかに、黙契のごとくに形作られてきた解釈の装置が見え隠れしているが、それはじつにシンプルな人間観に根差すものに感じられる。民俗学はこれまで膨大な資料を蓄積してきたが、それは必ずしも考古学者にも使いやすい体系的なデータベースとはなっていない。しかし、考古学的なモノの解釈にたいして、民俗学が大きな寄与をなしうることは疑えない。

最後に、考古学はヤマト中心史観の呪縛から解放されているか、そう、あらためて問いかけてみる。歴史学は敗戦を境として、戦前の「国史」から戦後の「日本史」へと名称を変え、劇的な転換を果たしたかに見える。しかし、「日本」という名の国家の、いま・そこにある境界や、地理＝空間的な広がりを暗黙のうちに抱えこんだ「一国史」である点において、意外なほどにその距離は小さいのかもしれない。いま、根底からの懐疑にさらされているのはまさに、この「一国史」という歴史の語り口であり、方法である。だから、こうした問いが切実なものとして浮上してくる、――民俗学は、あるいは考古学はいま、「一国史」の枠組みを越えて、いかに「いくつもの日本」を抱いた民族史の地平に降り立つことができるか、と。

（二〇〇四年）

5 民俗学と歴史学の対話のために

『東北学』創刊の前夜に

『民俗学と歴史学』（藤原書店、二〇〇七年）という本を編んだ。あらかじめ書いておくが、こういうかたちで、網野善彦とアラン・コルバン、お二人と交わした対話の記録が一冊の本になることを、予期していたわけではない。いずれも、一九九〇年代の後半におこなわれた対話である。それぞれは独立している。もとより、その当時、どこかに収斂されてゆく地点が見えていたわけでもない。しかし、いくつかの偶然の促しもあって、こうして一冊の本に編みなおしてみると、違和感はない。くりかえすが、ここに収められることになった対談や座談会の記録はどれも、一九九〇年代後半の、ほんの数年間という時期におこなわれている。この、二〇世紀の終わりという時代を背景としていることが、いったい何を意味するのか、そこには意図せざる何かが沈められていたのか、正直にいえば、よくわからない。

ただ、わたし自身の事情に照らしてみれば、それがあきらかな、ある意味合いを帯びた時代であったことは、とてもはっきりしている。わたし自身が責任編集者となって、『東北学』という雑誌をようやくにして創刊したのが、一九九九年の秋のことであった。それゆえ、わたしが網野やコルバンを訪ねて対話を交わしていたのは、まさに『東北学』の創刊前夜だったのである。そのとき、東北学はいまだ、わたし一人の孤独な知のいとなみに過ぎず、東北の多くの人びとを巻き込んだ知の運動であったわけではない。わたしが東北文化研究センターの構想をはじめて起草し、ある人に最後通牒のように突きつけたのが、コルバンに会うためにフランスへと旅立つ、ほんの一、二週間前であったことを思い出す。そうした前夜の、どこか緊迫した雰囲気は、すべてを承知したうえで応援してくれていた網野との対話のなかに、そこはかとなく漂っているかもしれない。

『東北学』はその創刊号の巻頭に、網野・宮田登・山折哲雄を迎えたシンポジウムの記録を掲載して、はじまりの一歩を踏み出した。それは全十号をもって、第一期の幕を閉じた。二〇〇四年の春、『東北学』の終刊号の巻頭を飾ったのが、ほかならぬアラン・コルバンとの「歴史、名もなき人々への眼差し」と題された対話の記録だった。実際の対話から六年も経て、通訳をしてくれた野田四郎との奇妙な縁《えにし》によって、陽の目を見ることになったのである。幻に終わるはずであったものが、まったくの偶然によって甦った、その幸運にはほんとうに熱い感謝を覚えた。

『東北学』はいま、『季刊東北学』と名を変えて、東北芸術工科大学を母胎に引き続き刊行されている。網野との四度目の対談はついに実現することなく、対談集の企画も宙に浮いたまま、流れてしまった。『季刊東北学』の創刊号が、網野善彦追悼号として編まれることになったことも、偶然のめぐり合わせとはいえ、因縁めいたものを感じざるをえない。こうして思い出話を重ねていけば、はてしがない。いずれにせよ、『東北学』以後に属するいま・ここで、『東北学』前夜におこなわれた対話の群れを読みなおすことには、わたしにとって幾重にもよじれた感慨が含まれているのである。

およそ十年の歳月が横たわっている。わたしのなかでは、終わったと感じられるテーマもあれば、継続しているテーマもあり、古めかしさと新しさとが混在している。もっとも隔たりを感じさせられるのは、柳田国男とその民俗学の評価をめぐるスタンスの変化ということであろうか。柳田国男というテクストに導かれながら、民俗学者として立ってゆこうと、まったくもって時代錯誤な選択をしたばかりの頃でもあった。わたしを民俗学会へと誘ってくれた宮田登もまた、やがて亡き人となり、わたしの根っこのない決意表明は宙に浮いて、たちまち行き場を失った。二〇〇〇年に『海の精神史』（小学館）を刊行し、〈柳田国男の発生〉三部作がとりあえず完結すると、わたしはいやおうもなく、柳田国男との訣れを意識せざるをえなくなった。わたしの柳田以後は、いまも確実に深まりつつある。だからこそ、十年前の対話の群れとのあいだに、ある隔絶が感じられるのである。そこでは柳田とその民俗学が主役の座に鎮座していたことが、否定すべくもない現実だった。もはや、主役は柳田国男ではない。それについては、『一国民俗学を越えて』（五柳書院、二〇〇二年）のなかで語っている。

柳田国男、いまだ訣れは訪れず

　ところが、気が付いてみると、わたしはいまだに柳田国男との訣れなど果たすことはできずに、柳田とその民俗学のまわりを途方に暮れたように徘徊しているのである。どれほど情けないにせよ、それが現実だ。わたしはたぶん、それと自覚しているよりもはるかに深刻なかたちで、柳田に出会い、その影響を身ぐるみ蒙っているのである。わたしはどうやら、ほんとうの民俗学者になることには失敗したが、柳田国男という思想とは、これからも着かず離れずの関係を続けてゆくことになるらしい。いかにも中途半端な、そんな場所から、わたしは『東北学』前夜の対話の群れを眺めている。

　いま、ひとつの気付きがやって来る。十年前のわたしもやはり、したたかにひき裂かれていたのではなかったか、と。むろん、柳田とその民俗学をいかに評価するか、という問いかけの前に佇みながら、あられもなくひき裂かれていたのである。功罪があることを指摘しながらも、東北をフィールドにした方法的まなざしをもって、柳田民俗学に向けての批判をくりかえしている。しかし、フランスへと赴き、アラン・コルバン氏と対峙したときには、にわかに健全なるナショナリズムに目覚めたかのように、ひたすら柳田民俗学のなかに埋もれている可能性の種子を拾いあげ、飽きることもなくぶつけたのであった。ひき裂かれているが、わたしにとっては、まったく素直な対応であったかと思う。わたしはつねに・すでに、柳田民俗学を批判しつつ／擁護してきたのであったから。

ここで、あきらかに語っておくべきかもしれない。コルバンとの対話は、NHKのある番組制作の一環としておこなわれた。わたしにあたえられた準備期間はあまりに短かった。詳しくは知らないが、はじめは宮田登が出演者に予定されていたらしい。わたしは三週間ほどの時間しかあたえられず、その間にすべての著作を取り寄せ、読み漁り、ノートを取って、準備をしなければならなかった。わたしはひそかに覚悟を固めた。インタヴュアーになるつもりはない、きちんと対話がしたい、だとすれば、わたしにはどんな拠りどころがあるのか、いかなる対話のための武器があるのか、それればかり考えあぐねた。その果てに、わたしは悟った、自分には柳田国男しかない、と。フランスのアナール派歴史学という、グローバルな知を前にしたとき、東アジアのはずれのローカルな知の風土に育ったわたしが、何とか提示することができるものがあるとすれば、それは疑いもなく柳田国男の思想であり、それしかないのだ、と思った。わたしはあくまで愚直な態度をつらぬいた。コルバンにたいして、遠い日本の地で、一九三〇年に前後する時期に、アナール派の「感性の歴史学」に匹敵するような仕事をたった一人でおこなった、柳田国男という思想家が存在したと、それればかりを語ったのである。

柳田はわたしにとって、依然として巨大にすぎる存在である。たやすく離脱などできようはずもない。ただ、付き合い方は変わっていかざるをえないだろう。じかに柳田に触れて語ることはすくなくなる。そのかわりに、柳田と同時代に生きた思想家たちの仕事にたいする、あらたな関心が芽生えつつある。そのあたりの考え方のデッサンでもしておくことにしようか。

思えば、わたしはいつでも、歴史学と民俗学とがあい交わるあたりに眼を凝らしてきた気がする。ふたつの知のまなざしや方法が境を接する、ボカシの領域がどこかに広がっていて、そこに関心をそそられ、魅せられてきたのではなかったか、と思う。それはときには、あらかじめ制度の外部を刻印された、異形のモノらが跳梁するあやかしの世界でもあり、だから、曖昧模糊として、いかがわしい。いかがわしいモノらに惹かれる傾きは、たしかにある。もとより開き直るつもりはないが、すでに名前をあたえられ、分類コードをもって知の標本箱のなかに収められたモノたちには、熱い関心を差し向ける気になれない。名付けがたきモノらとの邂逅、そして交歓こそに、畏れを抱きながら、ひそかにそそられてきたのである。

だからかもしれない。わたしは否定しようもなく、たとえば民俗学という名づけが施される以前に属する、柳田国男の明治・大正期の仕事に深くとらわれてきた。柳田の眼前には、命懸けの探求に値する、たくさんの謎にみたされた世界が声もなく広がっていた。平民は、常民はいかに暮らしているか、いかに暮らしてきたか。天狗や山人、サンカや木地師、遊女や芸能の民、毛坊主や巫女、漂泊する人びと、被差別の民などをふくめた常民たち、いや、かれら周縁に生きた者たちこそを主役に据えた「農村生活誌」、また「常民生活史」への欲望が、熱く沸騰しながら渦巻いていたのである。その掘り起こしは、ある側面においては、民俗学の閉塞状況を打ち破るために、柳田のなかに埋もれている民俗学以前の可能性を探求しようとする試みであった。すくなくとも、わたし自身はそうした方位に沿うかたちで、『遠野物語』の再評価をおこない、柳田のテクストを発生的に読みなおす仕事に精魂傾けたのである。『遠野／物語考』や、『山の精神史』『漂泊の精神史』『海の精神史』などに、その一端は示されている。

明治四〇年代、たとえば『遠野物語』の柳田の前には、いまだ民俗学は存在せず、その書名の「物語」もまた、神話・伝説から昔話・民話・世間話にいたるまで、分類以前の話し言葉の織物たちを雑多に包摂する、曖昧きわまりない呼称にすぎなかった。そして、わたしはのちに、聞き書きの旅のなかで、そうした分類以前の「物語」の群れこそが、生きられた語りの現場にあたりまえに転がっているものであることを知ることになった（『東北学へ2　聞き書き・最上に生きる』作品社、一九九六年、『山野河海まんだら』筑摩書房、一九九九年、などを参照のこと）。語り部たちはみな、神話や伝説や昔話や世間話のあわいを漂いながら、それぞれに話し言葉の織物を紡いでいる。それを『〇〇の伝説』や『〇〇の昔話』へと織りあげるのは、あくまで編集する側のまなざしであり、知の枠組みなのである。『遠野物語』が民俗学以前に浸された書物であることは、何度でも確認しておいたほうがいい。

昭和の初年から一〇年代にかけて、柳田とその周辺にあっては、あらたな分類へのまなざしや方法への意志をもって、歴史学とも民族学ともあきらかに一線を画されるべき、郷土研究という名の民俗学が生成を遂げていった。いつしか、やわらかな知の可能性の種子がふんだんに詰まっていたはずの民俗学以前は、はるかかなたへと遠ざかった。柳田自身によっても、生まれたばかりの民俗学によっても、制度の外部へと逐《お》いやらわれたのである。「感性の歴史学」にかかわる一連の仕事もまた、民俗学以前に含まれる。昭和五（一九三〇）年あたりであったか、柳田自身がひっそりと、『遠野物語』殺しに手を染めていたことを想起しておくのもいい。いわば、柳田その人がだれよりも深く、『遠野物語』が民俗学以前に属することを自覚していたのである。

それから、さらに七十年近い歳月が経過した。民俗学はいま、いかなる地点へと到り着いているのか――。その問いが反転して、あらためて民俗学以前にたいするノスタルジックな関心を掻き立てているのかもしれない、とも感じる。しかし、わたしはノスタルジーをただちに否定しようとは思わない。過去をいたずらに懐かしむのではない、ひとたび過去のある地点に立ち返って、そこから、たとえば民俗学的な知の軌跡を辿り直そうとするのである。そうした思想史的な探求には依然として、未来へと向かう反発力が豊かに宿されているのではないか。わたしのなかでは、どうやら思想史への回帰がゆるやかにはじまっているようだ。

壮年期の民俗学は可能か

そうして、思想史への回帰が起こりつつあることを、あえて隠す必要はあるまい。ただし、それはたんなる回帰ではない。ひとたび、わたしなりの流儀と作法でフィールドをくぐり抜けたうえでの、あらたな日本思想史への出立である。ひとつの焦点は、確実に、明治以降の近代に生起した知や学問の系譜を発生的に掘り起こすことである。そこに埋もれている可能性の種子を探しながら、これからの、未来へと繋がってゆく思想や哲学を創りあげてゆくための糧としなければならない。柳田国男の残したテクストのなかに、アナール派の「感性の歴史学」に拮抗する仕事が、たとえ断片ではあれ見いだされたように。それは一個の励ましである。わたしはここでも、あの、汝の足元を深く掘れ、そこに泉あり――という声に、その呼びかけの真実に賭けたい、と願う。

むろん、だからこそ、柳田ばかりではない。たとえば、その周辺にいて、民俗学／民族学／歴史学の黎明期に、それぞれの思索と歩行のスタイルをもって働いた先達たちの残した仕事から、わたしは折りに触れて、多くのことを学んできた。南方熊楠・折口信夫・喜田貞吉・渋沢敬三・岡正雄……といった先達たちの仕事は、すくなくともその一部はいまも、なぜ、色褪せず刺戟にみちたものでありえているのか、と問いかけてみるのもいい。その理由の一端はたぶん、それらがほかならぬ、民俗学／民族学／歴史学といった知の領土《テリトリー》が画定される以前に属していることに求められるはずだ。逆にいえば、いま・そこにある知のまなざしや分類の枠組みは、けっして自明なものではありえず、また、避けがたい必然のプロセスの所産といったものでもないことを、再確認しておくべきなのかもしれない。

それにしても、たしかに、いま、ある種の知や学問をめぐる閉塞状況は、だれの眼にもあきらかだろう。時代のあまりに激しい変容に眩惑されて、時代状況に拮抗する言葉を紡ぎだそうとする気力が萎えてしまった、そんな気配が濃密に漂う。いうまでもなく、民俗学にかぎった話ではない。民俗学ほどには深刻に顕在化していないとしても、民族学・人類学や歴史学、考古学といった隣接する知の領域においても、閉塞ないし停滞の空気は覆い隠しようもない。広義にいって、歴史や文化にかかわる知や学問はみな、そのアイデンティティをめぐって根底からの懐疑にさらされているのではないか。その自覚の深さ・浅さが、対応を多様なものにしてはいるが、直面している状況の困難さには大差がないのかもしれない。

それでは、いかにして、こうした閉塞状況を乗り越えることができるのか。ここにいたって、思想史への方法的な回帰は、わたし自身の内なる避けがたいプロセスとしてではなく、より大きな時代の必然と化してゆくのかもしれない、と感じる。わたしたち自身の近代の知をめぐる包括的な再検証こそが、あらためて緊要なる課題として浮上してくる。それはしかも、思想史の土俵に留まるのではなく、ただちに学問の最前線へとフィードバックされることが求められる。確認しておくことにしよう、あらゆる人文諸科学のテリトリーは、近代の国民国家の生成とともにしだいに画定されていったものであり、その自明性はなにものによっても担保されてはいないことを。近代の黄昏のなかで、そのテリトリー再編がたいせつな課題となってゆく必然があり、そして、見えにくいものではあれ、すでに再編のドラマはそこかしこで幕を開けているはずだ。

思えば、網野善彦は『「日本」とは何か』のはじまりの章に、以下のように書いていた、――

人類社会の歴史を人間の一生にたとえてみるならば、いまや人類はまちがいなく青年時代をこえ、壮年時代に入ったといわざるをえない、そうした厳粛な現実を背景として、歴史学をはじめとする学問全体が、これまでとは異なる視点から問題を立て直しはじめている、と。『「日本」とは何か』という著書は、疑いもなく遺言の書であった。網野はそこでは、壮年期の歴史学へと道をひらくことを願いながら、その、ささやかではある礎石を築こうとしたのではなかったか。

壮年期への胎動は歴史学にかぎられたものではない。だから、歴史学をはじめとする学問全体が問題の立て直しをはじめている、と網野は書いた。そうした動きはまちがいなく、やがて民俗学、民族学や人類学、考古学などをも巻き込んだ、より巨大な知のテリトリーの再編となって顕在化してくるにちがいない。当然とはいえ、その再編のプロセスのなかでは、消滅してゆく学問があり、あらたに生起してくる学問があり、どれひとつとして無傷でやり過ごすことはできないだろう。

おそらく、民俗学にとってはとりわけ、生き残りを賭けた最期の戦いがはじまっている。それにしても、はたして壮年期の民俗学は可能か、という問いは、なんと身震いするほどに魅惑的であることか。もはや逃げ場は、どこにもない。

（二〇〇七年）

6 ミンゾク知の系譜学

ふたつのミンゾク学を抱いて

思えば、わたしたちの近代知の系譜のなかでは、つねに「日本文化」の輪郭をめぐって、幾重にもよじれた葛藤が演じられてきたのではなかったか。たとえばそれは、「ひとつの日本」／「いくつもの日本」のあいだのせめぎ合いであり、知や学の表層にあっては、ふたつのミンゾク学（民俗学／民族学）の錯綜する交流史として見いだされ、論じられてきた。小熊英二の『単一民族神話の起源』などは、それをより大きな単一民族論／混合民族論の相剋の近代思想史のなかに位置づけてみせた。

それにしても、いまとなっては、ふたつのミンゾク学の対峙の構図は、民族学が文化人類学へと衣替えを果たしたこともあって、どこか曖昧に収束を見たかのようである。ふたつの学の将来イメージは、ある方位へと確実に固まりつつある。しかし、それについては、あえてあきらかに語ることは避けたい。わたしはむしろ、それ以降にはじまるはずの、いまだ名づけがたき知の運動のゆくえに眼を凝らすためにも、逆説的ではあるが、近代以降に生起してきたミンゾク知の系譜のなかに埋もれた可能性の種子を掘り起こすことにこそ、関心をそそられている。未来はおそらく、すでに過去のなかに胚胎されてある。

さて、ここではそうしたミンゾク知の系譜学を、柳田国男を軸とする知の交流という視座から辿りなおしてみたい。それゆえ、この試みは避けがたく、柳田国男の磁場にからめ取られる危うさのなかにあり、ある偏向を抱えこんだ系譜語りとならざるをえない。それにもかかわらず、明治以降のふたつのミンゾク学の起源と展開のプロセスは、そのはじまりの組織者であった柳田を抜きにしては、語ることがむずかしい。その際、わたしが特異にこだわってみたいのは、それぞれの知の交流のなかで、柳田はなにを拒んだか、なにを切り捨てたか、なにを否定したか――という問いである。そこから、近代のミンゾク知の埋もれた可能性が見えてくるかもしれない、と考えている。

柳田国男が生涯になした膨大な仕事については、わずかな紙数で語り尽くすことはできない。ともあれ、柳田は日本における民俗学的な知の系譜のはじまりに位置を占める、まさに「日本民俗学」の創始者であった。その思想の履歴はしかし、幾重にも錯綜しており、ひと筋縄で捉えることは困難である。たとえば、明治四〇年代の著作の群れ、『遠野物語』『後狩詞記』『石神問答』などが、あたかも「日本民俗学」の出立の記念碑のように称されることが多いが、それはあくまで後世の評価にすぎず、現実には、そのとき・そこに「民俗学」はいまだ存在しなかったことを忘れてはならない。

柳田の知の履歴にとっては、いわば前期にあたる明治・大正期には、いまだ民俗学という名づけをもたぬ、あらたな知の運動に、いかなる輪郭を与えることができるかということが、最大のテーマであった。そこでは、「山人＝ヤマビト」と名指された、この列島の先住異族の末裔たちの消息を探りもとめながら、多元的な列島の民族史が構想されていた。そして、毛坊主や巫女などの漂泊する人びとや被差別の民をも包摂しつつ、平民や常民と呼ばれた「ふつうの人びと」の生活史が探求された。このとき、柳田の前には膨大な近世の随筆類があり、それがイマジネーションの源泉をなしていたことを記憶に留めておきたい。

しかし、昭和三、四年を境として、見えにくい大きな転換のときが訪れる。すなわち、山人への関心がすっかり姿を消し、列島の民族史をめぐる構想は放棄された。漂泊と定住の構図のもとに常民生活史が語られることもまた、これ以降はなくなる。常民史学としての民俗学への志向が、前景を占めるようになり、やがてその全体を覆い尽くしていったのである。昭和十年に前後する時期に、柳田とその周辺では民俗学の体系化と組織化が本格的に進められた。それはまさに、「一国民俗学」の名にふさわしい、近代の国民国家としての「日本」を下方から受肉させる運動として、みずからの輪郭を整えていった、といっていい。

民俗学の誕生の現場から

そうした柳田国男による民俗学の創出のプロセスには、少なからぬ数の人びとがそれぞれに濃密な影を落としている。その幾人かを取りあげてみる。

たとえば、南方熊楠である。明治四〇年代から大正初年にかけて、この南方と柳田とのあいだでは、往復書簡というスタイルのもとに火花を散らすような知の交流がおこなわれた。それは、『柳田国男・南方熊楠　往復書簡』にまとめられている。二人の交流の起点には、山人や山の神信仰にまつわる関心の共有があり、眼前のできごととして取り組むべき神社合祀の問題が横たわっていた。柳田／南方の論争のテーマは、きわめて多岐にわたるが、それがまさに民俗学的な知の誕生の現場そのものであったことは否定しがたい。このとき、「民俗学」はいまだ自明の名づけではなく、欧米のフォークロアが参照されながら、「民俗学」「土俗学」「俚俗学」などの呼称が並び立ち浮遊していたのである。

この時期に、柳田によって創刊された雑誌があった。『郷土研究』である。この雑誌を舞台として、「民俗学」の輪郭を画定するための試行錯誤がさまざまに演じられることになった。しかし、皮肉なことには、郷土研究とはフォークロア＝民俗学のことだと考える南方にたいして、民俗学は「余分の道楽」にすぎず、『郷土研究』はルーラル・エコノミー＝農村生活史のための雑誌である――と柳田が応じたことによって、二人の関係は一気に破綻へと向かった。平民はいかに生活するか、いかに生活してきたか、それを記述して世論の前提を確実なものにするためにこそ、農村生活史というあらたな学が創られねばならない、そう、柳田は考えたのである。柳田はこのとき、農政学という出自を脱していなかったのかもしれない。そうして南方の示唆する、欧米のフォークロアを範型とした「民俗学」を退けたわけだが、それからの二十年ほどの試行錯誤のはてに、その退けたはずの「民俗学」を取り込みながら、民間伝承＝民俗学へと着地することになる。

南方熊楠はまた、柳田とは異なる意味合いで、じつに多様な顔をもつ在野の学者であった。明治一九年、十九歳のときにアメリカに渡った。のちにイギリスへと移り、大英博物館で研究活動を重ね、学術雑誌にたくさんの研究報告を寄稿したことが知られている。三十四歳のときに帰国してからは、和歌山を離れることなく、もっぱら菌類の採集のために野山を歩きつづけた。南方といえば、粘菌の研究が有名であるが、その多岐にわたる知的な業績の核にあったのは、おそらくは博物学のまなざしであり、真言密教のマンダラの思想であったと想像される。古今東西の文献資料が素材となり、まさしく類まれなる博覧強記が繋いでみせる南方マンダラの世界の一隅に、たとえば柳田とも交叉するような「民俗学」の領土がふくまれてあった、といえるだろうか。しかし、いずれであれ、南方の志向した民俗学的な、いや、むしろ民族学的な知の可能性の種子は、およそ柳田の「一国民俗学」とは方位をたがえる場所に埋もれているはずである。南方のなかでの近世／西洋に繋がる博物学的な教養をいかに評価するかが、とてもそそられるテーマとなる。

あるいは、喜田貞吉《きたさだきち》の存在もまた、大きな刺激になったと考えられる。柳田の明治・大正期の仕事をつらぬく、重要な研究テーマのひとつは、すでに触れたように、巫女や毛坊主のいる農村生活史の探求であったが、それは大正一〇年に前後する時期に、差別や天皇制といった問題とのからみのなかで、しだいに影を潜め、やがてまったく姿を消した。この困難なテーマの周辺において、持続的に調査や研究を重ねていったのが、喜田貞吉その人であった。思えば、柳田の履歴のなかにはじめて喜田の名前が登場するのが、この被差別部落のルーツにまつわる論争であったのは、偶然ではあるまい。喜田はみずからが主宰する『民族と歴史』などの雑誌のなかに、多くの貴重な資料や論考を掲載し、被差別部落史研究の礎石を築いたのである。あるいは、赤松啓介が柳田批判の意志をこめて、差別の民俗にかかわる調査と研究をおこなっていることも見逃すわけにはいかない。

昭和初年、柳田と喜田のあいだでは、にわかにオシラ神をめぐる論争が起こった。東北地方に見られる、対をなす木の棒を御神体とする家の神信仰のひとつであるオシラ神をめぐって、喜田がアイヌのチセコロカムイ＝家の神信仰とのかかわりを説いたのにたいして、柳田が真っ向から異を唱えたのである。この時期、『遠野物語』以来、みずからも曖昧に支持してきた、東北地方の習俗や地名などをアイヌ文化との繋がりで説くアイヌ文化源流説にたいして、全面的な否定へと転換してゆく柳田がいた。そのとき、柳田があえて生け贄として論争相手に選んだのが、喜田貞吉であったのかもしれない。本格的な「一国民俗学」の立ち上げにとっては、日本文化／アイヌ文化のあいだに切断線を引くことは、決定的に重要な前提作業の一環であった。いま、柳田／喜田のオシラ神論争から学ぶものがあるとすれば、むしろ喜田の議論であろうか。そこには、列島の北に向けて開かれた比較民俗学の先駆的な試みがあり、可能性の種子が認められるのである。

その同じ時期に、柳田のかたわらにいて、『民族』という雑誌の共同編集者をつとめていたのが、のちに民族学者として柳田に対峙することになる岡正雄であった。この『民族』の周辺には、岡をはじめとする若手の民族学徒が寄稿者としてあつまり、柳田自身は地方在住の郷土研究にしたがう人びとを広範に組織しつつあった。ほんのつかの間、ふたつのミンゾク学（民俗学／民族学）の「結婚」が夢想される状況が生まれていた。そして、この蜜月は数年で幕を閉じて、若い民族学者たちは柳田のもとを去った。それ以降、二度と両者が本格的に交わることはなく、現在にいたっている。

岡正雄がはじめて柳田を訪ねたのが、フレイザーの『王制の呪的起源』の翻訳・出版に際して、序文の執筆を依頼するためであったことは、示唆に富んでいる。柳田はおそらく、このフレイザーの王殺しを核とした王権論が天皇制をめぐる議論に波及することを怖れて、岡の執筆依頼はおろか、著書の刊行そのものに反対した。そうして翻訳は世に出ることなく終わった。柳田は南方熊楠の教示を受けて、明治四〇年代にフレイザーの『金枝篇』を陶酔するように読んでいた。その一つ目小僧論などには、あきらかにフレイザーの供犠論の影響が見いだされる。柳田がフレイザーによる民族学的な洗礼を受けていたことは、否定すべくもないが、その王権論だけはついに、あらわに拒絶したのである。

岡正雄は柳田のもとを去ると、渋沢敬三の援助を得て、昭和四年、ウィーン大学への留学を果たした。シュミットのもとで、当時、最盛期を迎えて活気があったウィーン学派の民族学を学んだのである。博士論文(独文)として提出されたのが、日本文化をいくつかの文化複合に分け、その起源を周辺の諸民族文化との比較をつうじてあきらかにしようとした『古日本の文化層』であった。邦訳はなく、『異人その他』に収められた「目次」によって、その全容に触れることができるだけだ。岡の処女論考は、『民族』誌上に掲載された「異人その他」(『異人その他』岩波文庫)であったが、いまもそれは刺戟にみちた可能性の種子を感じさせる論考である。ウィーンからの帰国後は、日本における民族学の組織者として活躍し、柳田の「一国民俗学」への最大の批判者でありつづけた。

民俗学以後に託されたものへ

たとえば、折口信夫は柳田とともに、民俗学的な知の土壌を耕すために力を尽くしたが、それは柳田の「一国民俗学」とは、微妙に、いや根底的に異質な匂いを漂わせている。折口は出自を国文学にもち、その最初の著作は『古代研究』と題されていた。折口の民俗学ははじまりのときから、古代文学とフォークロアとを架橋するような仕事とならざるをえない必然があったのである。

戦後間もない一九四九年から翌年にかけて、柳田と折口とが興味深い対談をおこなっている。二人にとっては、晩年になってようやく実現した、たった一度の対談、正確には連続対談であった。そのとき、司会として、その場に黒子のように参加していたのが、文化人類学者の石田英一郎であったことも暗示的ではある。対談の第一幕は「日本人の神と霊魂の観念そのほか」、第二幕は「民俗学から民族学へ」と題され、フォークロアの思想や方法について、民俗学／民族学の関係について、思いがけずラディカルな論争がおこなわれた。それはのちに、『民俗学について──第二柳田國男対談集』（筑摩書房、一九六五年）に収録されている。

その対談のなかで、柳田はいわゆる日本民族の構造について、これまでも「人種の混淆」を認めてきたと留保しながら、主要なる種族の精神生活は稲作と深く繋がっているとして、あくまで「一国民俗学」の立場からの発言をくりかえしていた。それにたいして、折口はみずからが「古代的の立場」ゆえに民族学に接近する避けがたさを語りつつ、ついには「一国文化の中にも、エスノロジカル・フォークロアとでもいうべき形がある。つまり、フォークロアの対象とエスノロジーの対象とが、一つになる」と言い切ってみせた。「日本民俗学」の基礎を創った柳田／折口が、こうして最晩年にいたり、ほとんど決定的な訣別のドラマを演じていたことを忘れてはならない。しかも、その訣別の瞬間が、それまでけっしてあきらかな叛旗を翻すことのなかった折口の側が仕掛けたものであったことにも、注意を促しておきたい。そういえば、折口には大正七年に『金枝篇』を抄訳した「穀物の神を殺す行事」があるが、そのフレイザー体験は柳田ほどに深刻なものではなかった、と想像される。

柳田は民俗学の組織化に向けてのマニフェストのなかで、「沖縄の発見」を高らかに謳いあげてみせた。その南島＝沖縄研究の基本ラインは、日本の古代を映し出す鏡のような土地としての沖縄、それを起点とした日本文化／沖縄文化の内なる比較への志向というあたりに見られた。折口の沖縄体験は、それとはやや方位を異にしており、それは折口がけっして沖縄を「南島」とは呼ばなかったことに、いくらか暗示されているのかもしれない。

柳田や折口との交流を仲立ちとして、沖縄の地から「沖縄学」を立ち上げるために孤軍奮闘していたのが、伊波普猷であった。伊波の立場はときに微妙な揺らぎを見せたが、その歴史や民俗にまつわる一群の著作は、本土からのまなざしにもとづく南島研究とは異質な、豊かな可能性へと開かれていた。「沖縄学」はまさしく、伊波の孤独な知の道行きのなかに、ようやくその輪郭程度が描かれたのである。それはたんなる日琉同祖論に還元されるような、単純な代物ではない。あるいは、「海上の道」の仮説によって、沖縄の島々を列島への稲作渡来ルートのなかに位置づけてみせた、柳田の最晩年の著作『海上の道』を想起するのもいい。それが、沖縄本島北部の稲作行事にかかわる、伊波のひとつの論考がもたらした影響下にあったことを指摘しておく。

先の対談において司会をつとめた石田英一郎は、昭和二九年、民俗学会において、「日本民俗学の将来」と題した講演をおこない、深刻な反響を呼んだ。そのなかで、石田は民俗学の孤立を憂い、広義の人類学のなかに正当な位置を占める可能性はないか、と問いかけていた。みずからの『河童駒引考』や『桃太郎の母』などが、柳田の研究に寄り添いながら、比較民族学的な方位へと展開していったことの自覚のうえに、民俗学の将来イメージを示唆したのである。これがひとつの引き金となって、「日本民俗学」がそのテリトリーの再編を縮小再生産に向けておこなう、いわば負のスパイラルに落ちていったのではなかったか、と思う。

こうした柳田国男の強いリーダーシップのもとに組織されていった「日本民俗学」の動きとは、ややズレた場所で、柳田があきらかに軽視したモノ（民俗資料）にこだわりつつ、戦前のアチックミューゼアムから、戦後の常民文化研究所へと連なる民具学の流れをつくっていたのは、渋沢敬三であり、その指導のもとに民俗学者への道を歩んだ宮本常一であった。近年、宮本は「旅の巨人」として再発見され、その膨大な仕事のあらたな評価が進められようとしている。そこにはたしかに、柳田とその「一国民俗学」の系譜からは洩れ落ちてきた可能性の種子が、無尽蔵に思われるほどに見いだされる。稲作中心史観に囚われていた柳田の民俗学にとっては、マージナルな色合いの濃い、たとえば漁村のフォークロアに光を当てたのも、渋沢や宮本であり、歴史学の網野善彦であったことは偶然ではない。

ここでの試みははからずも、柳田国男とその「一国民俗学」の光と闇を浮き彫りにする作業になったのかもしれない。ひとつの知の運動が強い輪郭をもって結実するためには、当然とはいえ、その組織や知の体系の外部に、たくさんの可能性の種子を祀り棄てる必要がある。柳田とその民俗学の足元には、疑いもなく、数も知れぬ知の常民たちの屍が眠っている。そう、柳田を批判した岡正雄とその民族学の足元にも、別の姿をした常民たちの屍が転がっているはずだ。ともあれ、ここでのわたしの試みとはまるで異なった視座からの、ミンゾク知の系譜学は可能である。それこそが、いま・ここで必要とされている課題であることもまた、否定すべくもない。ミンゾク知のゆくえに眼を凝らしつづけたい、と思う。

（二〇〇七年）

7　昔話研究の方法をめぐって

いま、この『桃太郎の誕生』という著書をどのように読むことができるのか、いささか途方に暮れて立ちすくんでいる。昭和七（一九三二）年の初版刊行から、すでに八十年あまりの歳月が過ぎているが、この柳田国男の昔話論は「古典」にはなりきれずに、足搔いているのかもしれない。そもそも、そのとき、昔話の採集はいまだ緒に着いたばかりで、柳田の手元に論証を支えてくれるだけの質量ともに十分な昔話が集まっていたわけではない。柳田の多くの著書がそうであったように、これもまた、「将来際限もなく成長していかねばならぬ学問」（「自序」）としての昔話研究の誕生を促すための礎石、ないしは踏み台として執筆・刊行されたのである。

角川ソフィア文庫版に収められている、関敬吾による「解説」は、まさに柳田以後に大きな展開をみた昔話研究の成果に立ってのすぐれた解説である。それはしかも、先駆者である柳田への厳しい批判に貫かれている。いや、みずからの批判に自縄自縛されているようにも見える。奇妙な感慨を覚えずにはいられない。関による「解説」は以下のように結ばれていた、――「柳田先生は昔話を日本の伝統的文化研究の一環として研究され、昔話を移入として説くことにはかなり批判的であった。だが、先生が打ち立てられた昔話研究をさらに発展させるためには、広い意味における比較研究に進まなければならないことは、これらの諸研究からあきらかである」と。関の批判には共感できる部分が少なからずある。それは、柳田の昔話研究が「一国民俗学」的な枠組みのなかに展開していることに向けての批判であり、そのかぎりでまっとうなものだ。たしかに、柳田の取りあげていた昔話はほぼ例外なしに、昔話の国際標準のいずれかに該当しており、「一国民俗学」の枠組みを超えた比較研究の有効性を疑うことはできない。

しかし、それにもかかわらず、わたしは『桃太郎の誕生』のなかに見え隠れしている、柳田のある方法的な試みに魅力を感じているのである。「民間説話の二千年間の成長変化」(「自序」)といい、昔話の採集が進んで「地方の隅々から、千年を持ち伝えた家々の語りごとが発見され」(「改版に際して」)ようとしているといい、「日本の昔話は、何千年かの昔から引きつづいて成長していた」(「海神少童」)という。こうして、ある昔話の日本列島のなかでの起源や成長過程を明らかにすることと、その昔話を国際的な分布地図のなかに位置付けることとは、研究の方位はまるで異なっている。しかし、そのどちらかが優位であるといえるわけではない。

柳田はくりかえし、日本の昔話が外国からの伝播や移入であると説く研究者にたいして、批判を投げかけていた。関敬吾はその批判をわきに置いて、解説を書くわけにはいかなかったのである。とはいえ、柳田の方法的な立場はそれほど単純ではない。たとえば、柳田はこう述べていた。

外来の話の種が歓迎せられ、新たなる複合のつぎつぎに起こった事情は、おそらくこの方面から尋ねられると思う。いかに簡単であり、また粗野であろうとも、前からなんの伝えごともなかったところへ、外国の話がはいってきて無意識に採用せられるなどということは、たとえ百人が説こうとも私には信ずることができない。今は発見せられていないというだけで、伝播にはまず引力があり、次には新旧のものを結び合わすだけの、紐なりセメントなりが必ずあったのである。（「絵姿女房」）

伝播や移入そのものを否定しているわけではない。柳田はいわば、伝播の前提条件として、伝播にはこちら側にそれを引きつける力があること、古くからの地の文化と新たに移入された外来の文化とが結び合わされるためには、紐やセメントのような何かが必要であることを指摘していたのである。たとえ外国からの伝播であるとしても、それはこちら側にそれを受容するための母胎がなければ定着そのものがありえない、ということか。これはおそらく、とても大切な指摘であり、いわゆる伝播論にたいする有効な批判でもありえている。形式的な比較をもって、伝播や移入を言い立てることには、柳田ならずとも留保をしたい気がする。

柳田はまた、こんなふうに述べていた。

すなわち民間説話の信仰的背景には、往々にして各民族ごとに独立したものがあったこと、それが外部からの刺激の少なかった日本の田舎などでは、存外に近いころまでその痕跡を保存していたということは、外国にはまだ知らぬ人も多いのである。場処や時刻や話し手の条件を完備せぬゆえに、これを純然たる神話とは区別せねばならないが、少なくとも説話が一種の宗教力をもって、支持し伝承せられていた時代は新しかった。(「海神少童」)

柳田はあきらかに、昔話や伝説の起源を神話に求めていた。いま・そこにある昔話や伝説は、神話または、ある種の固有信仰の残存と見なされていたのである。民間説話にはそれぞれの民族ごとに独立した信仰的な背景があり、そうした一種の宗教力をもって伝承されてきた、と柳田はいう。別のところでは、昔話には「隠れたる人生との交渉」があって、それは新たに忽然と中世から発生したものではなく、それよりも古い時代からの影響の痕跡を留めている、と述べていた(「田螺の長者」)。海の向こうから渡ってきた昔話が受容されるための、文化的な母胎として、柳田が見定めていたものが示唆されている。「われわれの祖先がかつて竜蛇の幻を友としなかった人種であったならば、こういう昔話の種は、おそらく国内には萌芽しえなかったろう」(「絵姿女房」)といった言葉など、まさしくそれを語ろうとしていたはずだ。

こうして柳田は、日本の昔話が何千年かの昔から引きつづいて成長・変化を遂げてきたことに、深い関心を寄せたのである。とりわけ、わたしが心惹かれてきたのは、以下のような一節である。

いわゆる三輪式神話の末の流れ、大蛇が美しい娘の聟になって通うたという昔話の、変遷の上にもよく表われている。これは人口の増加と生活技術の進歩とにつれて、日本人がしだいに高地から下ってきて、水のやや豊富に過ぎる低湿の平原を、耕作するようになった経済的要因にもとづくものだろうと私などは考えている。それゆえに以前は沼湖の底深く、隠れて人間の幸福を支配する神霊の存在を想像し、これに奉仕しまた外戚の親を結ぶことを、家の誇りとするまでの伝説を生じたものが、後には苧環《おだまき》の糸の末に針を付けて、その鉄気の毒をもって相手の身をそこのうたことを説き、ないしは秘密の立ち聞きにより、または保護者の智謀によって、稀有の婚姻を全然無効のものにしたなどと説くにいたったのである。(「米倉法師」)

いわゆる三輪山型の説話が神話から昔話へと変容・零落してゆくプロセスについて、ここでの柳田は、縄文から弥生へと移りゆく時代相のもとで、稲作農耕・人口増加・生活技術の進歩などの歴史と重ね合わせにしていたように見える。とても関心をそそられる。これを、たんに異類婚姻譚と言ってみたところで、何かが見えるわけではない。

それにしても、『桃太郎の誕生』はやはり、いかにも柳田らしい知的なアクロバットの所産ではあった。方法的な問題として、「記録の古さと話の古さ」(「絵姿女房」)にかかわり、興味深いことが指摘されていた。つまり、文字の記録が古いというのは、たんに、その時代からこういう形の伝え方もあったということを意味するだけであり、その後に書き留められた別種の口碑が、以前はなかった、新しいものだとする証拠としては十分でない、という(「狼と鍛冶屋の姥」)。年号が刻まれていない口頭伝承に拠るかぎり、この問いから無縁ではありえない。いま・そこで採集された昔話のなかに、たとえば中世の説話集よりも古風な神話のかけらが含まれていることだってありえる、ということだ。柳田民俗学の方法的な立場の表明であった。
『桃太郎の誕生』ばかりではない。柳田の著作は依然として、「古典」になるための揺らぎの季節のなかにあるのかもしれない。わたしはいまも、その読み方を試行錯誤のなかに探している。

（二〇一三年）

8　柳田と折口——晩年の思想をめぐって

民俗学——稲と日本人

二つの対談がある。戦後間もない、昭和二四、五年という時期に、石田英一郎を司会として、柳田国男と折口信夫のあいだで行なわれた、「日本人の神と霊魂の観念そのほか」（『民族学研究』一九四九年一二月）と「民俗学から民族学へ」（『民族学研究』一九五〇年二月）——。日本の民俗学的な知の基礎を築いた、二人の思想家が晩年に近く、神や霊魂、民俗学と民族学、フォークロアの方法などをめぐって激しく渡りあった、たいへん刺戟的な対談である。のちに、『民俗学について——第二柳田國男対談集』に収録されたが、そこには柳田／折口の晩年の思想が凝縮された姿で見いだされる。二人がそれぞれに築いた民俗学的な知の異質な肌触りが、生々しく伝わってくる。むしろ、折口が遠慮がちなものではあれ、柳田民俗学にたいして反旗を翻《ひるがえ》した姿にこそ眼を奪われる、といったほうがいい。

はじめに、神と霊魂にかかわる問題群に焦点を絞りこむことにする。そこに覗けている断層は、柳田／折口のあいだの思想的な相剋と対峙といったレヴェルをはるかに越えて、おそらく、それから四十数年後の現在にたいしてこそ、多くの、巨大な問いを突きつけている。日本人の固有信仰の核にあったものは、柳田のいう祖霊か、それとも折口のいうマレビトか。ここでの問いは、その一点に収斂される。しかし、そうした問いがじつは、日本人ないし日本民族とはなにか――、その起源と生成にまつわるより大きな問題群を、あらかじめカッコに括ったうえで俎上に載せられたものであることは、念頭に置かれたほうがいい。

たとえば、柳田は以下のように述べている。文中で言及される座談会とは、この前年に行なわれ、大きな反響を呼んだ「日本民族＝文化の源流と日本国家の形成」（石田英一郎・岡正雄・江上波夫・八幡一郎）を指している。

> 私は日本民族の構造について、今までだって人種の混淆ということを認めている。決して単一な民族が成長したものとは思っていない。ただ種々の参加はあったが、たとえばこの神霊観念、死後の存在に関する固有の信仰を、今日までもち伝えたいちばん優秀なものはその中の一種族、数が多いか、力があったか、知能が進んでいたか、ともかくも最も重要な一種族であった、というように考えていたのであった。ところがあの座談会にみるような出発を肯定するならば、最初から日本の固有信仰は雑駁《ざっぱく》なもので、いくつかの分子の複合形であるという議論ができるかもしれない。はたしてそういうことがありうるものかどうか。（「日本人の神と霊魂の観念そのほか」）

列島の人種ないし民族の複合的な成り立ちは認めながら、柳田はここで、日本人の固有信仰の核となるものを支えた、ある重要な種族が存在したことを語っている。それが柳田の固有信仰論、さらには民俗学それ自体の起点であり、また、絶対的な前提条件でもあった。柳田は別の箇所では、以下のように語る――「日本の統治民族と名づけられる中心種族の中には、米に関する文化がはやく発達している。……主要種族の精神生活は、稲の栽培とかなり深く繋がっている」と。あるいは、「米を供御《くご》とすること、米を以て祖神を祭ること、この慣行はどう考えても新たに加わったものでない。これが民族生活の要件であることは疑うわけにはゆかない」（同上）とも語られている。米をもって祖神を祀る種族、それが柳田のいう統治民族つまり「日本人」であった。いわば、柳田は列島の人種＝民族的な成り立ちの複合性はそれとして認めた。その一方で、精神生活＝文化に関しては、「雑駁」ないし「分子の複合形」であること、それゆえ雑種的な性格を婉曲に、しかし断固として否定した。米をもって祖神を祀る「日本人」の信仰や習俗を解き明かすことが、柳田民俗学の中心課題であることが、ここにあらためて表明された。

とはいえ、「日本人の神と霊魂の観念そのほか」の終わりに近く、柳田が以下のように語っていたことを忘れるわけにはいかない。物質文化のなかに種族的・身分的な問題は出てこないか、そう、石田に問われた柳田は、「日本では地形環境の制約があって種族の別というものが、中世まで非常に生活の上によく現われていた」と応えている。ここで使われている種族なる言葉は、とても微妙な意味合いを感じさせるが、あきらかに民族とは一線を劃《かく》されている。折口の「一民族の種族差」という表現に従えば、ひとつの民族は複数の種族から成ると柳田によっても認識されていた、と考えねばならない。さて、柳田は次のように述べている。

たとえば百姓はもっぱら植物の中から食料を求めている。山を越えて海の魚が来ないから、一年の大部分は魚を食べずにすます。そういう食物の制限があったので、狩人と耕作者と漁業者が離ればなれになっていた。殊に山のほうのものは武器をもっているゆえか、近世のように農業団に屈服せず、平野の文化に反抗して、かなり大部分が滅ぼされている。漁民は交通が便利だから今少しく接近しているが、それでもこの三つの群は生産の根底が分れているために、三つ各々の活き方が互いに引き離されている。三つの文化と見ることができた。いつまでたっても種族の境目というようなものが、幽《かす》かながらまだ残っていておもしろい。現在の村組織はまったくそれを無視し、そう大きな違いはないものと見ているが、混淆の主たる力は農民部の拡大でありまして、元が消えつくしたのでないから、片隅にはまだ古色が保存せられているのが見られます。

狩人／耕作者／漁業者、つまり山の民／稲の民／海の民という、三つの種族＝文化が中世以前には混淆することなく存在した、と柳田は語る。いわば日本民族はそうした三つの種族＝文化によって構成されていたが、そのうちの平地に暮らす稲の民こそが主要種族であり、彼らの拡大とともに混淆が進み、種族のあいだの差異が見えにくくなった。柳田の大きな見取り図である。おそらく、山の民や海の民は稲の民からの、ある時代における岐《わか》れと想像されていたはずだ。それゆえに、中心となる稲の民の種族＝文化を探求することによって、日本人の固有信仰が解き明かされると、柳田は考えたのである。ともあれ、これは稲作以後に列島に展開された風景ではあった。

さて、対談の冒頭で直接的な批判の対象になっていたのは、江上波夫の、いわゆる騎馬民族征服国家説であった。柳田はそれを根拠の稀薄な仮説として斥《しりぞ》けた。たとえば、柳田はいう、皇室の力はすでに民族的なものであり、取って代わったという類の支配者ではなかった、と。柳田のそうした立場はすくなくとも、この対談にあっては、ほぼ折口の共有するところでもあった。天皇家を戴く種族は、その列島への渡来のときからすでにして稲作民族であった、と考えられた。そのうえで、稲作＝日本人の以前をカッコに括る、あるいは捨象することが、柳田と折口のあいだに交わされた祖霊／マレビト論争の前提であった。それはしかし、隠蔽された前提といったものではない。むしろ柳田・折口は、彼らの民俗学の存在理由を積極的にそこに求め、その前提を確認しあったうえで論争を開始している。

しかしじつは、折口の立場はかなり微妙である。その前提ゆえに、折口は幾度となく、柳田民俗学とのあいだの埋めがたい溝について呟きがちに表明することになった、と思われるからだ。いずれであれ、稲作以前を視野のそとに逐いやらった議論が、おのずと限界を孕むものであったことは言うまでもない。

対峙の構図——祖霊かマレビトか

仮りにわたしが祖霊／マレビト論争と名づけた論争は、柳田が唐突に、いかにも挑発的に折口に水を向けるところから開始された。マレビトという発想に到達した道筋を問われ、折口は以下のように応えている。

> 何ゆえ日本人は旅をしたか、あんな障碍《しょうがい》の多い時代の道を歩いて、旅をどうしてつづけていったかというようなところから、これはどうしても神の教えを伝播するもの、神々になって歩くものでなければ旅はできない、というようなところからはじまっているのだと思います。

日本人の旅の起源には、神の教えを語り伝え、みずから神々になって歩く一群の人々＝マレビトの姿が認められる、と折口はいう。折口の思想の根っこに絡みつく個性といったものが、ここにはすでに鮮やかだ。折口は発想の根拠を、イエやムラといった、血縁的ないし地縁的な共同体の内部ではなく、その外部、より正確にはあいだに置く。神の教えを伝えるマレビトは、ムラからムラへ、いわば共同体のあいだを遍歴してあるく者だ。イエやムラといった共同体の内部に絶対的な根拠を据える、すくなくとも後期の柳田が、のちに触れるように、イエの神としての祖霊に第一次的な役割を認めることとは、あきらかに対照的といってよい。

折口はマレビト論の契機として、『台湾蕃族調査報告書』を読んだことをあげる。宗教的な自覚をもった者が、不思議にムラからムラへと渡ってあるく姿をそこに見て、日本の早い段階の旅についての暗示を得た、という。それにたいして、柳田は同じ『台湾蕃族調査報告書』から沖縄に射程を伸ばしつつ、台湾の東海岸や沖縄でマヤの神と呼ばれている神、それが沖縄では定期的に訪れる神であることに注目する。しかし、折口の関心はむしろ、そうした琉球的なマレビトではなく、時をさだめずに流離してくるマレビトのほうに向かう。「具体的にいうと、日本の村々でいう村八分みたいな刑罰によって、追放せられた者、そういう人たちも、漂浪《ひょうろう》して他の部落にはいって行く……」といった一節など、折口がゴロツキや乞食の徒・被差別の民をも、みずからのマレビトの範域に収めていたことを窺わせるものだ。折口はいう。

旅をつづけて不可解な経路をたどって、この村へ来た。それがすでに神秘な感じを持たせるほかに、その出現の時期だとか、状態だとか服装だとかいろいろな神聖観を促す条件がある。それよりも大きなことは、それがもたらす消極的な効果——災害の方面、そんなことが、ストレンジャアとしての資格を認めさせたものと思われます。この強力な障碍力が部落の内外にいる霊物のための脅威に転用せられるようになってくる——これを日本的に整理せられた民俗の上で見ると、ホカイビトの原型を思わしめている。他郷人を同時に、他界人と感じた部落居住者の心理というものを思うようになって行ったのだと記憶しています。

時をさだめず訪れ来たる漂泊・浮浪の徒を信仰者とみなすことに、柳田はまったく懐疑的であった。それにたいして、浮浪の民＝ホカイビトは旅をつづけて不可解な経路を辿りつつ訪れてくる、そこにすでに神秘が宿ると同時に、かれらの出現の時期・状態・服装などが、神聖観を増幅することになるのだ、と折口は考えた。他郷人を同時に、他界人として迎える村の内なる定住者の心理といったものが、想像されることになる。しかし、柳田はそれを信仰の旅とは認めないだろう。対峙の構図はたいへん鮮やかなものだ。とはいえ、念のために言い添えておけば、柳田のホイト＝乞食論などは、十分に折口のマレビト論と交叉しうるものであったはずだ。

柳田はたしかに、日本古代のウカレ人のなかに、物狂いのように人の心を動かして歩く者があったことは認めた。しかし、その原因は土地にたいする人口の過剰にもとめられ、それゆえ、そうしたウカレ人の出現は昔からの習俗といったものではなく、「ある一つの社会変調が起って後にはじめて起るべき現象」ではなかったか、という。むろん、折口はこうした柳田の解釈に同意を表わしてはいない。柳田もまた、それはよく承知している。だからこそ、この対談のなかで、もう一度文脈を切断するように、唐突に、「私はマレビトなども外部信仰と呼んでいるものの顕著な現われとみている」と、厳しく追い討ちをかけているのだ。マレビトは第二次的な外部信仰にすぎない、そう、柳田はここで折口批判をくりかえしている。それでは、柳田にとって第一次的な信仰のかたちとは、いったい何か。

祖霊／マレビト論争の第二章では、折口から柳田に主役が入れ替わる。柳田の祖霊信仰論の骨格が語られることになるが、今度は逆に、折口の側が静かな、しかし断固とした批判者として立ち現われる。論争のあたらしい局面は、司会の石田英一郎によって、マレビトのなかには祖霊や祖先神という観念は含まれているか——と、折口が問われるところから開かれる。折口は以下のように応えている。

それはいちばん整頓した形で、最初とも途中とも決定できませんが、日本人は第一次と見たいでしょうな——。常世国《とこよのくに》なる死の島、常世の国に集まるのが、祖先の霊魂で、そこにいけば、男と女と、各一種類の霊魂に帰してしまい、簡単になってしまう。それが個々の家の祖先というようなことでなく、単に村の祖先として戻ってくる。それを、そうは考えながら、家々へ来るときに、その家での祖霊を考える。……私はどこまでも、マレビト一つ一つに個性ある祖先を眺めません。分割して考えるのは、家々の人の勝手でしょう。だが家々そのものが、古いほど、そういくつもいくつもなかったわけだから。

日本人は、いや、柳田は——と暗に示唆されているのだが、祖霊としてのマレビトを第一次的なかたちとみたいだろう、と折口はいう。常世の国にあつまった祖先の霊魂は、男女一対の霊魂となるが、それが現世に帰ってくるときには、ムラの祖先としてではなく、個々のイエの祖先として迎えられる。そう、柳田は考える。それにたいして、折口はマレビトそれぞれに個性をもったイエの祖先としての貌《かお》を認めない。仮りに、マレビト観念のなかに祖霊が含まれるにせよ、それはあくまで、ムラ全体の祖先であって、個々のイエの祖先（の集合体）ではない、という。ムラの祖霊として、たった一つであったはずの霊魂が分割され、個々のイエの祖霊となり、さらに男女一対の霊魂と化してゆくのは、後次的な展開である。それが折口の譲れぬ一線であった。

ここで、柳田は不意に、客神 stranger-god という概念を持ち出してくる。はじめに、家々の一族がみずからの祖先を祀っている時代があり、それが交際・縁組などによって相互に交渉がうまれ、優れた神ならばよその神でも、客神でも祀ってもいいというふうに変わっていったのではないか、そう、柳田は説いた。イエの祖霊が第一次的に存在したのにたいし、客神＝マレビトは優勝劣敗の法則にしたがって第二次的に発生し、イエの内側に摂り込まれた神格であるといったところが、柳田の引いてみせた輪郭《アウトライン》であろうか。折口はこのとき、思いがけぬ展開に戸惑いをあらわしつつ、直接の応答を避けている。

さらに、盆や正月に帰ってくる神は、はたしてムラ全体の祖霊か、個々のイエの祖霊か。折口が前者の理解に立つのにたいして、柳田はむろん後者の立場を択《えら》んだ。はじめにイエありき、個々のイエが祀る神＝祖霊ありき――。それが、柳田の祖霊信仰論の核にあったものだ。折口がこうした柳田の示す了解の地平に、鋭い異和を覚えていたのは確実である。はじめにムラありき、ムラを訪れる神＝マレビトありき——、それが折口の思考の起点におかれた礎石であったからだ。柳田はまた、対談の後段近くに田の神を論じながら、その祖霊信仰論の輪郭を以下のように示している。

> 田の神として降りて来られる神様は、全国の一つ一つの田んぼにそれぞれの田の神があるので家々に降りて来る。田圃《たんぼ》ごとに変っている神、その家ごとの神の道しるべのために苗じるしの木を立てているのだといっている。……そのようにして必ずある定まった家の田にのみ降られる神が、すなわちその家の神であり、それがまた正月にも盆にも同じ家に、必ず降られる祖神だったろうということを、私はもう民間伝承によって証明しえられるとも思っています。

柳田の祖霊観が稲作と密接にかかわる、むしろ、稲作農耕のうえにはじめて築かれたものであることが、ここにはあきらかに窺えるはずだ。田の神＝家の神＝祖先の神（祖霊）という等式は、後期の柳田民俗学を根柢において支えるたいへん重要な了解の図式であった。それを実証するための方法論を確立しなければならないが、「それがまだ十分に目的を達しないうちに、私は頽然《たいぜん》として老いてしまった」という柳田の言葉は、あるいは、みずからが亡きあとの民俗学のゆく末にたいする悲痛な感慨、とも読めるだろうか。柳田以後の民俗学はしかし、そうした方法論の模索をつうじて、柳田が示した仮説を民間伝承の内側から実証してゆく方向へは、ついに向かうことがなかった。その代わりに、柳田の仮説を論証済みの民俗そのものとして受容し、解釈の鋳型《いがた》としてあまねく押し拡げていった。柳田の限界を踏まえつつ、その思想的な可能性を現在から未来に向けて引き受けてゆこうとする意志が、そこにはたいへん稀薄であったといえるだろうか。

方法——協調と相剋のはざまに

それにしても、柳田の築いた民俗学とはいったい何か。祖霊／マレビト論争から浮き彫りになるのは、柳田民俗学を根っこから浸している固有の前提である。はじめに稲とイエがあり、個々のイエに降りる田の神＝祖霊がある、そして、稲をもって祖霊の祭りをする人々がいる。それがいわば、柳田の、ことに昭和一〇年代以降における民俗学の基礎に横たわる原風景であった。列島の社会＝文化的な基層を形作ったのは、この稲とイエにまつわる固有信仰を携えつつ渡来した種族であり、そこには雑種・交配の痕跡は認められない。稲作以前、また稲作以外の社会＝文化的な要素の混淆を可能性として排除しつつ、純化された原型としての姿をもって、稲の民＝日本人の固有信仰が抽出された。稲と祖霊の神学、そう、ひそかに名づけてみたい誘惑に駆られる。それほどに、柳田の知のありようは稲と祖霊に緊縛されたものに映る。

そして、マレビト論に拠って鋭く柳田と対峙した折口には、この稲と祖霊の神学がかけらも共有されていないことに注意したい。稲作＝日本人の以前を捨象すること、それが祖霊／マレビト論争の前提条件であった。折口は柳田に敬意を表しつつ、その前提条件を受け入れ、言葉戦いの土俵に乗ったのである。しかし、稲と祖霊にまつわる諸問題が、折口の場合には柳田ほどに切実なものではなく、また、その知的な営為にとって何らかの根底的な契機をなしていたわけでもない。イエと祖霊信仰をめぐる柳田の立論にたいしては、マレビト論を対置することで異議を唱え、稲の祭りや信仰に関しては、まったくの沈黙をもって応える、それが論争のプロセスの全体をつうじて見られる折口の変わらざる態度であった。

柳田／折口のあいだの方法論的な差異は互いにあきらかに意識され、随所で言及もなされている。もっぱら柳田の側がする批判であった。ところが、両者の対峙と相剋がたんなる方法論のレヴェルを越えて、民俗学の学としての前提それ自体に関わることは、十分には突き詰められていない。全面的な対立への予兆を孕みながら、辛うじて回避された、そんな印象がある。マレビト論の有効性に向けての懐疑とともに、柳田から論争を仕掛けられた折口は、祖霊信仰に関する議論においては異議を表わすことを辞さなかった。しかし、仮りに折口が、柳田の固有信仰論のもうひとつの核をなす稲の祭りや信仰について、いや、日本人とは稲の民である——という柳田民俗学の暗黙の了解にたいして、留保の言葉を洩らしたとしたら、論争は一気に全面対決の様相を呈したはずだ。折口はそれを十分すぎるほどに意識していた。だからこそ、あえてする沈黙の態度を択んだ、という気がする。

さて、柳田／折口それぞれにおける方法的な個性の差異《ズレ》について、いくらか触れておく必要を感じる。たとえば、柳田はこう述べている。「あなたは一つの言葉を大きくふくらませることが上手だ。……それはイマジネイションだから、学問以外のものです」と。痛烈な批判ではある。とはいえ、じつは二回目の対談「民俗学から民族学へ」のなかには、むしろ逆に、そうした直覚にすぐれた折口の方法を「東洋人の長所」として評価する柳田がいた。おそらく、柳田はそれを折口に固有な資質・能力として認めながら、自身を含めた、折口以外の研究者によっては共有されえない方法であることを指摘していたのだ。あるいは、隠された嫉妬や苛立ちといったものを読むことも可能であろうか。

比較研究にとって不可欠な原始形態へと遡源《そげん》する方法について、石田に問われた柳田は、以下のように応えている。すなわち、二つの異なった方法がある。柳田自身の方法と折口の方法、である。両者の差異はとりあえず、柳田／「今を足場にしてもとへさかのぼって行く研究態度」にたいして、折口／「古代から近代へ降りて来るやり方」として押さえておく。柳田は次のように、折口との違いを意識しながら、みずからの方法を説いている。

私のほうはあるいは廻りくどすぎたかもしれないが、日本の国土がこういうふうに、非常に地形の差、したがって開発段階が細かに分れる国であるということを利用したわけです。ですからすべて全国に共通していながら、少しずつ程度の違ったいくつかの生活事相を並べて、その間にこれとこれとが、どっちが早くはじまったか、最初に実は同じものだったのが、分岐してこうなっただろうということを証明しなければならない。その次にこのほうが古くてこのほうが新しい、ということを、あらゆる方法をつくしてきめようとする。……つまりは前代の記録と照らし合わせて、少しも矛盾を感じないいくつかのものを並べ比べて、一応はその中に隠れているものと推定して、だんだんに古い形に近づいて行こうとするのである。（「民俗学から民族学へ」）

いわば、柳田の方法とは、「全国に共通していながら、少しずつ程度の違ったいくつかの生活事相」を比較・検証しつつ、互いの時間的な新しさ／古さを推定し、しだいに古い形態に遡行してゆくものである。民族学が原始形態への遡源において、周辺の異民族との比較研究を基本とするのにたいして、柳田の語った民俗学的方法は、あきらかに異質な匂いがする。前提がすでに異なっている。柳田の場合には、眼前にいま見いだされる生活事相は、全国的に共通でありながら、少しずつ程度が違うものとして了解されている。相互の差異は、時間的な根っこを等しくしつつ、のちに分岐を遂げていった、その結果である。これが、列島の人種＝民族的な成り立ちの複合性は認めながら、文化の雑種的な性格についてははっきり否定した柳田民俗学が、避けがたく招き寄せることになった方法的前提であることは、あらためて指摘するまでもあるまい。

それでは、折口の場合にはどうか。残念ながら、折口がみずからの学の方法を理路をもって語った箇所はない。その代わりに、コカインを飲み、神がかり状態で論文を書いていた「民俗学に関する情熱の盛んな時代」のことが、回想されている。それ自体興味深いものだが、ここでは触れることはしない。注意を促しておきたいのは、この晩年の折口がもはや民俗学以後にあることが、そこにさりげなく語られていることだ。そして、じつはこうした認識は別の箇所でも、幾度となく示唆的に語られていたことではあった。

ついでにこれもそっという程度なのですが、私のように民俗学に古代的の立場をおこうとするものは、どうしても、民族学と接近してきます。事実民族学の畠にはいってしまっているという気のすることもあります。（「日本人の神と霊魂の観念そのほか」）

私などの対象になるものは、時代がさかのぼっていくことが多いので、エスノロジーと協力しなければならぬ。一国文化の中にも、エスノロジカル・フォークロアとでもいうべき形がある。つまり、フォークロアの対象とエスノロジーの対象とが、一つになるのです。（「民俗学から民族学へ」）

最初の対談「日本人の神と霊魂の観念そのほか」では、まったく遠慮がちに表明されていた民族学への傾斜の自覚が、二回目の対談「民俗学から民族学へ」になると、かなり明確な自己主張へと展開している。一国の文化のなかにも、エスノロジカル・フォークロアとでもいうべき形がある、そう、折口は言い切ってみせた。エスノロジカル・フォークロアとは何か。折口自身による明らかな説明はない。ただ、社会＝文化的な雑種・交配を念頭に置いた表現であることには、疑問の余地はないはずだ。

柳田ははたして、この言葉をどのように受け止めたのだろうか。これはまさに、柳田民俗学への訣《わか》れの辞ではなかったか。この前段において、柳田が「二つのミンゾク学は末は一つになってしまうことが私たちの夢であるが、今のまんまではそれがいつ到達しようか」と語っていたことを思えば、いかにも印象的な一節であるといっていい。民俗学《フォークロア》と民族学《エスノロジー》の融合、その可能性を、エスノロジカル・フォークロアなる言葉の向こう側に結像させようと試みる折口が、柳田の立ち尽くす場所からはるかに遠い地点へと赴こうとしていたことは、想像して誤りではあるまい。

晩年――秘められた訣れ

たしかに、折口は柳田民俗学の基層に横たわる稲の風景については、直接的な応答を避けた。日本人は稲をもって祖霊を祀る種族である、という柳田のくりかえされる言明にたいして、それが柳田民俗学の根源的な契機であり、前提条件であるがゆえに、じかに踏み込むことを望まなかった。折口はただ、沈黙をつらぬき通すことを択んだ。

とはいえ、日本人と戦争の関わりに触れて、折口は「日本民族の中に成長して行った異種族の歴史」(「民俗学から民族学へ」)という言葉を洩らしている。微妙な表現ではある。稲作の以前とも、以後とも読めるからだ。たとえば、柳田が「一つ一つの時代という限定をつけないと、今ある民族の成り立ちがはっきりしない」（同上）と語るときには、帰化人の渡来や明治維新による民族性の変質といった問題が念頭に置かれ、それはあきらかに稲作以後の問題であった。折口の場合には、はたしてどうか。先の言葉のすぐあとに、こんな興味深い一節が続いている。

> 私らのやっていることは、日本民族の歴史、さっきお話にありました島嶼日本における日本人じゃあなくて、日本島以前の日本の歴史を調べているのではないかというような気がときどきします。そうなると、ある点では、私どものしている仕事は、フォークロアの仕事を行なっているのだと自分では思っていましたが、どっちかというと、エスノロジーに現われてくる比較研究における民族古代学とでも言うべきものに近い部分の仕事をしていたのではないかと思う。

ここにいう「島嶼日本における日本人」が何を指しているのか、じつは特定するのに困難を覚えている。すこし前の柳田の、「中世以後、島々には新たに外から入って影響を与える途が極度に制限されていた」といった箇所を、とりあえず受けているものと考えておきたい。「日本島以前の日本の歴史」とはおそらく、そうした島国としての日本に閉ざされる以前の、民族的にも社会＝文化的にも外に向けて開かれた日本、そして日本人の歴史を指している。それが「日本民族の歴史」である、と折口は考えた。

当然のごとく、この「日本民族の歴史」は、柳田的な稲作以後にかぎられた稲の民＝日本人の歴史ではなく、稲作以前／以外にたいしても、十分に可能性として伸び拡がってゆくものであったはずだ。もはや、それはフォークロア、ことに柳田的な民俗学の領分ではない、かぎりなくエスノロジーの領分に接近してゆかざるをえない。折口はまったく自覚的だ。それゆえに、「エスノロジーに現われてくる比較研究における民族古代学」の構想が、萌芽として語られることになった。柳田民俗学がいまを起点に遡行してゆく歴史は、列島における稲作の始まりをもって途切れる。しかし、折口の意識せざる欲望はつねに・すでに、稲の民＝日本人の向こう側を志向してきた。それを痛切に自覚したとき、思いがけずこぼれたのが、エスノロジーの比較研究に根ざした「民族古代学」という言葉ではなかったか。

ここに到って、隠されていた折口の立場が鮮明になる。あの座談会「日本民族＝文化の源流と日本国家の形成」にたいして、柳田は真っ向から対峙する構えを示した。それが疑う余地もなく、柳田の民俗学を支えている前提条件を揺るがすものであったからだ。折口はその蔭に隠れて、明確な意志表示を避けていたのではなかったか。あらためて読み返してみれば、折口は随所で、あの座談会にたいする共感を、たとえ断片的なものではあれ語っていることに気づかされる。「民族古代学」なる構想も、おそらく座談会「日本民族＝文化の源流と日本国家の形成」から受けた刺戟がもたらしたものであった、と思う。

柳田民俗学への訣れのときであった。結果的に柳田との直接対決を強いられることになった対談が、それをいやおうなしに自覚させ、顕在化させた。柳田の側がそれを、どの程度に深刻なものとして認識していたのか、判断はむずかしい。しかし、確実に訣れのときは訪れた。晩年である。柳田国男七十五歳、折口信夫六十二歳、折口はこの三年半後に他界した。

いずれであれ、折口信夫こそが、民俗学の名のもとに結晶した柳田の後期思想にたいする根底からの批判者、あるいは、すくなくとも相対化する可能性を宿した同時代者のひとりであった。その片鱗程度を覗かせながら、昭和二四、五年の対談のなかの折口は、柳田への突っ込んだ批判は行なっていない。二人の関係を思えば、当然なことではあった。それにしても、対談から二年あまりのちに「民族史観における他界観念」(『折口信夫全集』16)を書かねばならなかった折口が、柳田の固有信仰論とは根底的に相容れぬ霊魂観・他界観をいだいていたことだけは、否定しがたい。

柳田/折口の対談の地平を越えて、二人の論争を深化させてゆく役割を託されたのは、柳田/折口以後を生きる者らである。亀裂はしたたかに深刻なものだ。「日本人の神と霊魂の観念そのほか」と「民俗学から民族学へ」に続く、行なわれなかった対談の第三幕目を、たとえば、いま・ここに上演させてみたいという奇妙な欲望に駆られる。そのとき、柳田/折口の対峙と相剋の構図は、いかなる生々しい姿をさらすことか。もはや民俗学の内なる戦いではない。観客たちはおそらく、民俗学が根っこから壊れてゆく瞬間に立ち会いながら、同時に、あらたな可能性の種子のいくつかを手にするだろう。第三幕目の準備に取り掛からねばならない。

(一九九四年)

終章　記憶という問題系

体験／証言／記憶のはざまに

疑いもなく、わたしたちはいま、記憶の時代を生きているのだと思う。そして、それは同時に、記憶の場が遺産として登録され、その記録や保存がたいせつなテーマへと成りあがった時代でもある。そこでは、記憶や遺産といった、時間のヴェクトルとしては過去時制に属しているはずのものが、むしろ逆に、現在から未来へとつらなる時制においてこそ語られる、どこか倒錯的な景観が広がっていることに、注意を促しておくべきかもしれない。それにしても、ほかならぬこの時代に、なぜ記憶や遺産が突出したテーマへと成りあがったのか、という問いにはそそられるものがある。

また、記憶という問題系にはどうやら、あらかじめなにか偏光プリズムらしきものが埋めこまれてあって、固有の屈折やひずみが見え隠れしているような気がする。とりわけ、わたしたちの知の風土においては、記憶という問題系がいささか窮屈な場所に囲いこまれてきた印象を拭うことができない。たとえば、フランスの歴史家ピエール・ノラが編纂した『記憶の場』(全三巻、岩波書店、二〇〇二年)の総目次を眺めていると、その記憶という問題系の多様な広がりに奇妙な感慨を覚えずにはいられない。知の伝統でもあろうか、百科全書的な欲望といったものが感じられる。ノラはその英語版序文のなかで、次のように述べている、すなわち、この企画は「フランスの集合的遺産が結晶化されているもろもろの場所、つまり、その語のあらゆる意味において、集合的記憶が根付いている重要な「場」を分析することによって、フランスを象徴するものの広大な地勢図(トポロジー)を創りだそうというものだった」と。記憶の場をめぐる広大な地勢図への欲望ということか。それはすくなくとも、なにかひとつの記憶の場や問題系に縛られてはいない。あくまで「多声的に歴史を書く」(ピエール・ノラ)試みとして、まなざしがきわめて多岐にわたる記憶の場に向けて解き放たれているのである。

それにたいして、「日本」を冠された文脈のなかでは、あきらかに固有の屈折が認められる。記憶という問題系が縛られ、限定されているのである。『記憶の場』の監訳にあたった谷川稔が指摘するように、「日本での「記憶」概念の理解は、一九九〇年代における「戦争の記憶」論と「国民国家(批判)論」の隆盛を抜きには語れない」。しかも、こうした知の潮流は、ホブズボームの「伝統の創造」論とアンダーソンの「想像の共同体」論に拠りながら、「近代国民国家の虚構性を抉りだそうとする立場」をほとんど例外なしに共有していた。そして、たいへん興味深いことには、谷川はピエール・ノラの試みについて、以下のように述べていたのである。すなわち、ノラによる記憶の場の文化＝社会史は、「たしかに「伝統の創造」論をはじめとする国民国家論と一部で重なっているが、微妙にすれちがってもいる。誤解を恐れずに言えば、ノラにとっては、ホブズボームやアンダーソンの説は議論の前提ではあっても、結論ではなかった」と。

さて、日本ではとりわけ、記憶という問題系が「戦争の記憶」を焦点として展開されてきたように思われる。たとえば、成田龍一によれば、記憶とは、しばしば体験／証言／記憶の三位一体の様相を示すとともに、時系列的であり、時期によって三者の関係が変化する、という。この体験／証言／記憶の集合体は、「戦後」という時間の射程のなかで考察するときには、以下のような変化の相をもって描きだされる。

当初は、戦争経験のある人びとが同様の経験を有する人びとに語りかけ「体験」が代表する時代となり、戦争経験を有する人びとがそれをもたない人びとと交代の兆しを見せる一九七〇年前後には「証言」の時代となる。そして、戦争の直接の経験をもたない人びとが多数を占めるようになった一九九〇年代には「記憶」が証言・体験に優越し「記憶」が主導する時代となったといえるのである。一九五〇年代を中心とする「体験」の時代、一九七〇年代を中心とする「証言」の時代を経て、一九九〇年代から「記憶」の時代が開始されてきたと、考えることができる。（「「証言」の時代の歴史学」、冨山一郎編『記憶が語りはじめる』東京大学出版会、二〇〇六年）

「戦後」とはいうまでもなく、戦争というカタストロフィーの後に刻まれてゆく時間を指している。だからこそ、ここで語られている記憶は、すでに・つねに特権的に戦争と結びつけられている。とりわけ満州移民、従軍慰安婦、沖縄戦、ヒロシマ・ナガサキといったテーマにおいて語られる戦争である。「戦後」という時間はまさに、それらの戦争からの隔たりを指標として、体験の時代（一九五〇年代）／証言の時代（一九七〇年代）／記憶の時代（一九九〇年代）といったふうに分割されている。それはむろん、まさに身をもって戦争を体験した世代の人びとの、それゆえに身体の時間性と共鳴しあうことによって産み落とされた分割である。そうした世代の人びとが次々と退場してゆくなかで、避けがたく体験とも証言とも切断された、いわば浮遊する記憶が主役とならざるをえない時代が始まったことは、いかにも示唆的である。

すでに起こってしまった戦争というカタストロフィーの記憶、その体験／証言／記憶の三位一体の関係のなかに、たしかに戦後という時間は刻まれてきたのかもしれない。そうしたかぎられた記憶という問題系が、歴史学のテーマとして特権的な意味合いを帯びることの避けがたさは、とてもよく了解されるし、そこに緊要にして深刻なる意義がはらまれていることにも、積極的に同意したいと思う。にもかかわらず、わたし自身が民俗学につらなる者ゆえにか、ある異和の感覚を拭えずにいることを語らずにはいられない。わたしはまさしく一九九〇年代、東北のムラからムラへと聞き書きのために歩きながら、やはり記憶の時代と呼ぶほかない時代の訪れを感じたことを、ある痛みとともに思いだす。ここにいう記憶の時代のはじまりは、おそらくムラの終焉という大きなできごとに深くかかわるものである。それは微妙に、あの戦争にまつわる記憶ともからまりながら、まったく異なった知のステージにおいて問われるべき記憶という問題系を示唆している。

ムラの終焉とはなにか

民俗学にたずさわる者たちのあいだで、ひそかに語られていることがある。一九九〇年代のはじめに、どうやら見えない切断があったのではないか、と。わたしはそれを、ムラの終焉と名づけ、折りに触れてその意味合いを語ってきた。すでに早く、一九六〇年代の後半であったか、ほかならぬ宮本常一その人が、もはや古老からの聞き書きの時代は終わった――と書き付けていたことを思いだすのもいい。あるいは、さらに古くは、一九三〇年代に、柳田国男が民俗学の組織化のために動きはじめた頃にも、ムラの終焉の予感にせきたてられていたのではなかったか。そうした予感はたぶん、一九六〇年代にはじまる高度経済成長期から、一九八〇年代のバブル経済期を経て、一九九〇年代のはじめにまぎれもない現実と化したのである。残念だったな、あの爺ちゃんが生きていれば、いくらでも話してくれたんだがな……、幾度、そんな言葉に出会ったことか。

ムラはいま終焉の季節を迎えつつある。いったい、ムラの終焉とはなにか。ムラ歩きの日々を重ねながら、もはやムラがすっかり形骸化していることは、くりかえし痛感させられた。ムラの終焉について、うまく了解できないままに、言い捨てに語ったことは何度もあった。高度経済成長期にかかる以前に逝った柳田は、ついにムラの終焉を目撃することはなかった、といったふうに。だが、厳密に問い直してみれば、じつはムラとは何か、ムラの終焉とはなにを意味するのか、といった問いに答えるのは、けっしてたやすいことではない。

ムラの終焉の序章について。たとえば、ついこの間まで木挽きを主たる生業としてきた山村での聞き書きのなかで、こんな言葉を耳にしたことがある、「そういえば、隣りのオヤジに何か月も会っていないな」と。大袈裟ではなく衝撃に打たれた。まさに典型的な山村である。しかし、そこにはすでに、山そのものを生業の基盤として営まれる暮らしのスタイルを見いだすことはできない。木挽きも狩猟や焼畑も、きわめて断片的なものとして残存するだけであり、ムラ人たちのほとんどは町場に通うサラリーマンなのである。朝早く家を出て、夕方暗くなってから家に帰ってくる男たちが、隣家の住人について知らないのは無理がないことだ。もはや山村は、ただ山のかたわらにあるだけで、山村として存在しているわけではない。

かつてムラは一体不可分のものとして、居住の場／生業の場という性格を抱えこんでいたが、いつしかそれはひき裂かれ、ムラはとりわけ生業の場としての貌を喪失したのである。そこに、ムラの終焉が意味するもの、その第一章が凝縮されたかたちで見いだされる。生業から切断されたムラは、都市近郊のニュータウンとすこしも変わりがない。ムラの祭りはそれゆえ、その外観はどうであれ、ニュータウンのバザーや盆踊りと同じ位相に収斂されてゆく。それでも、そこに記憶の残像がからまりついているかぎり、それはムラの精神史をひもとくためのたいせつな手がかりとはなりうる。

さらに、ムラの終焉の第二章をめぐって、いまひとつの居住の場という側面にかかわり、こんな風景が浮き彫りになるのかもしれない。たとえば、日本海に浮かぶある島では、夏場の人口と冬場の人口とが大きな隔たりを見せる。島のかなりの数の家族が、四月から十月頃まで島で民宿など営みながら暮らし、寒風にさらされる季節は島を離れ、対岸の町のセカンドハウスで暮らしている。まるで縄文人のように、夏季／冬季の居住の場を変えているのである。また、戸数が四戸のある山あいのムラでは、こんな話を聞いた。つまり、そのムラの家族のひとつは、平日は町場にある家で暮らし、サラリーマンとして収入を得ているが、土・日になるとムラの家に戻り、田畑を耕して暮らしている、と。

いわば、ムラの内なる風景として、夏／冬、平日／土・日のあいだで居住の場を変えるといったことが、しだいにありふれた現実と化しつつあるのである。定住という概念をめぐって、ひとつの倒錯が生まれているのではないか。定住／移動・漂泊にまつわる二元論の枠組みのもとで、ムラに定住を、都市に移動や漂泊を振り分けることがおこなわれてきたが、どうやらそうした知の作法は綻びはじめているようだ。もはや、ムラは定住中心主義の呪縛をすり抜け、いずこへ向けてか漂流を開始しているのである。ここに、ムラの終焉の第二章を見て取ることができるはずだ。

かくして、ムラはいま生業から切断され、定住の場としての意味をも失いかけている。当然のことだが、そこではユイや契約はすっかり稀薄なものとなり、ムラは相互扶助の場ではなくなっている。村八分などの異端排除のシステムの大半も壊れてしまった。ムラはすでに、異物を呑み込み／吐き出すことはない。また、去る者／来る者どちらも拒むことがない。ムラとはいったい何者なのか、どこに向かおうとしているのか。

それにしても、ムラの終焉などと気楽に書いているが、じつは、九〇年代になって聞き書きをはじめたわたしは、生きられたムラには一度も立ち会ったことがないのかもしれない、そう身震いとともに思うことがある。生きられたムラなどといった物言いが、そもそも古臭い、そんなものは幻想でしかない、ムラは一度だって、裸のかたちで存在したことはないのだ、と考えておいたほうがいいと承知はしている。だが、そう思いながら、わたしがムラなるものをリアルに体験したことがないという、さりげない事実を打ち消すことはできない。わたしはついに、ムラのうしろ姿しか目撃したことがないのかもしれない。現代のムラ歩きは落穂拾いにも似て、どこまでも記憶の残像の追跡がテーマとならざるをえない。まさに、記憶の時代なのである。ムラの終焉のあとに来るものにこそ、静かに眼を凝らしながら、記憶という問題系の再編をしなければならない、と感じている。

記憶の場、東北篇のために

この国の民俗学の起源が刻印されている一九三〇年代が、大きくは戦争の時代のはじまりでもあったことは、けっして偶然ではない。戦争への国民総動員体制こそが、ムラという生業と居住の場を解体へと追いこんでゆく大きな契機となったことは、否定しようもないからだ。この時期に、いかにも声高に「農村の危機」が叫ばれたのは、ムラの建て直しがなにより、来るべき戦争の遂行のためにこそ必要とされていたからである。ムラは戦時体制下にひとたび解体されたが、戦後は旧に復することなく、高度経済成長期の荒波に洗われながら、さらに解体から終焉へと向けて突き進んでいったのではなかったか。

一九九〇年代のはじめに、ささやかではあれ聞き書きの旅にとりかかったとき、わたしは年老いた語り部たちから、いくつかの定型的な言葉にくりかえし遭遇した。たとえばそれは、「以前にやったことがある」(直接体験)／「爺ちゃんやおやじがやっているのを見たことがある、聞いたことがある」(体験の間接化→証言)／「残念だったな、遅かったよ、あの爺ちゃんが生きていればな」(浮遊する記憶)といったものだ。あの記憶をめぐる、体験／証言／記憶の三位一体の関係が、そこにも顔を覗かせてはいるが、当然とはいえ、起点に置かれているのは戦争ではない。それはあきらかに、「戦後」という時間の尺度とはまるで異なったレヴェルで紡がれてきた、記憶の織物なのである。

たとえば、それを語り部の世代論とのかかわりで、こんなふうに転換させることもできるだろうか。とても乱暴ではあるが、明治生まれの語り部／大正生まれの語り部／昭和生まれの語り部という分類をしてみる。一九九〇年代のはじめには、いまだ明治四〇年代生まれの語り部たちとの出会いもまれではなく、ときに厚みのある聞き書きをする機会に恵まれた。その語りは直接体験がほとんどであり、みずからが体験したことのない事柄には、寡黙な応答がなされることが多かった。大正期、それも後半に生まれた世代の語り部たちとなると、直接の体験なのか、間接的な証言なのかがどこか未分化の語りとなってゆく。昭和以降に生まれた語り部たちの場合には、体験とされるものの大半がすでに間接化されており、その語りは浮遊する記憶にまみれている。かれらは戦時体制下に宙吊りにされたムラに暮らし、青春を戦場に浪費し尽くし、あらゆる伝承の断絶を強いられ、戦後はムラそのものを「封建的」なる負のラベリングとともに否定した世代なのである。

わたしはこうして、聞き書きのためにムラを訪ね歩きながら、ほかでもない一九九〇年代に記憶の時代が幕を開けたことを感じてきた。それはしかし、あの戦争にかかわりながら、「戦後」という時間の尺度で語られてきた記憶とは異なった、いくらか時間の射程を伸ばさねば浮き彫りにはならない、もうひとつの記憶という問題系であるにちがいない。ピエール・ノラの記憶の場をめぐる議論のなかに、わたしは多くの示唆を認めてきたが、そこには疑いもなく、この、もうひとつの記憶という問題系を解きほぐす手がかりが秘められている。『記憶の場』全体の序論をなす「記憶と歴史のはざまに」のなかで、ノラはじつに示唆に富んだたいせつな議論を繰り広げていた。そのはじまりに、ノラは以下のように書いている。

> 歴史が加速している。この表現は、たんなる比喩にとどまらない。そこには重大な意味が含まれており、それを認識しなければならない。すなわち、バランスが崩れて倒れてしまうかのように、過去はますます急速に失われ、すべてが消え去ったと感じられつつある、ということだ。かつてわれわれは、血の通った伝統のなかに、物言わぬ習慣のなかに、古来の反復のなかに、過去を生きていた。しかしいまや、ある根本的な歴史意識がもたらす圧力が、われわれから過去を完全に奪い去ろうとしている。文字通りの「過去」のなかで、われわれは自我を意識するようになり、はるか昔からつづいていたことがついに終わろうとしている。このように記憶が存在しなくなりつつあるからこそ、いまこれほど記憶が問題にされるのだ。

一九九〇年代のはじめに、わたし自身がムラ歩きのなかで、なにか痛みとも哀しみともつかぬ複雑な感情とともに直面していたのが、この「はるか昔からつづいていたことがついに終わろうとしている」という感覚であったのかもしれない。疑いもなくそこでは、「血の通った伝統のなかに、物言わぬ習慣のなかに、古来の反復のなかに」生きられてあった過去が失われようとしていた。断絶の相がそこかしこ、むきだしに転がっていた。この「過去との断絶という意識が、記憶の崩壊という感情と交じり合っている」ところに、現代という特異な転換期が露出している。ノラはまた、「圧倒的ともいえる歴史の勢いが記憶を置き去りにして」おり、「太古の昔からあるアイデンティティの絆が断ち切られ、歴史と記憶との一致という自明だった事柄がついに終わった」とも述べている。念のために言い添えておくが、そこにいう「太古の昔」を素朴な実在イメージとして受け取ることはできない。あくまでそれは、それぞれの時代のなかで構築されたものである。それにしても、一九九〇年代の東北のムラ歩きでは、この太古の昔からある（かのような幻想に包まれながら、時代ごとに紡がれてあった）アイデンティティの絆が、そこかしこで断ち切られてゆく現場に立ち会うことになった。ムラの終焉が顕在化しつつあった。

たとえば、ノラによれば、農民はまさしく、「記憶と一体化した集団の典型」であるが、その農民という集団は消滅のときを迎えた。「農村社会という、大地により体現される、記憶のイメージそのものだったもの」が、根底から侵され、崩壊してゆく。いま失なわれつつある記憶とは、それら農村社会や未開社会などに生きられてあった「真の、社会的な、ありのままの記憶」である。あるいは、「社会に組み込まれた記憶、無自覚なままに専制的で、社会を編成する全能の原理である記憶、現実化しようとする記憶、継承を永遠に繰り返す記憶」である。もはや、それらの生きられた記憶を共有する集団は存在しない。「記憶、すなわち過去との連続という感情」はそうして、いくつかの場に残存するのみとなり、それゆえに、いま記憶の場という問題系が大きくせり出しているのである。あらためて、ノラによれば、「記憶の場を生み出し、またその糧となっているものは、自然な記憶はもう存在しないという意識である」が、その意識のゆえに、「わざわざ記録を残し、記念日を維持し、祝祭を組織し、追悼演説をおこない、公正証書を作る」といったことが必要とされ、そこに記憶の場が生成を遂げるのである。そうして伝統的な記憶が消滅してゆくにつれて、廃墟・証言・文書・図像・言説・痕跡などを、あたかも信仰の実践のように収集しなければならないという意識が生まれ、記憶の物質化が強迫的に押し進められることになる。

生きられた記憶から、記録としての記憶、それゆえに歴史に捕捉された記憶へと、見えない転換が起こっている。この記憶から歴史への移行のために、それぞれの集団はみずからの歴史の再活性化によって、アイデンティティの再定義をすることを求められ、起源の再発見へと駆り立てられている。すなわち、「記憶と一体化した歴史の終焉によって個別の記憶が増殖し、それらがみな固有の歴史を要求している」といった、まったくあたらしい認識論的な地平が生まれているのである。

いくらか錯綜した議論になってしまったかもしれない。いずれであれ、わたしはいま、このピエール・ノラの記憶の場をめぐる社会＝文化史的な試みに、深くそそられている。たとえば、すでに引いた英語版序文の一節を、その「フランス」を「東北」に置き換えながら、こんなふうに読み逸らしてみるのもいい。――それは、東北の集合的遺産が結晶化されているもろもろの場所、つまり、その語のあらゆる意味において、集合的記憶が根付いている重要な「場」を分析することによって、東北を象徴するものの広大な地勢図（トポロジー）を創りだそうというものだ、と。わたしはいつしか、『記憶の場〈東北篇〉』を編んでみたいと思いはじめている。

（二〇〇八年）

あとがき

この本には、わたしが物書きとしてデビューしてからの三十年ほどの歳月に、折々に書き散らしてきた文章が収められている。何年も前に、単行本には収録されていない、民俗や歴史にかかわるテーマに触れている論考やエッセイを集めてみたことがあった。一冊の本にまとめるには雑多に過ぎる気がした。しかし、柳田国男・宮本常一・網野善彦・岡本太郎・石牟礼道子といった、それぞれに敬愛する著者ごとにそれらを並べ替えているうちに、多様なテーマに分かれているようでいて、意外なほどにいくつかの収斂されてゆく場所がある、そう感じられる瞬間があった。むろん、その人々はそもそも民俗学者や歴史家、芸術家や作家であって、自明に言説の土俵を共有しているわけではなく、それら異質な方位に伸びている知や学を繋いで読んでいるのは、ほかならぬわたし自身である。

それでも、いまは、これが一冊の本として成立することに確信らしきものがある。柳田国男から始めるのではなく、倒叙法とでもいうのか、いま・ここに近い石牟礼道子からもっとも遠い柳田国男へと並べてゆくことを思いついたときに、それは確信となった。思えば、五人の方々とはもはやじかに言葉を交わすことはできない。わたしは網野善彦さんとだけは、幾度となく対談などでご一緒させていただいたことがある。このなかには、その人が生前のうちに執筆した文章もあれば、追悼のために書いた文章も含まれている。いま・ここからの眼差しで読みなおすとき、それらの優れた書き手たちとの距離が測りやすくなる。あるいは、その仕事のなにが未来へと生き延びてゆくのかが見えやすくなる、と感じたりもする。

タイトルは迷いながら、『民俗知は可能か』にたどり着いた。民俗学ではなく、民俗知を選んだのは、わたし自身がいまも、ときおりは民俗学者を名乗りながら、どこか後ろめたくて、その中途半端さに落ち着かない気分になるからだ。わたしはきっと、民俗の秘める力は信じている。しかし、民俗学という学知は成熟への階梯をたどることなく、若くして老いてしまったのではないか、と感じずにはいられない。それにもかかわらず、わたしはやはり恥じらいつつ、民俗学者を名乗りつづけるのかもしれない。

汝を愛し、汝を憎む。太宰治の『津軽』の言葉である。

＊＊＊

さて、この本は元・春秋社の編集者である篠田里香さんを同伴者として、試行錯誤を重ね、かたちが作られていった。それから、加藤弘朗さんに引き継がれて、一書を成すにいたった。お二人に心からの感謝を伝えたい。表紙の挿画は久松知子さんにお願いした。批評性の強い画風がこの本には似合うと思った。ありがとう。
なんだか、ほっとしている。きちんと言葉に向き合うことを続けたい。

二〇二〇年一〇月二七日

赤坂　憲雄

初出一覧

序章
民俗知を宿した言葉たち（書き下ろし）

第1章
はじめに（書き下ろし）
1 詩藻と思想とが交わる場所へ（石牟礼道子『西南役伝説』講談社文芸文庫、解説、二〇一八年）
2 くだもののお礼は、その先へ（『現代思想』二〇一八年五月臨時増刊号、青土社）
3 聞き書きと私小説のあいだ（『石牟礼道子全集』第8巻、解説、藤原書店、二〇〇五年）
4 水俣から、福島の渚へ（『花を奉る　石牟礼道子の時空』藤原書店編集部編、二〇一三年）

第2章
はじめに（書き下ろし）
1 もうひとつの旅学、日本へ、神秘へ（『岡本太郎の宇宙4　日本の最深部へ』ちくま学芸文庫、解説、二〇一一年）
2 太郎と旅、東北をめぐって（『文藝別冊』河出書房新社、二〇一一年）
3 前衛と生活のはざまに、旅があった（『日本再発見　芸術風土記』角川ソフィア文庫、解説、二〇一五年）

4　婆たちの発見の書（『季刊民族学』一六五号、千里文化財団、二〇一八年）
5　太陽の塔　神秘と生活のあわいに（『増補新版　岡本太郎と太陽の塔』平野暁臣編著、小学館クリエイティブ、二〇一八年）

第3章

はじめに（書き下ろし）
1　無縁という背理の時間（『境界の発生』砂子屋書房、一九八九年）
2　重戦車の孤独（『文學界』二〇〇四年五月号、文藝春秋）
3　無主・無縁のフォークロアは可能か（『検証　網野善彦の歴史学　日本中世のNATION 2』永井隆之／片岡耕平／渡邉俊編、岩田書院、二〇〇九年）
4『日本論の視座』を読みなおす（『日本論の視座』小学館、解説、二〇〇四年）
5　網野史学、その第二楽章がはじまった（『追悼記録　網野善彦』赤坂憲雄編、洋泉新書y、二〇〇六年）
6　東アジア内海世界は可能か（『神奈川大学評論』第五三号、二〇〇六年三月、神奈川大学）
7　文字と権力と歴史と（『現代思想』臨時増刊号、二〇一五年二月、青土社）

第4章

はじめに（書き下ろし）
1　故郷のゆくえ（『望星』二〇〇九年九月号、東海教育研究所）
2　生々しい肉声が聞こえてくる（『宮本常一写真・日記集成』毎日新聞社、二〇〇五年）
3『忘れられた日本人』を読みなおす（『戦後思想の名著50』平凡社、二〇〇六年）

4 世間師という場所（『思想の科学』（32）一九九五年九月号、思想の科学社）
5 耳のある情景（『別冊太陽　宮本常一』平凡社、二〇〇七年）
6 『山に生きる人びと』を読みなおす（宮本常一『山に生きる人びと』河出文庫、解説、二〇一一年）
7 風景を作る思想をもとめて（『KAWADE道の手帖　宮本常一』佐野眞一責任編集、河出書房新社、二〇一三年）
8 島の資源をいかに発見するか（季刊『しま』二〇〇三年三月号、日本離島センター）

第5章
はじめに（書き下ろし）
1 失われた共産制の影を探して（柳田国男『都市と農村』岩波文庫、解説、二〇一七年）
2 和解について——明治三陸大津波の伝承から（『遠野物語　遭遇と鎮魂』河合俊雄／赤坂憲雄編、岩波書店、二〇一四年）
3 柳田国男を携えて、世界のなかへ（『世界の中の柳田国男』R・A・モース／赤坂憲雄編、藤原書店、二〇一二年）
4 歴史民俗学は可能か（日本考古学協会、二〇〇四年総会・講演レジュメ）
5 民俗学と歴史学の対話のために（『民俗学と歴史学——網野善彦、アラン・コルバンとの対話』藤原書店、二〇〇七年）
6 ミンゾク知の系譜学（『大航海』二〇〇七年九月第六四号、新書館）
7 昔話研究の方法をめぐって（柳田国男『桃太郎の誕生』角川ソフィア文庫、新版解説、二〇一三年）
8 柳田と折口——晩年の思想をめぐって（『岩波講座　日本通史』第一八巻、岩波書店、一九九四年）

終章

記憶という問題系（『歴史と記憶』赤坂憲雄／玉野井麻利子／三砂ちづる、藤原書店、二〇〇八年）

著者紹介

赤坂憲雄（あかさか・のりお）

1953年、東京生まれ。専攻は民俗学・日本文化論。学習院大学教授。東京大学文学部卒業。2007年『岡本太郎の見た日本』（岩波書店）でドゥマゴ文学賞、芸術選奨文部科学大臣賞（評論等部門）受賞。『異人論序説』『排除の現象学』（ちくま学芸文庫）、『境界の発生』『東北学／忘れられた東北』『東北学／もうひとつの東北』（講談社学術文庫）、『北のはやり歌』（筑摩選書）、『岡本太郎という思想』（講談社文庫）、『象徴天皇という物語』（岩波学芸文庫）、『ゴジラとナウシカ』（イースト・プレス）、『司馬遼太郎　東北をゆく』（人文書院）、『性食考』『武蔵野をよむ』『ナウシカ考』（岩波書店）、『日本という不思議の国へ』（春秋社）など著書多数。

民俗知は可能か

2020年11月30日　初版第１刷発行

著者©＝赤坂憲雄

発行者＝神田　明

発行所＝株式会社 春秋社

〒101－0021　東京都千代田区外神田2－18－6

電話　(03) 3255－9611（営業）

(03) 3255－9614（編集）

振替　00180－6－24861

https://www.shunjusha.co.jp/

印刷所＝信毎書籍印刷 株式会社

製本所＝ナショナル製本協同組合

装　丁＝伊藤滋章

装　画＝久松知子

ISBN 978-4-393-42461-2　C0039

定価はカバー等に表示してあります

赤坂憲雄

日本という不思議の国へ

神道、芸者、海女、自然の景観……。異邦人の紀行に息づいていたのは、日本が忘却した生活風景、いにしえの幻影だった。私たちの自画像を塗りかえる、思索に満ちたスリリングな日本論。

1900円

川本三郎

東京抒情

荷風が歩いた荒川放水路、乱歩がいた池袋、アドバルーン煌めく銀座。青年時代の思い出、忘れ得ぬ映画・文学、町歩きを通して、生活の匂いがする懐しい東京へと読者を誘う。

1900円

川村　湊

君よ観るや南の島　沖縄映画論

『ウルトラマン』から『ひめゆりの塔』『沖縄やくざ戦争』まで。スクリーンに描写された沖縄を手がかりに、戦後日本、そして現代のありようを考える社会評論。貴重な図版多数。

2300円

平瀬礼太

〈肖像〉文化考

私たちが人の似姿にオーラを感じるのはなぜか？御真影、切手、結婚写真、広告、藁人形、身代わり地蔵、絵馬などを手がかりに、日本人にとって肖像とは何かを読み解く野心的文化論。

2300円

池内　紀

東海道ふたり旅　道の文化史

「東海道五十三次」を水先案内人に、長年旅をつづけてきた著者が道をひたすら歩く。社会、経済、歴史から技術、風俗まで、あらゆる視野からみつめた珠玉の文化論。カラー図版多数。

2000円

▼価格は税別。